「盛り《MORI》」の誕生

女の子と
テクノロジーが生んだ
日本の美意識

久保友香

太田出版

盛り：

一九九〇年代半ば以降のデジタルテクノロジーの発展により出現した「バーチャル空間」において、日本の女の子の間に広がった、ビジュアルコミュニケーションの行動。化粧、服装、ライフスタイルなどの自分自身を取り巻くビジュアルを、「コミュニティごと」の、常に「変化」する基準に従って、「可逆」に作り、コミュニケーションすること。その行動の背景にあるのは、コミュニティとの「協調」や、社会に対する「反抗」、常に新しいことを求める「好奇心」などの美意識と考えられる。

MORI：

Unique behavioral of the visual communication that spreaded among the Japanese girls in the virtual space due to the development of digital technology in the late 90's.

This is a way of communication by making reversible changes to the appearance such as makeup, clothing, lifestyle according to constant varying standards of each community. The reason for such behavioral pattern is considered to be the unique aesthetic sense such as "harmonization" with the community, "disbelief" against the adults and the society, and "curiosity" about changes.

盛り年表（1947－2017）

2

盛りの歴史を大きく「Pre MORI（盛りの前史）」「MORI1.0」「MORI2.0」「MORI3.0」の段階にわけて年表と概念図に表した。各時代の左ページでは、盛りが展開される「リアル空間」と「バーチャル空間」、そしてその間の「中間帯」という三つのステージが、歴史の流れの中で、どう変化していったかを図解した。その左側には、各時代の女の子たちのコミュニティを形成した技術を表した。右ページでは、各時代の女の子たちのビジュアル変化を図解した。

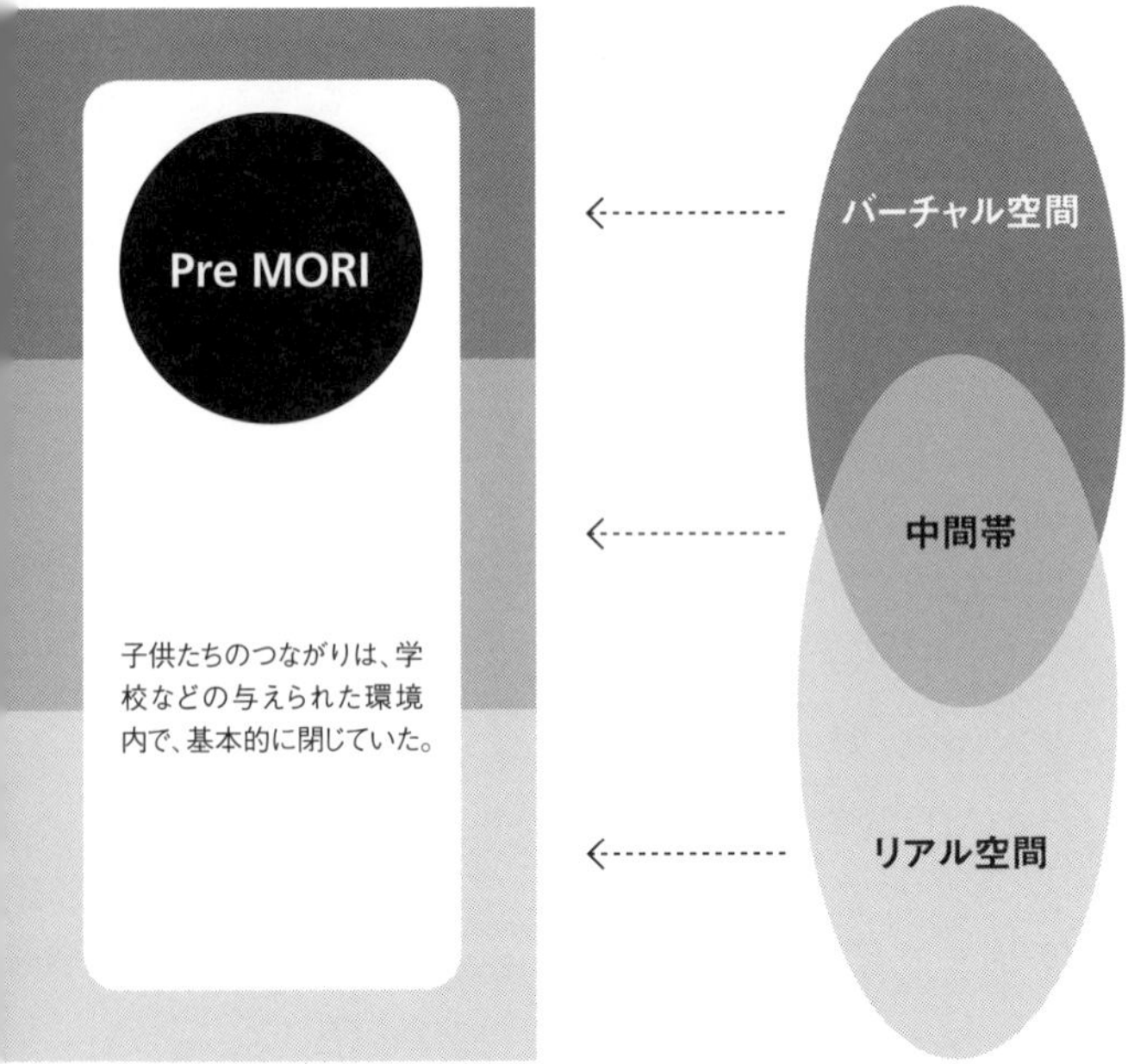
バーチャル空間
中間帯
リアル空間
Pre MORI
子供たちのつながりは、学校などの与えられた環境内で、基本的に閉じていた。

一九四七 ・日本で初めてつけまつげが商品化

一九七八 ・サーファーファッションの雑誌『Fine』創刊

一九七九 ・SHIBUYA109オープン。当時は一般的なファッションビル

一九八〇 ・歌手の沢田研二が楽曲「恋のバッドチューニング」を歌う際に目の色を変えるカラーコンタクトレンズ（カラーレンズ）着用

一九八一 ・日本初の日焼けサロンが原宿に開店

一九八五 ・通信自由化。NTTと、新規参入電気通信事業者（新電電・NCC）との競争体制（四月）

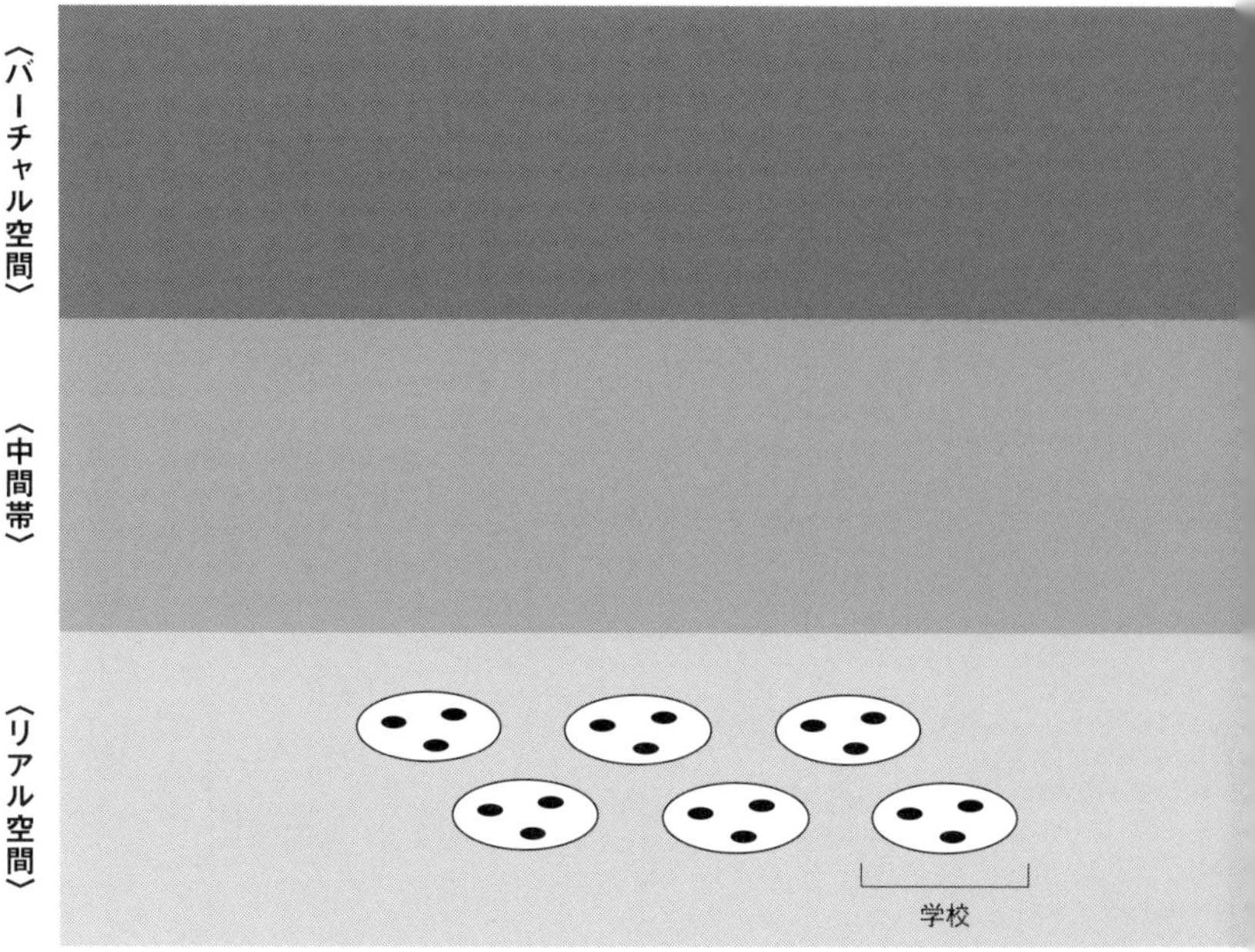

一九八八　・ＮＣＣの東京テレメッセージが、小型軽量でデザイン性のある、ペン型のポケベルを発売

一九八九　・ＮＴＴドコモが、カード型のポケベルを発売（十二月）
・東京テレメッセージがポケベルの新規契約料を大幅値下げ。一万七千円から八千円（一月）

一九九〇　・ＳＨＩＢＵＹＡ１０９にリゾートファッションの「ミージェーン」オープン、翌年から二桁成長（一月）
・ポケベルの個人需要増加。全体の約一割（五月）
・ポケベルのＮＣＣシェアが三割突破（九月）
・宮崎テレメッセージの参入により、全国四十七都道府県でＮＴＴとＮＣＣによる二社の競争体制（九月）

一九九一　・景気動向指数低下、バブル崩壊（三月）
・キヤノン販売が日本初のカラーレンズ商品『デュラソフトカラー』を、米国メーカから輸入販売。一枚三万二千円（三月）
・東京芝浦に「ジュリアナ東京」オープン（五月）
・米Ｅ・Ｇ・スミスのブーツソックス日本発売で、入荷待ち状態。「ルーズソックス」と呼ばれる（二月）

一九九二　・『Ｆｉｎｅ』が、サーファーファッションのみならず、米西海岸のストリートカルチャー全般を扱うように
・ＮＴＴドコモがポケベル新規契約料を大幅値下げ。一万五千円から八千円に（九月）

一九九三　・チバビジョンが、カラーレンズ「イリュージョン」を輸入販売
・ルーズソックスに多くの企業参入
・生産停止していた白元の「ソックタッチ」の売上急増、再生産開始

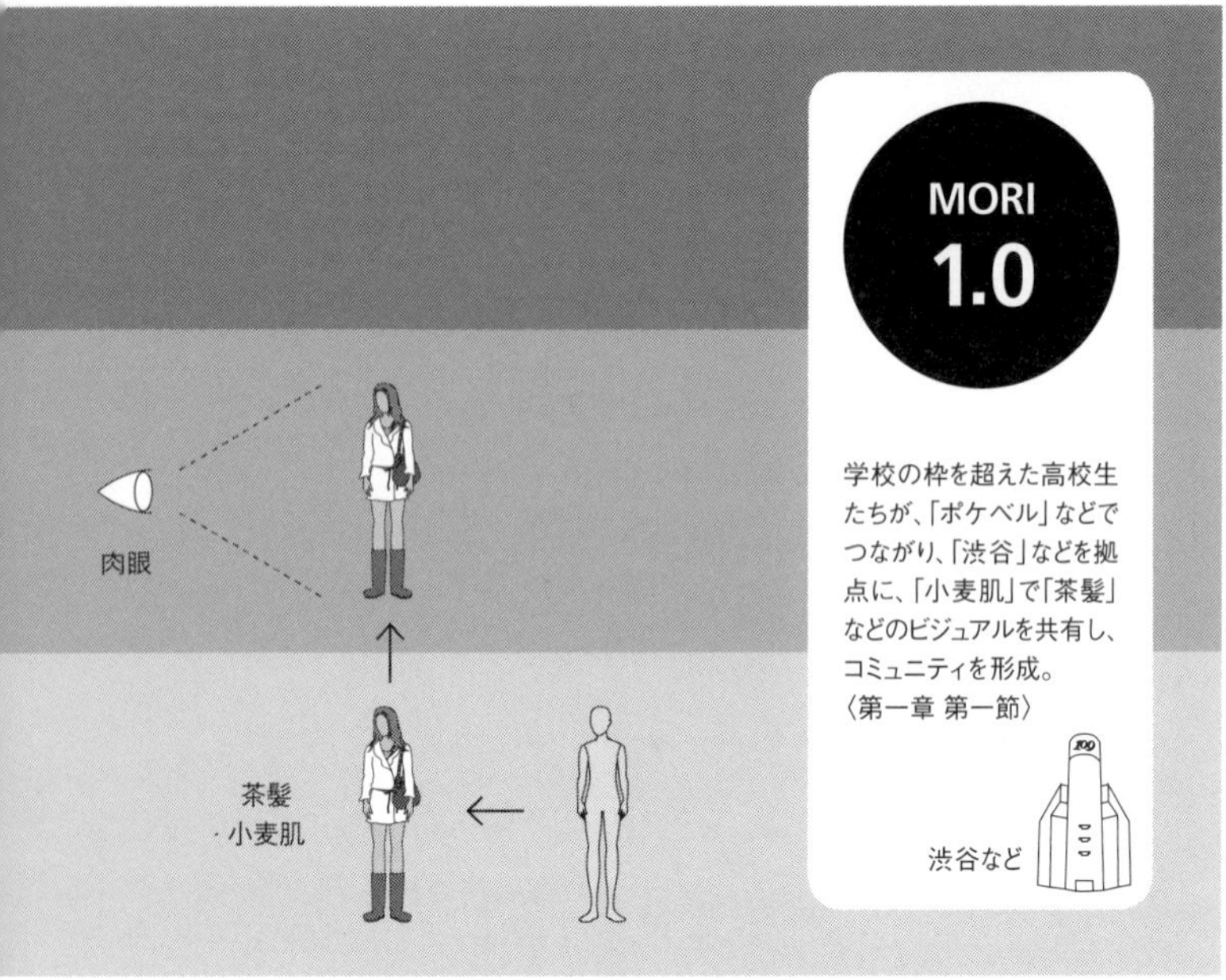
MORI
1.0
学校の枠を超えた高校生たちが、「ポケベル」などでつながり、「渋谷」などを拠点に、「小麦肌」で「茶髪」などのビジュアルを共有し、コミュニティを形成。
〈第一章 第一節〉
渋谷など
肉眼
茶髪
・小麦肌

一九九四

・SHIBUYA109「ミージェーン」が年商七億円突破（一月）
・双葉社が『ポケベル暗号Book』発売。二十五万部のベストセラー（二月）
・東京テレメッセージが、カナ文字表示できるポケットベル「自由人」「モーラ」発売（六月）
・「ジュリアナ東京」閉店（九月）
・渋谷などの街に、学校の枠組みを超えた高校生コミュティが形成。有名な一般高校生グループも出現
・六本木のクラブ「R?HALL」のイベントに、リゾートファッションの高校生が集まる
・DJを始める東京の男子高校生が増加。渋谷のDJ機材店が入荷待ち状態
・学習研究社が、東京の一般高校生たちの口コミを情報源に、口コミで有名な高校生を誌面に登場させるストリート系雑誌『東京ストリートニュース！』を刊行
・『東京ストリートニュース！』が「高校生DJ」イベント開催。予想を上回る客の数に中断（十二月）
・SHIBUYA109に米西海岸風ファッションの「ラブボート」オープン
・日焼けサロン新規店オープン相次ぐ

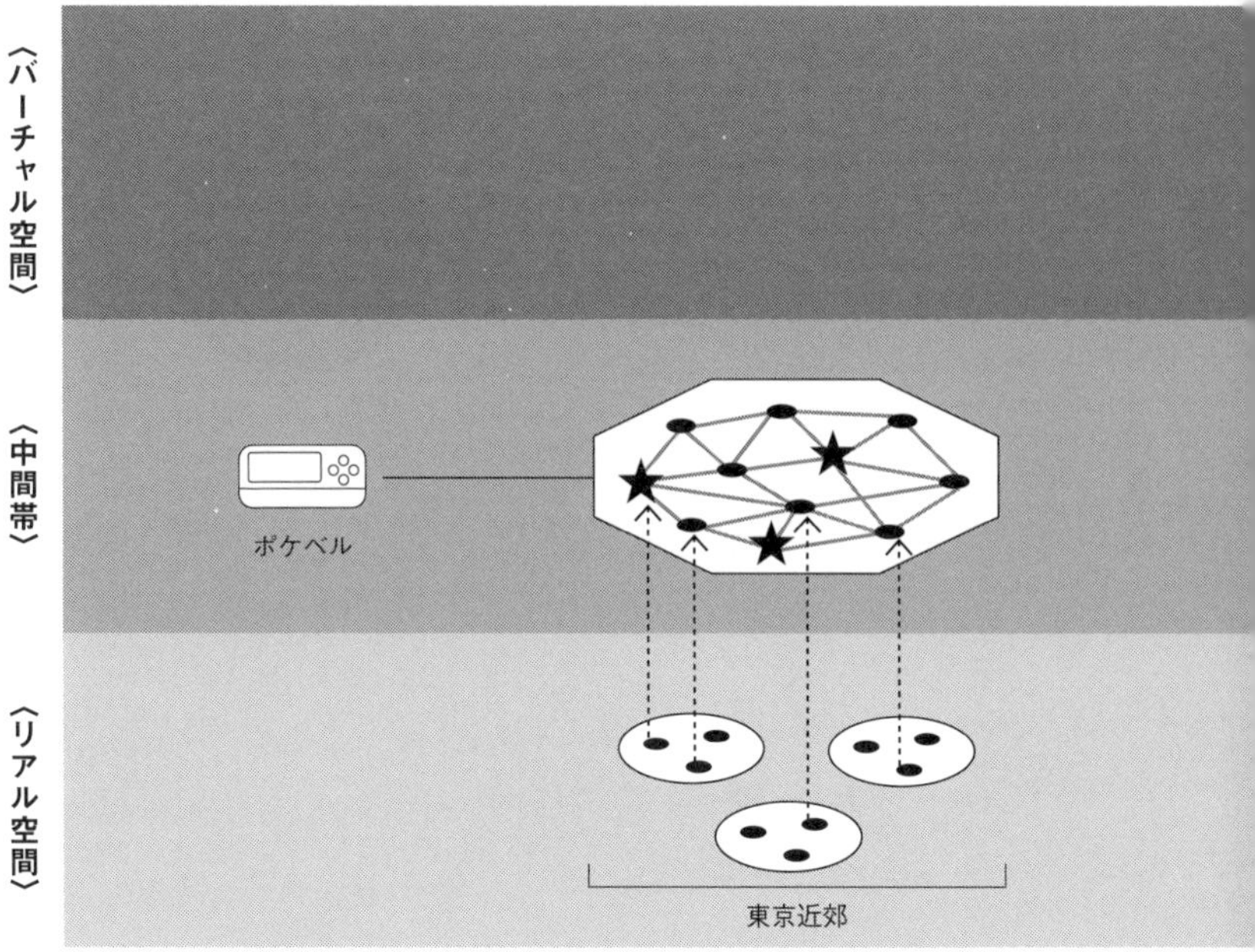

一九九五

・コージー本舗から「Ｖ型」「Ｘ型」のつけまつげ「まつげメイト」発売（三月）
・ポケットベル端末の売り切り制度開始（三月）
・ＰＨＳサービス開始（七月）
・主婦の友社が、渋谷の一般の女子高生をモデルに使い、彼女たちのファッションをテーマとするストリート系雑誌『Ｃａｗａｉｉ！』を刊行（七月）
・ミリオン出版が、男性向けのカルチャー雑誌『ｅｇｇ』を創刊（八月）
・ストリート系雑誌の創刊相次ぐ
・アトラスが、初めてのプリクラ機「プリント倶楽部」発売
・カシオ計算機が、小型軽量低価格化のため、留守録機能の代わりに、発信者の電話番号をディスプレイ表示する「テレネーム」機能をつけたＰＨＳ「ＰＨ-２５０」を発売（十二月）
・ＳＨＩＢＵＹＡ１０９に靴店の「エスペランサ」オープン。厚底ブーツが人気
・ＳＨＩＢＵＹＡ１０９開業以来最低の売上、全館リニューアルを開始。全館を女の子向け商品へ
・『Ｆｉｎｅ』が創刊以来の好調

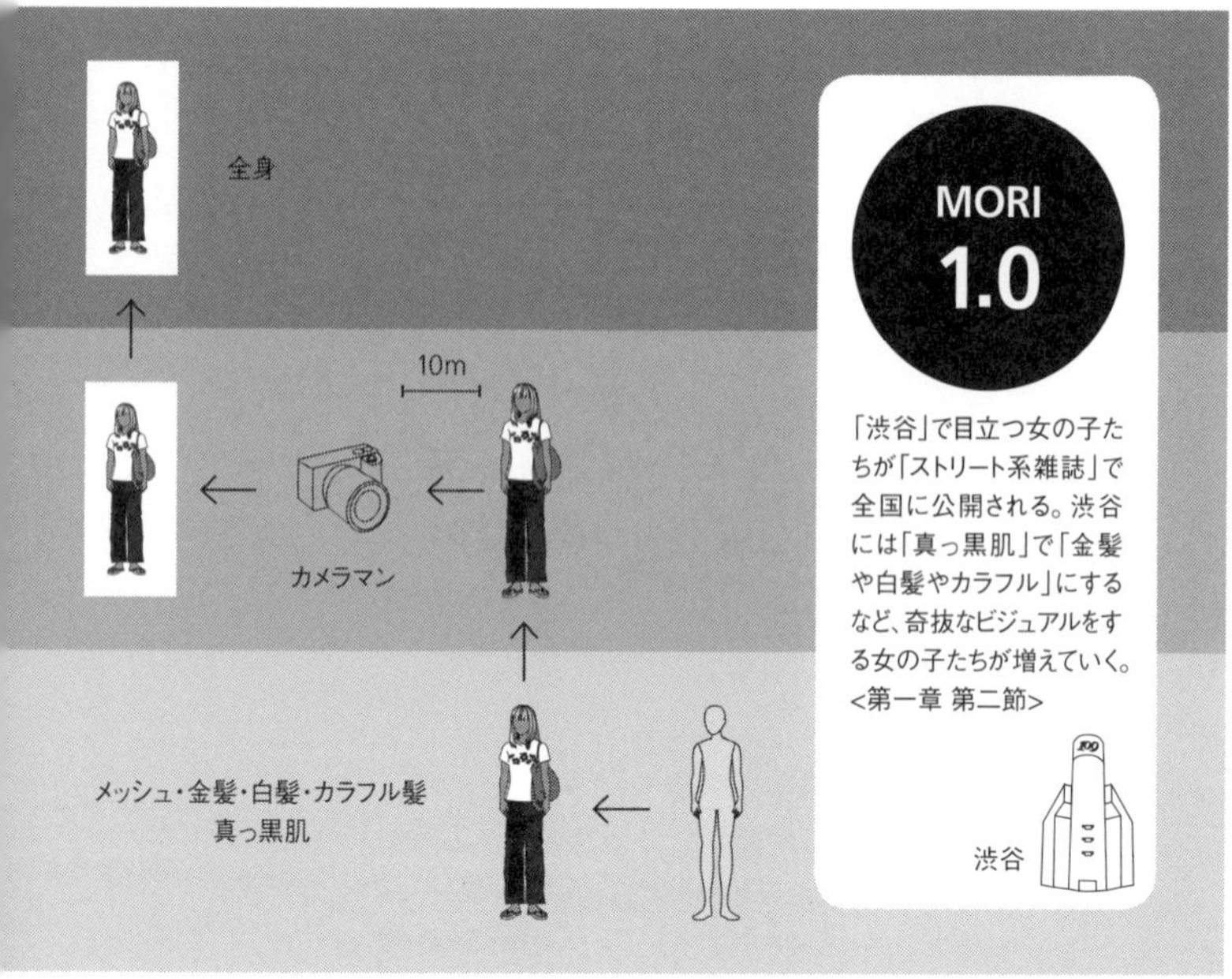

一九九六
・シードが、英国メーカのカラーレンズ「ナチュラルタッチ」を輸入販売。一枚一万五千円（三月）
・ポケットベルの加入台数が千九十七万八千台でピーク、その後減少（六月）
・カラーレンズ市場が業界推定で月間約四万枚突破（六月）
・「プリント倶楽部」が月に約三千台生産（八月）
・『egg』が、渋谷の女の子たちのカルチャーに焦点を絞り、彼女たちを誌面に登場させるストリート系雑誌へ
・『東京ストリートニュース！』発行部数が首都圏だけで十五万部
・『Cawaii!』発行部数三十万部
・ＳＨＩＢＵＹＡ１０９がＶ字回復、以降二桁成長を遂げる

一九九七
・ＳＨＩＢＵＹＡ１０９「ミージェーン」が月商一億五千万円突破（九月）
・ＰＨＳの加入台数が七百六十万八千台でピーク、その後減少（九月）
・Ｅ.Ｇ.スミスの「ルーズソックス」が長さ七十五㎝のスーパールーズ発売（九月）
・Ｅ.Ｇ.スミスの「ルーズソックス」を販売するウイックス年商三十億円突破
・イベントを主催する大学生サークルの手法を踏襲する、高校生サークルが相次いで誕生
・ＳＨＩＢＵＹＡ１０９で、韓国生産によるスピードＭＤが普及
・プリクラに十数社が参入
・『egg』発行部数三十万部

一九九八
・ぶんか社が、渋谷の女の子たちのカルチャーをランキング形式で紹介するストリート系雑誌『ランキング大好き』創刊（四月）
・オムロンが、デジタル画像処理で顔加工を行うプリクラ機「アートマジック」発売（四月）
・アトラスが、ユーザが自由に文字やイラストを描いて合成できる、初の「らくがき」機能を持つプリクラ機「スーパープリクラ21らくがきＫＩＴ」を発売（五月）
・日立ソフトウェアエンジニアリングが、初の全身を撮影できるプリクラ機

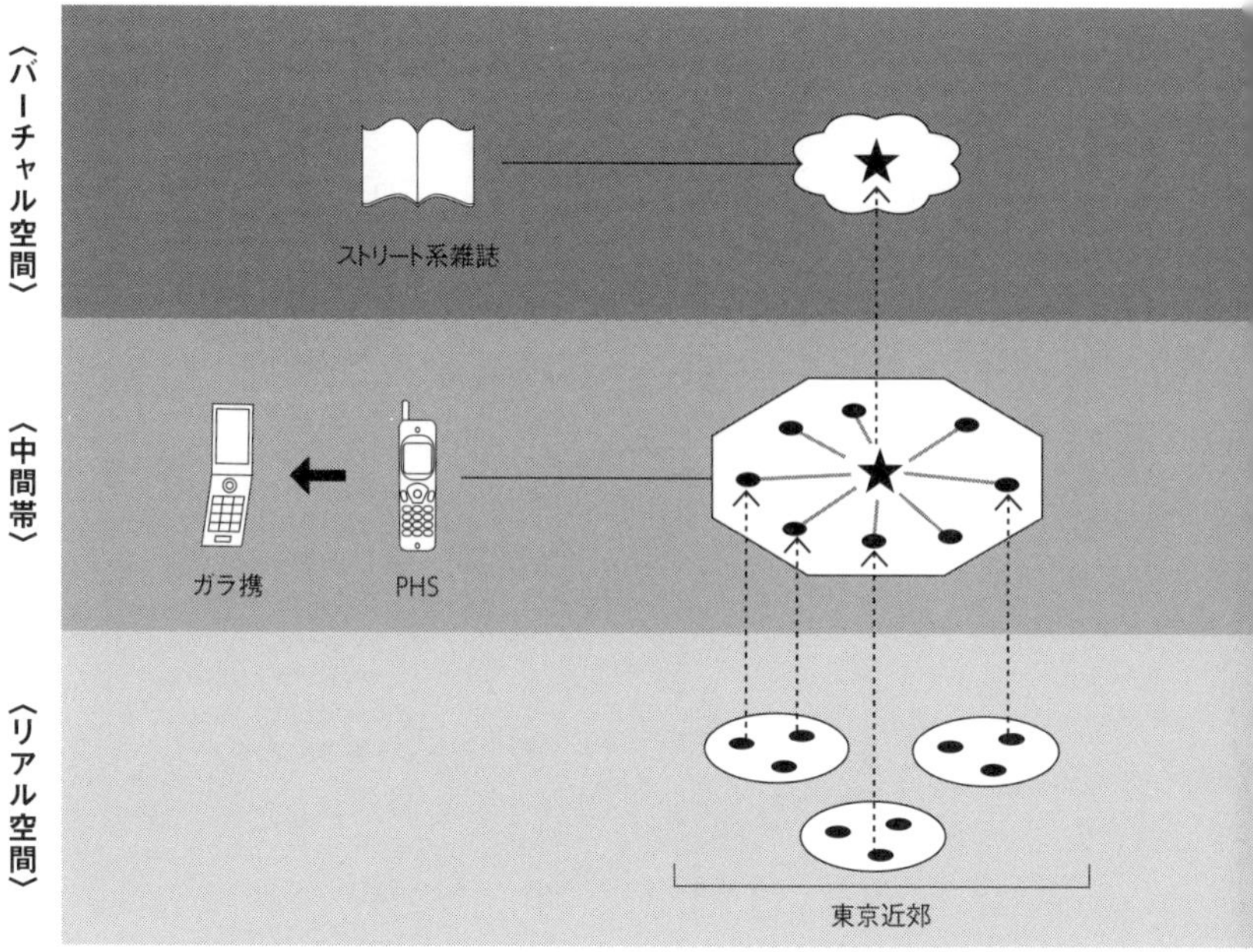

一九九九

『ストリート・スナップ』を発売（四月）
・プリクラが三百円から四百円に値上げ（四月）
・ＳＨＩＢＵＹＡ１０９「エゴイスト」が新たなプロデューサーを採用してリニューアル（五月）
・既にあった角川春樹事務所の『Ｐｏｐｔｅｅｎ』が、渋谷の女の子たちのファッションをテーマとしたストリート系雑誌に転換
・携帯電話によるインターネット接続サービス開始。ＮＴＴドコモの「ｉモード」（二月）、ＫＤＤＩの「ＥＺウェブ」（十一月）、J-フォンの「Ｊスカイ」（十二月）
・高校生サークルの増加を、『東京ストリートニュース！』が紹介（四月）
・学習研究社が、ＳＨＩＢＵＹＡ１０９の販売員がファッションモデルを務めるファッション誌『ＳＨＩＢＵＹＡ ＮＥＷＳ』を刊行（四月）
・日経流通新聞が、ＳＨＩＢＵＹＡ１０９『エゴイスト』の店員を「カリスマ店員」として紹介（四月）
・肌を真っ黒、髪を真っ白にした四人組の女の子「ゴングロ三兄弟 ｗｉｔｈ Ｕ」が『ｅｇｇ』に登場（六月）
・「エゴイスト」が月商二億八十万円突破。わずか十六・九坪の店舗の売上として世界新記録（九月）
・「カリスマ」が日本新語・流行語大賞にノミネート。『エゴイスト』店員が表彰台に上がる（十二月）
・ティオーエスが携帯電話向け無料ホームページ作成サービス「魔法のｉらんど」開始（十二月）

二〇〇〇

・『ｅｇｇ』の発行部数四十万部突破
・『ｅｇｇ』休刊。急速な部数の伸びに、編集部の体制が追い付かず（一月）
・アトラスが、初のデジタル画像を携帯電話にダウンロードできるプリクラ機「プリネットステーション」発売（五月）
・『ｅｇｇ』復刊（七月）
・『ランキング大好き』がランキング形式を廃止、『Ｒａｎｚｕｋｉ』に変更

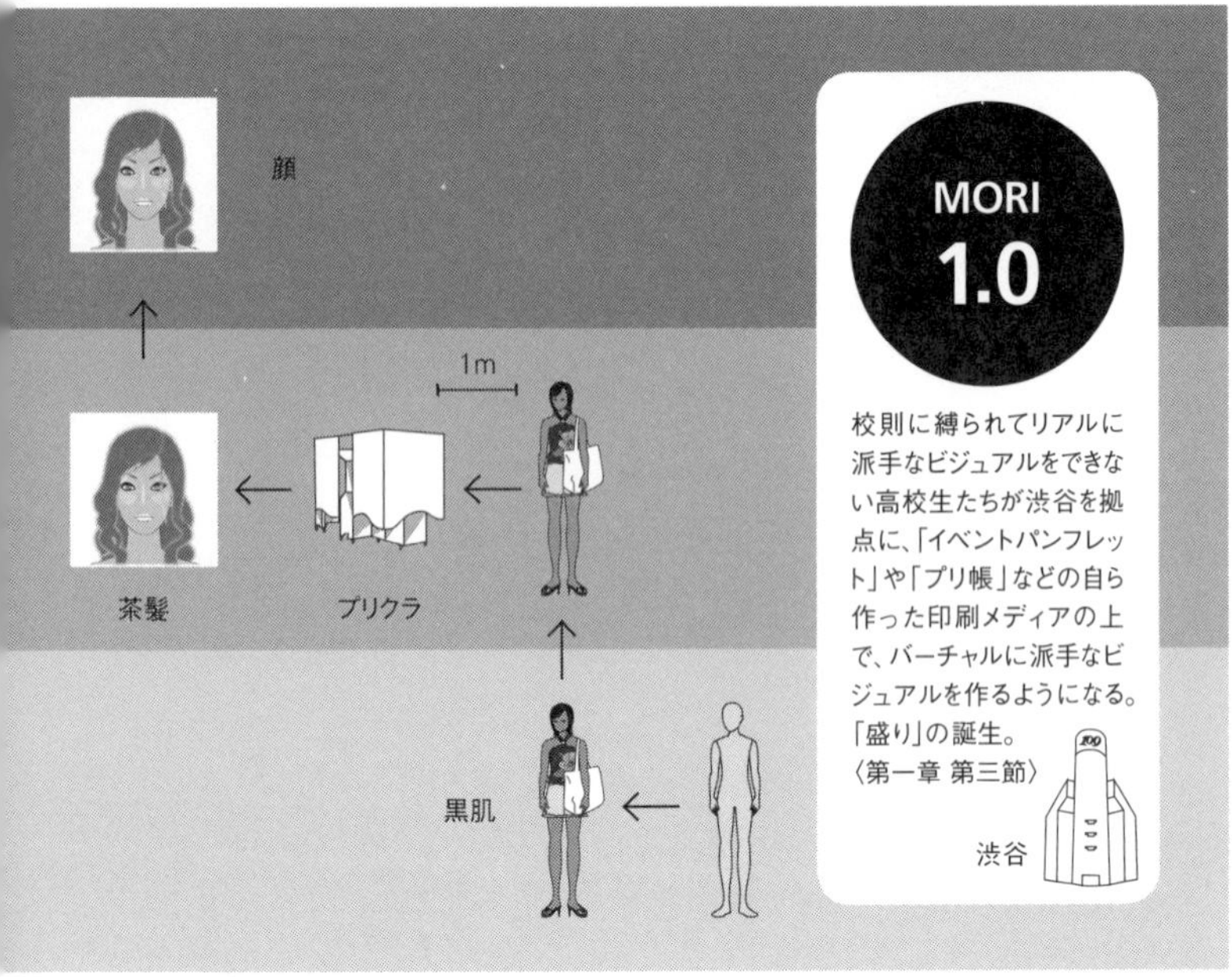
顔
1m
茶髪
プリクラ
黒肌
MORI
1.0
校則に縛られてリアルに派手なビジュアルをできない高校生たちが渋谷を拠点に、「イベントパンフレット」や「プリ帳」などの自ら作った印刷メディアの上で、バーチャルに派手なビジュアルを作るようになる。「盛り」の誕生。

〈第一章 第三節〉

渋谷

二〇〇一
・日立ソフトウェアエンジニアリングが、初のストロボを搭載したプリクラ機「劇的美写」を発売（二月）
・女の子だけで構成されるサークル「Angeleek」誕生（二月）
・シャープ製のJフォン向け端末で、カメラ付き携帯電話「J-SH04」が発売（十一月）
・『Cawaii!』に登場するモデルが、一般女子高生よりタレント中心に（十一月）

二〇〇二
・「Angeleek」がイベントパンフレットとして制作した雑誌に、「盛り」の文字（九月）
・『東京ストリートニュース！』五月号で廃刊
・キープライムが携帯電話向けプロフィールページ作成（プロフ）サービス「前略プロフィール」開始

二〇〇三
・バンダイナムコが、顔認識により目を強調する機能があるプリクラ機「花鳥風月」を発売（七月）
・『Ranzuki』十一月号のプリクラ特集に、「盛り」の文字（九月）

二〇〇四
・米ハーバード大学内でソーシャルネットワーキングサービス「フェイスブック」開始
・第一次韓流ブーム

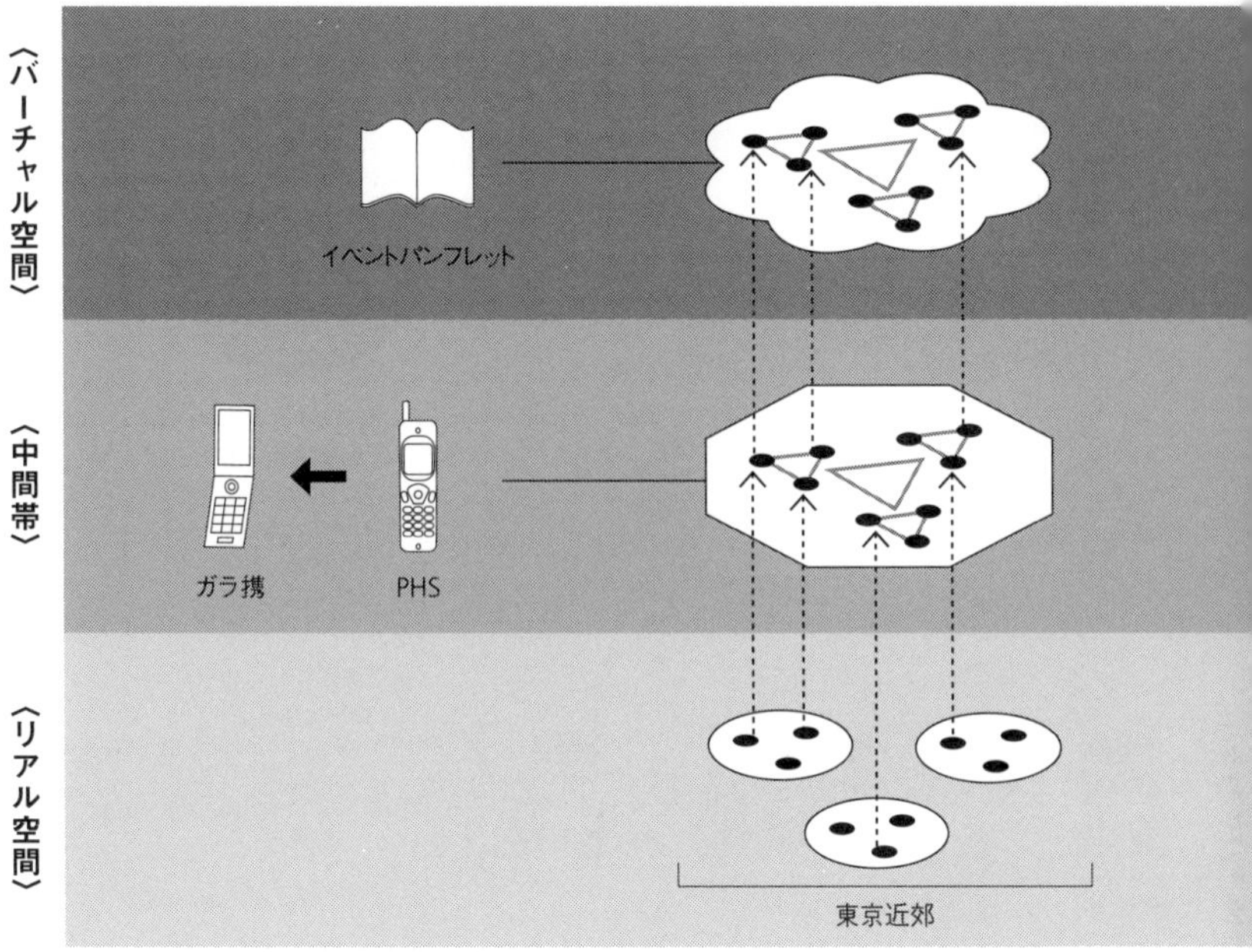

二〇〇五
・高校生サークルをテーマにしたNHKのドキュメンタリー番組が放映。サークル数は百以上あることを紹介(一月)
・米ジョンソン・エンド・ジョンソンが、使い捨てタイプで、目を強調するカラーコンタクトレンズ(サークルレンズ)を韓国に続き、日本で販売(二月)
・ウェブドゥジャパンが女の子向けの携帯ブログサービス「CROOZ!ブログ」開始(七月)
・インフォレストが、全国のキャバクラに勤務するキャバ嬢を誌面に登場させ、彼女たちのメイクやファッションをテーマとした雑誌『小悪魔&ナッツ』創刊(十月)
・夢展望が、携帯電話向けインターネット通販サイト「夢展望」で、自社生産する低価格な女の子向けファッション商品を販売開始(十二月)
・カラーコンタクトレンズ利用者増加により、厚労省が注意喚起(二月)

二〇〇六
・米ツイッターがソーシャルネットワーキングサービス「ツイッター」開始(三月)
・NTTドコモが高速データ通信のHSDPA方式の「FOMAハイスピード」サービス開始(受信最大三・六Mbps、送信最大三百八十四Kbps)(四月)
・『小悪魔&ナッツ』が名前を『小悪魔ageha』に変更(六月)
・米フェイスブックが「フェイスブック」を一般公開(九月)
・スターダストコミュニケーションズが、女の子向けの携帯電話向けネットフリーマーケットサービス「ショッピーズ」開始(十一月)

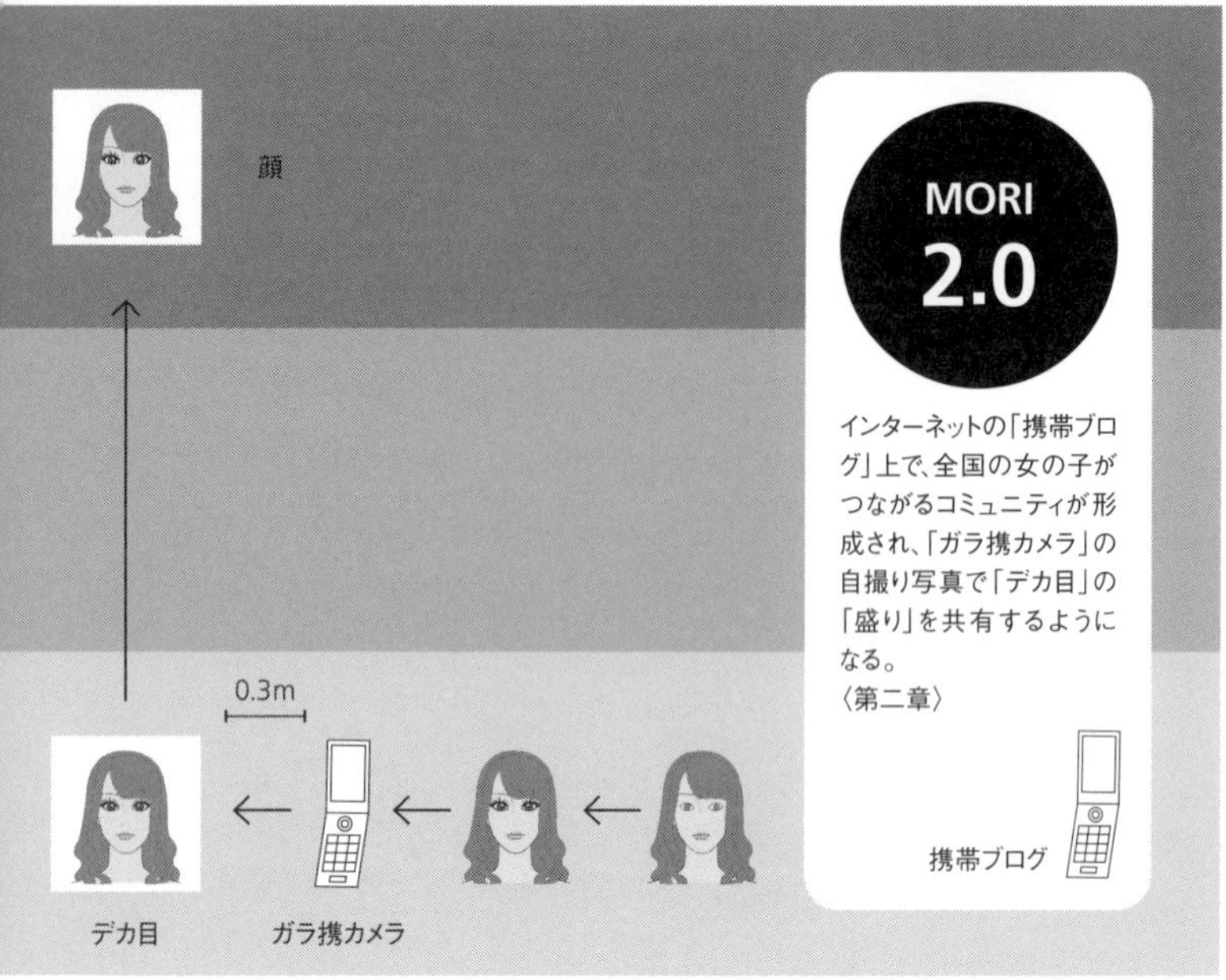

顔
MORI 2.0
インターネットの「携帯ブログ」上で、全国の女の子がつながるコミュニティが形成され、「ガラ携カメラ」の自撮り写真で「デカ目」の「盛り」を共有するようになる。
〈第二章〉
携帯ブログ
0.3m

ガラ携カメラ

二〇〇七　・米Appleがスマートフォン「iPhone」発売（一月）
・ミツバチワークスが女の子向けの携帯電話ブログサービス「デコログ」開始（二月）
・米ブログ検索サービス会社の調査結果、世界のブログ数に占める日本語ブログの割合三十七％、英語ブログの三十六％を上回って第一位（三月）
・フリューが、目を縦方向のみならず横方向にも拡大、「デカ目」機能のきっかけとなるプリクラ機「美人-プレミアム-」発売（七月）
・「前略プロフィール」の会員数が四百四十五万人突破（十月）
・プロフサービスへの参入相次ぐ

二〇〇八　・『Popteen』二月号の売上四十二万部突破（一月）
・「ツイッター」日本語版が公開（四月）
・「フェイスブック」日本語版が公開（五月）
・「iPhone」日本で発売（七月）
・米Appleがアプリケーションダウンロードサービス「App Store」開始（七月）
・米Googleがスマートフォン向けOS「Android」公開（九月）
・米Googleがアプリケーションダウンロードサービス「Android Market」（現「Google Play」）開始（十月）
・『小悪魔ageha』の発行部数が三十五万部
・SHIBUYA109の売上が前年割れ

二〇〇九　・ユーザが目のサイズを選べる機能のプリクラ機発売（六月）
・「夢展望」が年商四十六億円突破（九月）
・千二百万画素台のカメラを搭載する携帯電話相次いで発売（十月）
・コージー本舗が複雑な構造を持つ「IXVM型」のつけまつげ「ドーリーウインク」発売（十一月）
・薬事法の改正によりカラーコンタクトレンズが薬事法の規制対象（十一月）
・第二次韓流ブーム

二〇一〇　・プリクラ機のカメラが千五百万画素、画素数競争収束（三月）

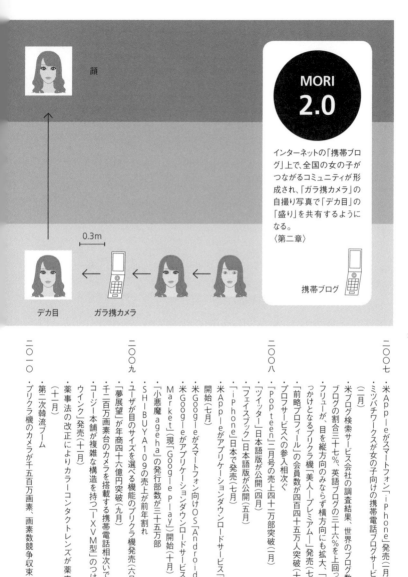

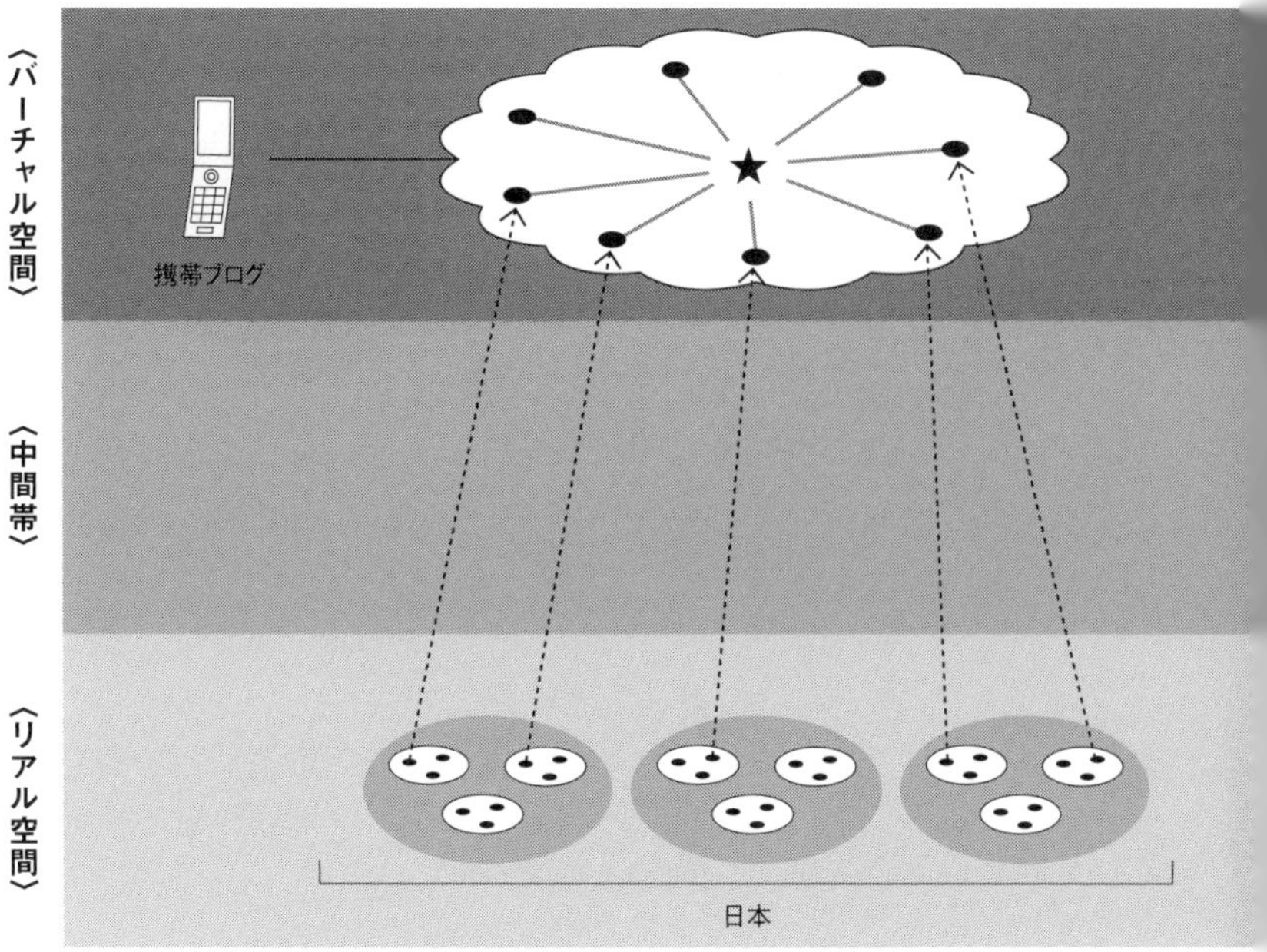

・中国Pinguoがスマートフォン向け自撮り顔加工アプリケーション「カメラ360」公開（五月）
・iPhoneの新機種「iPhone4」にフロントカメラ搭載、三十万画素（六月）
・「デコログ」が月間六十億ページビュー突破（八月）
・米インスタグラムが写真共有サービス「インスタグラム」公開（十月）
・NTTドコモが高速データ通信LTEを利用した「クロッシィ」サービス開始（受信最大七十五Mbps、送信最大二十五Mbps）（十二月）
・チバビジョンが、使い捨てタイプのサークルレンズ「フレッシュルック デイリーズ イルミネート」を発売

二〇一一

・「デコログ」が月間六十五億ページビュー突破（三月）
・「ショッピーズ」の会員数四十万人突破（五月）
・フリューが、画像処理で光と影をコントロールして「ナチュラル盛り」にするプリクラ機「LADY BY TOKYO」発売（七月）
・カシオ計算機が自撮りと顔加工機能に重点を置いたデジタルカメラ「EX-TR100」を発売。日本では不人気だったが、中国で話題（八月）
・「デコログ」で一般の女子高生のブログに百万以上のページビュー

二〇一二

・プリクラ写真で応募するミスコンテスト「ヒロインフェイスコンテスト」の募集開始。応募者二十六万人（一月）
・「カメラ360」がGoogle Play Storeだけでダウンロード数五百万以上突破（五月）
・ボシュロムが、使い捨てタイプのサークルレンズ「ボシュロム ナチュレース」発売（七月）
・シードが、使い捨てタイプのサークルレンズ「アイコフレ ワンデー UC」発売（七月）
・iPhone新機種のフロンカメラが高画素化、百二十万画素（九月）
・総務省「通信利用動向調査」の結果、十五～十九歳の利用率で、スマートフォンが携帯電話を上回る（十二月）
・使い捨てタイプのサークルレンズ参入相次ぐ。国内市場規模百億円程度に

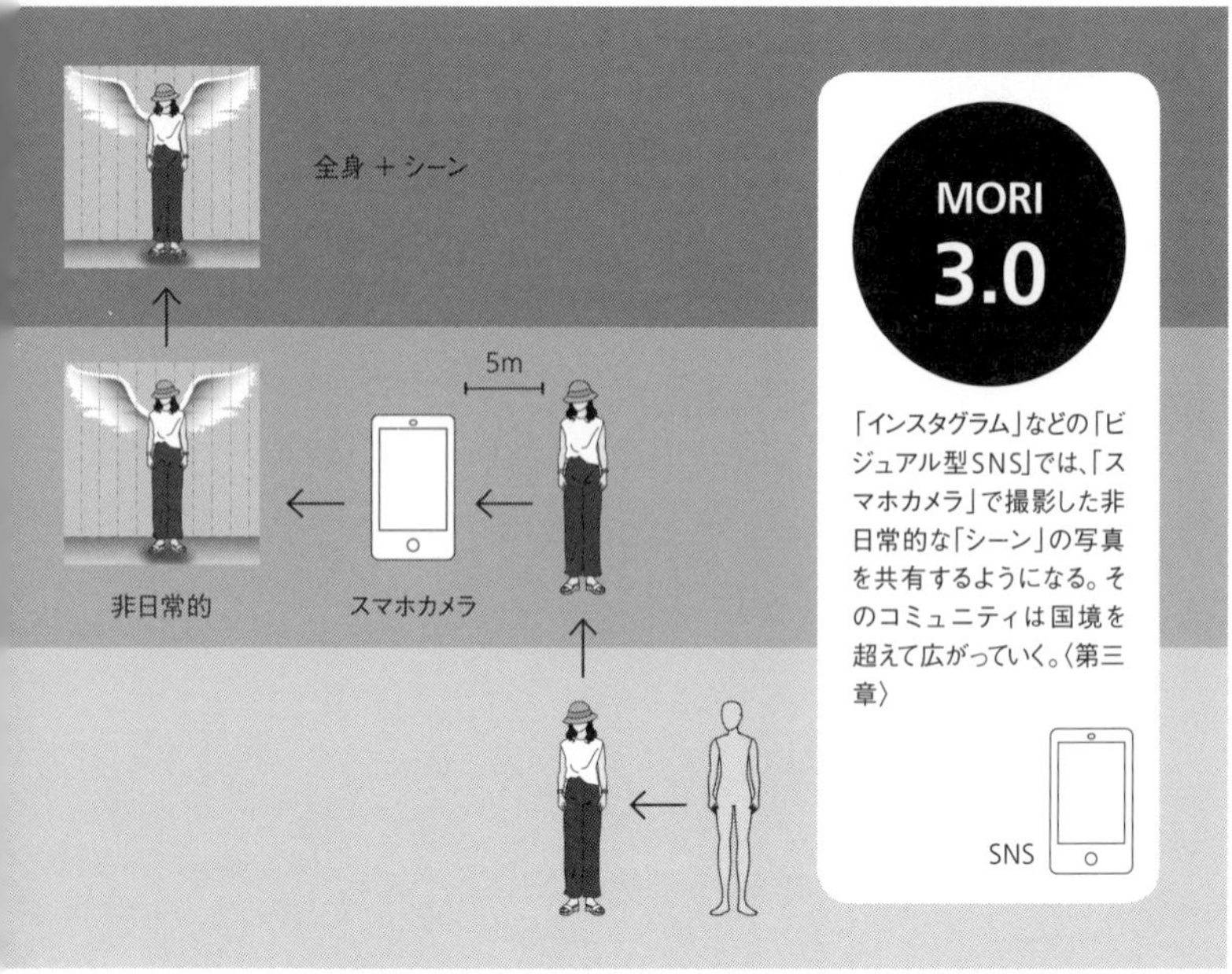
全身 + シーン
5m
非日常的
スマホカメラ
MORI
3.0
「インスタグラム」などの「ビジュアル型SNS」では、「スマホカメラ」で撮影した非日常的な「シーン」の写真を共有するようになる。そのコミュニティは国境を超えて広がっていく。〈第三章〉
SNS

二〇一三

・中国Meituがスマートフォン向け自撮り顔加工アプリケーション「BeautyCam」を国内向けに公開（一月）

・「BeautyCam」の海外版「Beautyplus」公開（五月）

・中国Meituが自撮り顔加工機能に重点をおいたスマートフォン「Meitu Kiss」発売（バックカメラ、フロントカメラ共に八百万画素）（五月）

・「Beautyplus」ダウンロード数「App Store」で百万件突破、六十%が日本（八月）

・オバマ首相夫人が、自撮り写真をSNSに公開（八月）

・ローマ法王との自撮り写真を、国民がSNSに公開（八月）

・中国DOOVから八百万画素のフロントカメラ搭載のスマートフォン「iSuper S2 Queen」発売（十一月）

・Donutsが女の子向け動画編集共有サービス「ミックスチャンネル」開始（十二月）

・中国Gioneeから八百万画素のフロントカメラ搭載のスマートフォン「Elife E7」発売（十二月）

・英オックスフォード辞典の言葉に「セルフィー」が選定（十一月）

二〇一四

・LINEがスマートフォン向け自撮り顔加工アプリケーション「B612」公開（八月）

二〇一五

・一般の女の子が「ミックスチャンネル」に投稿した「双子ダンス」の動画が話題に。多くの二人組女の子たちが、同様の動画を投稿（四月）

・「B612」ダウンロード数五千万件突破（五月）

・プリクラ写真で応募するミスコンテスト「第一回女子高生ミスコン」開催。応募者六十五万人（七月）

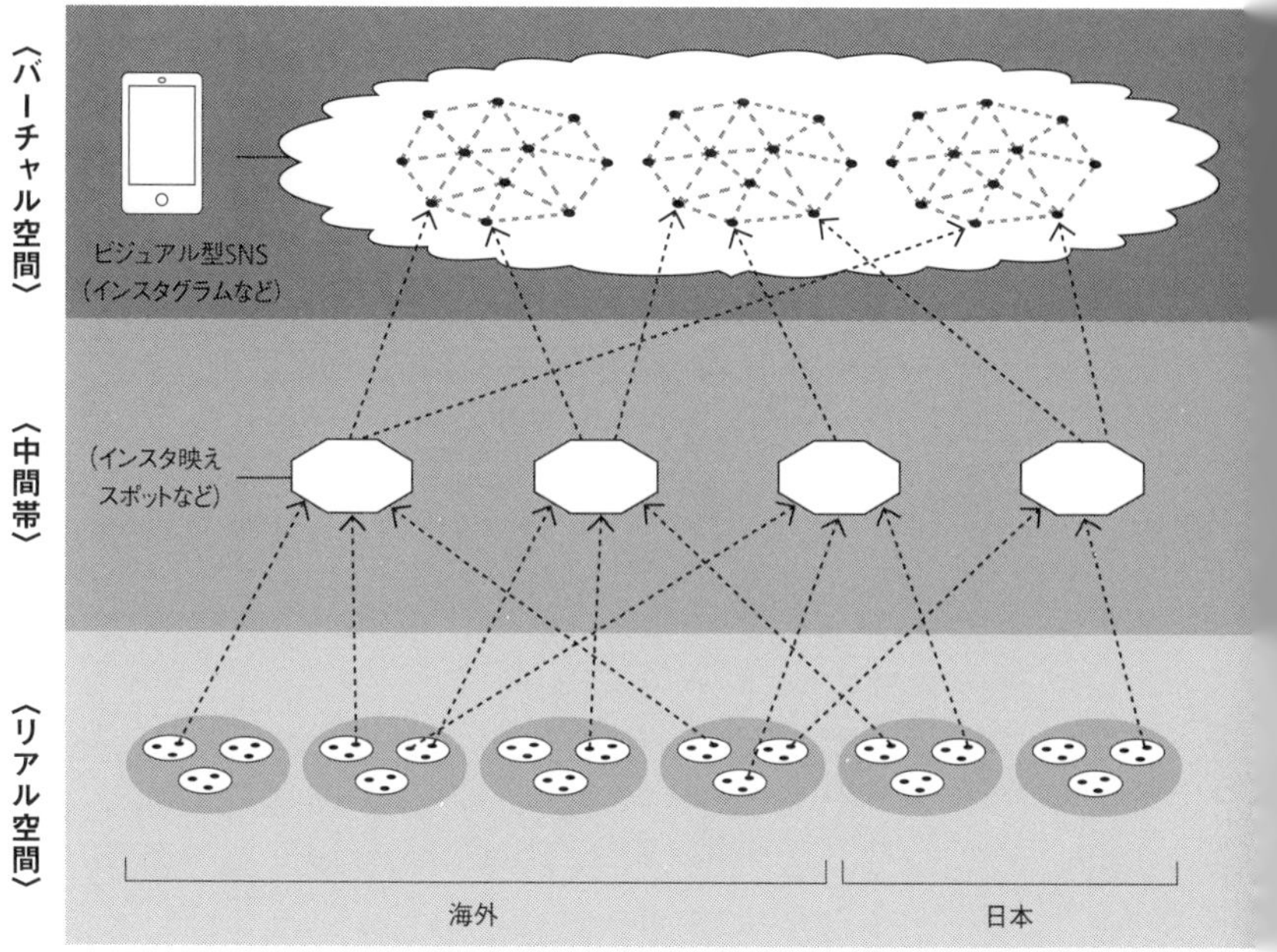

・iPhoneのフロントカメラが高画素化、五百万画素（九月）
・韓国Camp Mobile Corporationがスマートフォン向け自撮り顔動画像に対し加工や合成をするアプリケーション「SNOW」を公開（十月）

二〇一六
・iPhone新機種のフロントカメラが高画素化、七百万画素（三月）
・フリューのプリクラ写真をダウンロードするためのオンラインサービス会員数が一千万人超え（三月）
・ある女の子が「SNOW」で作成し「ミックスチャンネル」に投稿した「あっちのクマもこっちのクマも」という短い自撮り動画が話題に。多くの女の子が同様の動画を投稿（六月）
・「ミックスチャンネル」ダウンロード数五百五十万件突破（七月）
・「インスタグラム」に二十四時間で自動消滅する機能「Stories」追加（八月）
・中国Bytedanceが短編動画共有アプリケーション「TikTok」公開（九月）
・第三次韓流ブーム
・「SNOW」ダウンロード数八千万件突破（十一月）
・総務省「情報通信メディアの利用時間と情報行動に関する調査」の結果、「インスタグラム」利用率が十代二十四・五%、二十代三十一・五%（十一月）

二〇一七
・韓国のインターネット通販サイト「スタイルナンダ」のオリジナルブランド商品を販売する旗艦店が日本の原宿にオープン（五月）
・「インスタ映え」が新語・流行語大賞年間大賞に選定（十二月）

「盛り」の誕生／目次

第二節　雑誌が作ったバーチャル空間

MORI 2.0

第二章 インターネットの中で拡大する「盛り」

MORI 3.0

第三章 世界へ広がる「盛り」

第三節　アジアに広がる「盛り」

「盛り」の構造

フランスからの来客

二〇一六年五月、私のもとへ、一通のメールが届いた。差出人欄には、世界的に有名な高級ブランドの名前。開くと、日本語で、

「フランス本社の化粧品マーケティング部長が、先生との交流を深めたがっている」

と書かれていた。私は驚いた。

私が研究の焦点を当てているのは、日本の女の子たちの「盛り」という日本の特殊な文化であり技術である。しかも、それを常にリードして発展させてきたのは、社会に対してどちらかというと反抗的な行動をとる女の子たちであり、サブカルチャーである。フラン

スの高級ブランドが扱うハイカルチャーとは、同じ化粧文化であっても、対極に位置づけられそうな気がした。

私自身は、そこがおもしろくて研究しており、そこにこそ、世界的な、普遍的な要素があると感じているのだが、それはまだ世の中の人とは共感できていない。フランスにいる化粧品マーケティング部長は、おそらく何か誤解をして、私にアクセスしてしまったのだろうと思った。なにか申し訳なく感じた。


数日後、フランス本社の化粧品マーケティング部長Aさんが、私の席がある東京大学本郷キャンパスを訪ねてくださった。身長は一六七センチメートルの私よりもさらに高く、ショートヘアの金髪で、いかにも知的な印象の女性。ぴしっとしたジャケットが知的な印象を強め、そこにあえてふわっとした女性らしいスカートを組み合わせていたことに、「さすが」と感じた。

私はあらかじめ、「残念ながら、フランス語はもちろん、英語も不自由である」ことを伝えてあったので、彼女は、英語もフランス語も話せる日本人スタッフ二人、日本在住で日本語を話せるフランス人スタッフ一人を連れて、女性四人で訪ねてくださった。

会議室に案内し、まずは名刺交換。彼女が来日するのは二年に一度程度ということ。その中の、短い滞在期間の半日を割いて、私に会いに来てくださったと聞いて、私は再び申し訳なくなってしまった。

私は早々に謝ってしまおうと思っていたが、その隙も与えず、Aさんは話を始めた。私に興味を持ってくださったのは、日本のカルチャーやテクノロジーの情報を発信する「IGNITION」という海外向け英語ウェブサイトに、私が寄稿した記事を読んでくださったことがきっかけだとわかった。私が寄稿したのは、

「なぜ日本の女の子たちはそっくりな顔をしているように見えるのか？」

（原題 "Why Do All Japanese Girls Look Like They Have the Same Face?" For confused outsiders, "Cinderella Technology" holds the key to puzzling social trends）

という記事だった。

街中で、あるいはネット上で、若い女の子たちの顔がそっくりに見えることはないだろうか？　私自身は、自分が若い頃はそう見えていなかったが、歳をとるごとにそっくりに見えていた。実際に、インターネット上には「量産型女子」という言葉があり、検索サービス「グーグル」でその言葉を入力して画像検索すれば、そっくりに見える日本の女の子たちの集合写真をたくさん見ることができる。

このことについて、日本に根付く「盛り」の文化の視点、近年のデジタルテクノロジー

の視点から読み解いたのが、この記事だった。Aさんは、「非常に興味深かった」と言ってくれた。

コミュニティで作る個性

彼女は、私の記事を読んで、
「日本には、個人で作る個性ではなく、コミュニティで作る個性があることを知りました」
と言った。それは、私が記事に書いた、次のような部分に基づく。

一様に流行の装いをする日本の女の子たちは、一見そっくりに見えるが、彼女たちにメイクやファッションを頑張る理由をたずねると、意外にも、「自分らしくあるため」と皆が答える。一見、「均一」に見えるのに、彼女たちがそこに「個性」を感じているということに、私は驚いた。その謎を解くため、私は、ある女の子の行動を詳細に観察した。

その女の子は、目に大きなつけまつげを付けて、明るい色の髪をカールし、その当時（二〇一二年）渋谷によくいた、同じような装いをした女の子たちと、最初、私には、あまり違いがわからなかった。しかし、彼女に、実際にアイメイクをするところを見せてもらったところ、つけまつげは、メーカが異なる四つの商品を、切り刻み、組み合わせて、自分仕様にカスタマイズして付けていたことがわかった。そのような背景を知ってから彼女の顔を見ると、渋谷にいる他の女の子たちとの差異が明確に見えてきた。彼女だけの「個性」が見えた。

私はこの経験を通し、彼女たちが言う「個性」とは、一から表す「個性」ではなく、「大きなつけまつげを付ける」というような、コミュニティで共有している基準を守った上で表す「個性」なのだとわかった。

Aさんは、これを「コミュニティで作る個性」と呼んでいた。確かに、日本の女の子たちが言う個性とは、絶対的な個性ではなく、コミュニティとの関係の中で相対的に作られる個性である。

しかし、なぜ、Aさんはそれに興味を持ったのだろう。

「アメリカ人や西洋人は、もともと個人主義だったが、SNSによってコミュニティに所属するようになっています。一方、日本人を始めアジア人は、もともとコミュニティを形成していて、それがSNSに引き継がれています。両者が歩み寄っているように思います」

Aさんは、SNSの出現により、西洋人が「個人主義」から「コミュニティ主義」に変化し、化粧も変化するのではないかと考えているようだった。そこで、欧米人の化粧の未来を探るため、元々「コミュニティ主義」の日本の女の子たちから、ヒントを得ようとしているようだった。彼女がわざわざ私に会いに来てくださった理由が、やっと理解できた。

Aさんと、写真の話題になった。

「フランスには、アルクールという、セレブの人たちだけが行くことのできる、写真スタジオがあります。そこでは、有名なカメラマンが、最も理想的な自分を撮影してくれます」

調べてみると、古い映画女優のポートレート写真のような、白黒写真を撮ってくれるスタジオだった。今は、観光客向けのサービスもあるようで、ウェブサイトには日本語での案内もある。

「かつてのフランス人女性は、そこで撮った写真を家に飾り、それを見ながら何度も涙を流すようなことがありました。完璧すぎて、もう一度それになることはできないと思うと、涙が出てくるのです」

日本人からそのような話を聞いたことはない。なぜだろうかと考えてみると、流行があるからだとわかる。日本人には、かつて「完璧」であったものも、今見ればメイクやヘアスタイルが流行遅れで、「古い」「ダサイ」と感じることが多い。時間を超えた「完璧」が存在しないのではないか。いくら歳をとっても、今の顔写真が一番好きだという人は多い。

「しかし新しいテクノロジーにより、フランス人にもそのようなことはなくなりました」

とAさんは言った。

「アルクールの写真のような一生で一枚の完璧を追求するのではなく、セルフィーでその瞬間を切り取ることを追求するようになりました。セルフィーは友人と撮ります。『○○さんと一緒に今ここにいるよ』ということを、SNSで他の友人たちに伝えるために撮るようになりました」

個人主義だったフランス人がSNSを利用するようになり、コミュニティを意識するようになったということが、改めてよく理解できた。

Aさんは、SNSが与えた西洋人の変化は他にもあると言った。

かつては外見で身分を判断したが、今は違うと言った。そのきっかけにこのようなエピソードがあると言う。

「フランスの高級家具店に、Tシャツにジーパンというスタイルの男性が来て、高い買い物をしようとしたが、店員は客の服装を見て売らなかった。しかし、その後、その客が、アメリカの巨大IT企業の社長だったことがわかった」

他にも、かつては大人が優位にあり、子供は大人に従うだけだったが、今は違うと言った。その理由を次のように言った。

「テクノロジーを使いこなすのは子供なので、大人は子供に教えてもらわないといけなくなったから」


SNSは西洋人をコミュニティ主義へと変え、さらに外見だけで身分を判断しないように、さらに子供の地位を高めた。それらの変化も統合して、

「西洋人と、日本の女の子は、歩み寄っているかもしれない」

という話になった。もしかしたら本当に、日本の女の子たちの行動は、西洋の未来にヒントを与えられるのかもしれない。私が研究対象としてきた日本の女の子たちのカルチャーは、単なるサブカルチャーに収まらないのかもしれないという気がしてきた。

バーチャル空間

それにしても、一般の人が「○○さんと一緒に今ここにいるよ」という友人との写真を公開することが、フランスで、今、始まったというのは、随分遅いと思った。

「日本の女の子たちの間では、一九九五年から始まっています」

と、私は言った。一九九五年というのは、初めてのプリントシール機（通称：プリクラ（注1））である「プリント倶楽部」が誕生した年である。「プリクラ」とは、主にゲームセンターに設置される女の子向けのアミューズメントマシンである。デジタルカメラで撮影した顔写真が、その場で出力されるマシンとしては、全世界にあるフォトブースと同じだが、日本の女の子のニーズにコアに応えるマシンとして、一般的なフォトブースとは異なる。

プリクラが登場する以前から、日本の女の子たちはレンズつきフィルムなどを持ち歩き、友人と一緒に撮影して、現像した写真をアルバムに入れて持ち歩き、友人同士で見せ合うことをさかんに行っていた。まさに「○○さんと一緒に今ここにいるよ」という写真を、他の友人に見せることを行っていた。ただし、見せる相手は、基本的にはリアル空間でつながりのある人だった。

プリクラはそこに革新を起こした。プリクラは、デジタル印刷により、一回のプレイで、同じ写真のシールを複数枚出力する。また、女の子たちは、プリクラを使って一人で撮影することは少なく、友人と一緒に撮影することが多い。女の子たちは、プリクラから出力されたシールをまず、一緒に撮影した友人と分け、分け前のうち一枚を、プリクラのシールを貼る「プリ帳」に貼り、残りを友人と交換するようになった。そして、交換して手に入れた自分が写っていない写真もプリ帳に貼った。そして、そのプリ帳を常に持ち歩き、友人と会う度に見せ合った。

つまり、一般の女の子のプリクラ写真が、一緒に撮影した友人が交換した相手のプリ帳の上で、そのまた友人にも見られるようになった。この「友人の友人の友人」は、リアル空間でつながりのない人であることも多い。これは現代のSNSで行われていることと同じである。「○○さんと一緒に今ここにいるよ」という写真を、○○さんの友人がシェアすれば、そのまた友人の、リアル空間でつながりのない人も見ることになる。


このような、リアル空間でつながりのない人ともコミュニケーションできる空間を、本書では「バーチャル空間」と呼ぶ。かつてそれを活かして多数の人とコミュニケーションするのは、テレビや雑誌に登場する芸能人などの特別な立場の人に限られた。しかし、デジタルテクノロジーは、それを一般にも開放した。Aさんが、一般のフランス人が「○○さんと一緒に今ここにいるよ」という写真を公開するようになったのはSNSがきっかけだと言ったように、世界的にそれを完全に一般化させたのはインターネット、とくにSNSだと考えられる。しかし、日本の女の子たちの間では、一九九五年頃、インターネットではなく、プリクラとプリ帳という印刷メディアの上で、すでに一般化していた。

このような日本の女の子たちの先行性は、ビジュアルコミュニケーションの分野で、いくつも事例がある。メールにおける絵文字の利用や、携帯電話付属カメラでの自撮りなど、当初、日本の女の子たちだけが行っていたビジュアルコミュニケーションだったが、後に世界的に広がった。Aさんも注目する、日本の女の子たちのコミュニティ主義ゆえの、コミュニケーションの先行性かもしれない。

日本の女の子の「盛り」

「プリクラというのは、どこから来たものですか?」

Aさんはプリクラの存在を知っていた。日本の女の子が用いる、デジタル画像処理で、顔画像を加工する機械だと認識していた。

「一九九五年に誕生した最初のプリクラは、日本のゲーム会社がオリジナルで作ったものです。ただしそれは、撮影した顔写真がほぼそのまま出力されるもので、デジタル画像処理による加工はありませんでした。デジタル画像処理で髪や肌の色の加工が始まるのは一九九八年頃からです。その後、ストロボが搭載されて光学処理も進み、二〇〇三年頃からは目を強調する加工、二〇〇七年頃からは目をすごく大きくする加工がさかんになり、近年は、顔の立体感やつや、血色などを強調するナチュラルな加工がさかんになっています」

そこまで説明して、Aさんの様子をうかがうと、納得していないような顔をしていた。彼女だけではない。私が欧米人にプリクラの話をすると、いつもそのような反応である。

「なぜ、日本人は、外見を変えても、中身は変わらないことを、気にしないのですか？」

Aさんのこの質問もそうであるが、欧米人の方からはいつも、化粧や画像処理によって加工した後のアーティフィシャルなビジュアルよりも、加工する前のナチュラルなビジュアルを重要視することを前提としたような質問を受ける。

一方、日本の女の子たちと話をしていると、ナチュラルなビジュアルへの執着のなさを感じることが多い。彼女たちにメイクやファッションを頑張る理由をたずねたところ、「自分らしくあるため」と応えたことを前に述べた。彼女たちにとって「自分らしさ」とは、生まれ持ったナチュラルなものではなく、メイクやファッションによって作るアーティフィシャルなものなのである。

「西洋人には、SNSの上の写真で、実際よりも良い顔になろうという意識はない。元々きれいな人がそれを見せたいというのはあるけれど」

とAさんは言った。私は、重要なことを伝え忘れていたと気づいた。

「日本の女の子たちがプリクラで目指す顔は、絶対的な良い顔ではありません」

世界には、例えば黄金比のような、良い顔の絶対的な基準もある。しかし彼女たちが目指すのは、彼女たちが所属するコミュニティの基準に基づく、相対的な良い顔である。

このように、ナチュラルなビジュアルに執着しない日本の女の子たちが、バーチャル空間上のビジュアルを、所属するコミュニティの基準に従って相対的に作る行動が「盛り」である。「盛り」はコミュニティとの関係の中で行われるものである。

「盛り」は、最初にプリクラの顔写真の上で行われ、その後は携帯電話付属のカメラで自撮りした顔写真の上でも行われるようになった。さらに、近年のインスタグラムなど、ビジュアル型SNS上の写真では、顔のみならず、ファッションやライフスタイルなど、女の子を囲むあらゆるビジュアルに対しても行われるようになり、今も発展していっている。

Aさんは、

「西洋人にとっては、それ（「盛り」）よりも、『○○さんと一緒に今ここにいるよ』と見せたいことの方が重要です」

と言った。

しかし、日本の女の子たちが、最初にプリ帳で「○○さんと一緒に今ここにいるよ」と見せ合うことを始めた時も、まだ「盛り」はなかった。その後、そこに「盛り」が生まれて、発展していったのだ。

西洋人は今、スタート地点にいるだけで、これから同じ歴史をたどる可能性がないとは言えない。すでに個人主義からコミュニティ主義に移行しつつあるという西洋人なのだから、コミュニティとの関係の中で行われる「盛り」を、採用する可能性もあるのではないか？　Aさんもその可能性を考えていた。だからこそ彼女は、私の元をわざわざ訪ね、日本の女の子たちの話を聞きに来てくれたのだ。

日本の女の子たちの「盛り」は、今後、世界に広がるのだろうか？　その答えはまだ出ていない。

ただ今後について明らかなことは、さらなるデジタルテクノロジーの発展が、バーチャル空間をさらに巨大化していくということだ。バーチャル空間上のコミュニケーションはさらに活性化し、バーチャル空間上のビジュアルが、リアル空間のビジュアルと同じくらいか、それ以上の威力を持つこともありうる。バーチャル空間のビジュアルは、そもそもアーティフィシャルなものである。そこではナチュラルなビジュアルに執着すること自体に意味がないともいえる。ナチュラルなビジュアルに執着しない日本の女の子たちの「盛り」という行動は、それを先行している可能性もある。

「盛り」とテクノロジー

「なぜ日本人は、目を大きく見せることに、それほどこだわるのですか？」

とAさんは言った。私がどこから話そうかと迷っていると、彼女の考えを教えてくれた。

「西洋には、目は精神に属し、口は体に属すという考えがあります。精神は知性的で良いもの、体は野蛮で良くないもの、と考えられてもいます。東洋では、このように精神と体を分けたりしないように思うのですが、日本人が目を大きく見せようとするのには、こういう考えと関係がありますか?」

そのような理由があろうとは、考えたこともなかった。私は、そういった思想を勉強していないことを断った上で、

「別の理由があると考えています」

と答えた。

私は二枚の画像を見せた。一枚は、江戸時代に喜多川歌麿《きたがわうたまろ》によって描かれた浮世絵『寛政三美人』、もう一枚は、現代の女の子雑誌『Popteen』の二〇一一年二月号の表紙である(図0-1)。

「いずれも三人の女の子が描かれていますが、三人がそっくりに見えませんか?」

Aさんも納得してくれた。ただし、『寛政三美人』は浮世絵の専門家が見れば、そこに描かれている記号を読みとり、三美人が誰であるかを読み解くことができるようだ。同じように、現代の女の子たちから見れば、『Popteen』の写真の三人が誰であるかを見分けられる。しかし、素人目にはそっくりに見える。

「人間の顔には多様性があるので、自然のままの顔がこんなにそっくりなはずはありません。いずれも人工的に加工していると考えられます。日本には、古くから、女の子が顔を加工してそっくりになる文化があります」

しかし、三人がそっくりに見えることは共通するが、特徴は大きく変化している。

「現代の女の子の目は大きいけれど、十八世紀の女の子の目は細いです。普遍的な思想がないことが、ここからわかります」

現代の日本の女の子が、目を大きく見せることにこだわる理由は、思想の問題ではなく、「目を大きく見せる加工がしやすいからだろう」

と私は答えた。Aさんは、納得していない様子だった。

「目には、アイシャドウ、アイライン、マスカラ、つけまつげ、カラーコンタクトレンズ、二重まぶた糊など、大きく見せるように加工する道具がたくさんあります」

それにはAさんもうなずいてくれた。

逆に、江戸時代以前の女の子は、目を「大きく」ではなく「細く」見せることを目指していたと考えられる。歴史学者である陶智子氏の『江戸美人の化粧術』によれば、江戸時代の化粧書『都風俗化粧伝』では、目が「あまり大きすぎるのは見苦しい」とし、「大き過ぎる目の化粧法」として、目を細く見せるための方法が解説されていると言うのだ。

2011

b.『Popteen』表紙

『Popteen』2011年2月号(角川春樹事務所)引用

図0-1　浮世絵のデフォルメと現代の女の子の「盛り」

いずれの画像も三人の顔が一見そっくりに見える。日本には古くから「女の子が顔を加工してそっくりになる」文化があることが考えられる。

1793

a. 喜多川歌麿『寛政三美人』

WIKIMEDIA COMMONS（http://commons.wikimedia.org）より転載

目を細く見せる方法として、例えば「瞼の白粉を濃く塗る」などがある。当時のアイメイクの主な道具は白粉だったと考えられ、白粉によって加工しやすいのは目を細く見せる方向だから、目を細く見せることを目指していたのではないか。

江戸時代以前は、白い化粧道具で加工しやすい方向として、「目を細く」することが目指され、大正時代以降は、西洋からアイシャドウが輸入され、黒い化粧道具で加工しやすい方向として、「目を大きく」することが目指された（図0－2）。その時々の道具を使いこなす人が、評価される仕組みが、常にあるのではないかと考える。

「技術が変われば、女の子たちが目指す顔も変わる」

と私は少し思い切って言ってみた。

Aさんは再び驚いた様子を見せ、その後、Aさんの隣に座っていたもう一人のフランス人の方と顔を合わせて、フランス語で議論をしていた。

「技術が、女の子の目指す顔の基準を作っている」という仮説は、技術分野で学位をとった研究者として、私の核心にあるテーマだ。Aさんがそこに興味があるかはわからなかったが、私はまだ技術の話をつづけた。とくに近年は、化粧道具のようなアナログな加工技術だけではなく、彼女たちを囲む様々なデジタル技術環境が、女の子たちがバーチャル空間で目指す顔の基準、つまり「盛り」の基準を作っている。

図0-2　美人画のデフォルメの特徴の変遷

美人画に描かれる女の子の顔の基準は、時代を超えて変化している。女の子たちが目指す顔の基準も、時代を超えて変化していると考えられる。

平安美人期
（700年代～）

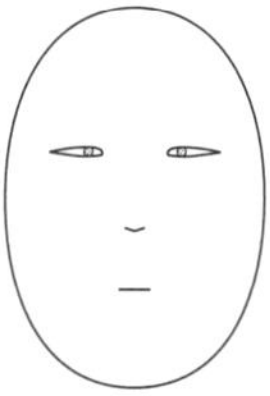

WIKIMEDIA COMMONS
（http://commons.wikimedia.org）より転載

江戸美人期
（1700年代～）

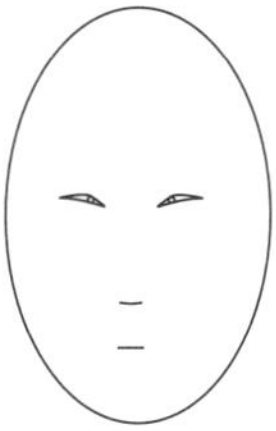

WIKIMEDIA COMMONS
（http://commons.wikimedia.org）より転載

大正美人期
（1900年代～）

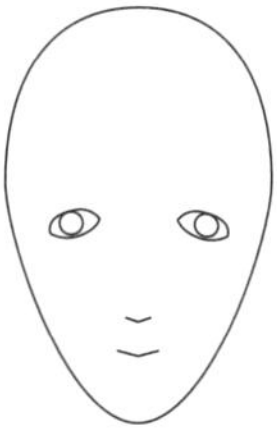

竹久夢二美術館所蔵

昭和美人期
（1950年代～）

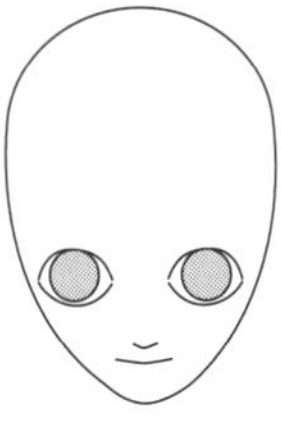

©RSH/RUNE

例えば、Aさんが読んでくれた記事で、私が例にあげたような、複数のつけまつげを重ねづけするような、いわゆるデカ目を目指す女の子が二〇〇九年頃とくに増えたのも、その時のデジタル技術環境が影響している。

その頃すでに、十代の女の子の約八十八パーセントが携帯電話を持ち、携帯電話で接続するインターネット上での、ブログサービスが普及していた。さらにインターネット通販が進み、つけまつげなどの化粧雑貨が全国どこでも手に入るようになった。携帯ブログ上では、つけまつげなどを使いこなし、携帯電話付属のカメラで「自撮り」した、デカ目写真のコミュニケーションがさかんになった。

この例からもわかるように、女の子たちの「盛り」の基準には、大きく三つの技術分野が関与している。第一は、ブログのような、インターネット上のコミュニケーション技術。第二は、自分を撮影して加工する、デジタルカメラ技術やデジタル画像処理技術。第三は、つけまつげやカラーコンタクトレンズなど生体を模倣するプラスチック成形技術。この三つの技術分野を、私は「ソーシャルステージ」「セルフィーマシン」「プラスチックコスメ」と名付けて、併せて「シンデレラテクノロジー」と呼んでいる。

本書では、これら三つの技術分野の革新と共に、日本の女の子の「盛り」の文化が変化していった、約二十五年間の歴史を追いかけていく。

Aさんに、

「なぜ、『シンデレラ』テクノロジーなのですか?」

と聞かれた。

「日本の女の子たちのビジュアルを変える『加工』の技術と、それが多数の人に見られる『公開』の技術によって成るからです。『加工』の技術を、魔女が『みすぼらしい服を美しいドレスに変えた』魔法に見立て、『公開』の技術を、魔女が『かぼちゃを舞踏会に行くための馬車に変えた』魔法に見立てました。ただし、日本の女の子たちはこれらの技術を、シンデレラのように王子様と出会うためには、使ってはいません」

と言うと、Aさんは笑いもせず、強くうなずいた。


気が付けば、予定の時間はとっくに過ぎていた。Aさんは「最後に一つ」と言って、

「この研究には、どのくらいの人々が関わっているのですか?」

と私に聞いた。私は、共同研究をしているプリクラメーカに一人、協力者がいるが、学術機関にいるのは私一人だと話した。

「日本の特殊なサブカルチャーだから」

と最初に断ろうと思っていたことを、最後になって話した。Aさんは、

「西洋には、あなたの研究に興味を持つ研究者がたくさんいるはずです」

と言ってくれた。そのように考えたことはなかったので、とても勇気づけられた。

予定の時間は大幅に過ぎ、Aさんはその日の飛行機でフランスに向かう予定だったし、私も次に予定していたミーティングの開始時刻がすでに過ぎていた。別れは慌ただしかった。

MORI 1.0

第一章
渋谷に誕生した「盛り」

一九九〇年代半ば、モバイル通信端末の普及により、各街に、学校の枠組みを超えた高校生コミュニティが形成された。とくに渋谷では、一部の女の子がストリート系雑誌に取り上げられて、バーチャルなコミュニケーションを行うようになった。また雑誌に載れない女の子たちも自ら印刷メディアを作って、バーチャルなコミュニケーションを行うようになった。そこに「盛り」が誕生した。

第一節　渋谷に生まれたコミュニティ

茶髪になった同級生

数学の授業中、聞いたことのない電子音が鳴った。教室を見渡すと、友人のみほちゃんが、慌てて、

「ごめんなさい」

と言って、かばんから何かを取り出して操作し、またしまった。その後、私は、それが「ポケベル」というものだと知る。高校二年生の一学期、一九九四年の春のことである。

私が通っていたのは、東京都千代田区にある中高一貫教育の私立の女子校である。みほちゃんとは中学二年の時に、初めて同じクラスになった。私たちが通っていたのは服装の規則のない学校だったので、私はよくベネトンのカラフルなポロシャツを着ていたが、みほちゃんもそれを着ていて服装が重なることがあった。

しかし高校二年生の頃になると、彼女と私の装いは、大きく違うものになっていた。彼女は、髪を長く、茶色くし、眉を細く整えて、華やかさが際立っていた。服装は、白いシャツに、ラルフローレンなどの紺のセーター、グレーなどのプリーツスカートを組み合わせた、制服のような服装。足元にはルーズソックスをはいていた。髪の色の明るさ、スカートの短さ、ルーズソックスのダボダボさは、彼女が学年で一番だった。それは、私が愛読していた女子高校生に売上一位のファッション誌『non-no』には載っていないスタイルだった。

華やかなグループにいるみほちゃんとは、仲良しグループは違うが、高校二年生の文化祭では、一緒にカフェを開くことになった。準備の過程で、みほちゃんとはいろいろな話をした。中身は、中学生の頃から変わらない彼女だった。

しかし、学年でまだ誰も持っていないポケベルを持ち、誰よりも髪を茶色くしているみほちゃんにはきっと、学校以外に私の知らない世界があるのだろうと、なんとなく感じていた。しかし、それを突っ込んで聞いたことはなかった。

二十年後、私は日本の女の子の「盛り」を研究するようになり、私にとってそれの原風景であるかのように、一九九四年頃の高校時代のみほちゃんの姿が何度も思い出された。

そこで私は、高校時代に聞けなかった、二十年越しの「なぜ?」を聞くため、今では外資系製薬会社の営業マンとして活躍している彼女の元を訪ねた。

久しぶりに会ったみほちゃんは、高校生の頃とあまり変わらず、同じ歳の友人と比べてもずば抜けて華やかだった。

近況などを報告し合った後、二十年越しの疑問を少しずつ投げかけてみた。まずは、なぜあの頃、髪を茶色くしていたのかを聞いてみた。

「あの頃は、流行に敏感で、華やかな、渋谷の有名人高校生グループのような人たちがいて、うらやましく見ていた。髪を茶色くして、肌を焼いて、ミージェーンやアルバローザの服に、ルイヴィトンのエピとか、シャネルの布のバッグをしょったりして、超かっこいいと思ってみていた」

「ルイヴィトン」や「シャネル」は、フランスの高級ファッションブランドである。「ミージェーン」は、当時、東京渋谷のファッションビル「SHIBUYA109」などにあったリゾートファッションの洋服店の名前である。「アルバローザ（注2）」も同様にリゾートファッションのブランドで、当時はアルバローザもミージェーンなどで扱われていた。みほちゃんは、

「アルバイトはしていたけれど、アルバローザはホットパンツでも一万円くらいしたから、そんな高いものは買えなくて、悶々としていた」

と言うが、休日はそれに似たような「リゾートファッションスタイル」をしていたようだ。

調べてみれば、ミージェーンは一九九〇年二月にSHIBUYA109に第一号店が開き、その後、毎年二桁成長、売上年間七億円。八千万円売る月もあり、一九九四年にはSHIBUYA109含め、東京近郊に六店舗も展開するようになっていたという(注3)。

また、日焼けサロンについても調べてみると、一九八一年に日本で第一号店ができたとされ(注4)、一九九四年六月の新聞で「参入ラッシュで、激戦」という状況にあることが報じられていた(注5)。

肌を焼いて、リゾートファッションを着るようなスタイルは、一九九四年頃、流行していたことがわかる。

みほちゃんの平日の服装は、制服ではないが、まるで制服のような服装だった。私たちの通っていた学校には服装の規則がなかったが、あえて制服のような服装をしていたのは、

「制服を着崩すのが流行っていたから」

と、みほちゃんは言う。

これについても調べてみると、制服のスカートを短くし、足にはフィットしたソックス

ではなくルーズソックスをはき、ラルフローレンなどの色のついたセーターを羽織り、自分の学校ではなく他校のスクールバッグを持ち、バッグにいろいろなものをぶらさげて、持ち手のうち一本だけを肩にかけることなどが流行していた（注6）。

みほちゃんもその「制服着崩しスタイル」をするために、敢えて制服のような服装を着ていたということだ。

当時、一部の女子高生の間では、このように、茶色い髪に、小麦色の肌で休日にはリゾートファッションスタイルや、平日には制服着崩しスタイルをすることが流行していたようである（図1-1）。しかし、それは、私が愛読していた女子高生に読まれていた雑誌第一位の『non-no』にも、第二位の『SEVENTEEN』にも、第三位の『Petit Seven』にも載っていない（注7）。雑誌には載っていない流行がどのように作られたのだろうか？　その中心にいたのが、みほちゃんの言う「有名人高校生グループ」のようである。一九九四年頃、渋谷にいた「有名人高校生グループ」とは何者だろうか？

学校の枠を超えたコミュニティ

そう考えた時、私の頭の中に一人の友人の顔が浮かんだ。大学の友人Bくんである。

私は高校卒業後、慶應義塾大学に進学した。私が進んだ理工学部は、八割以上を男子学

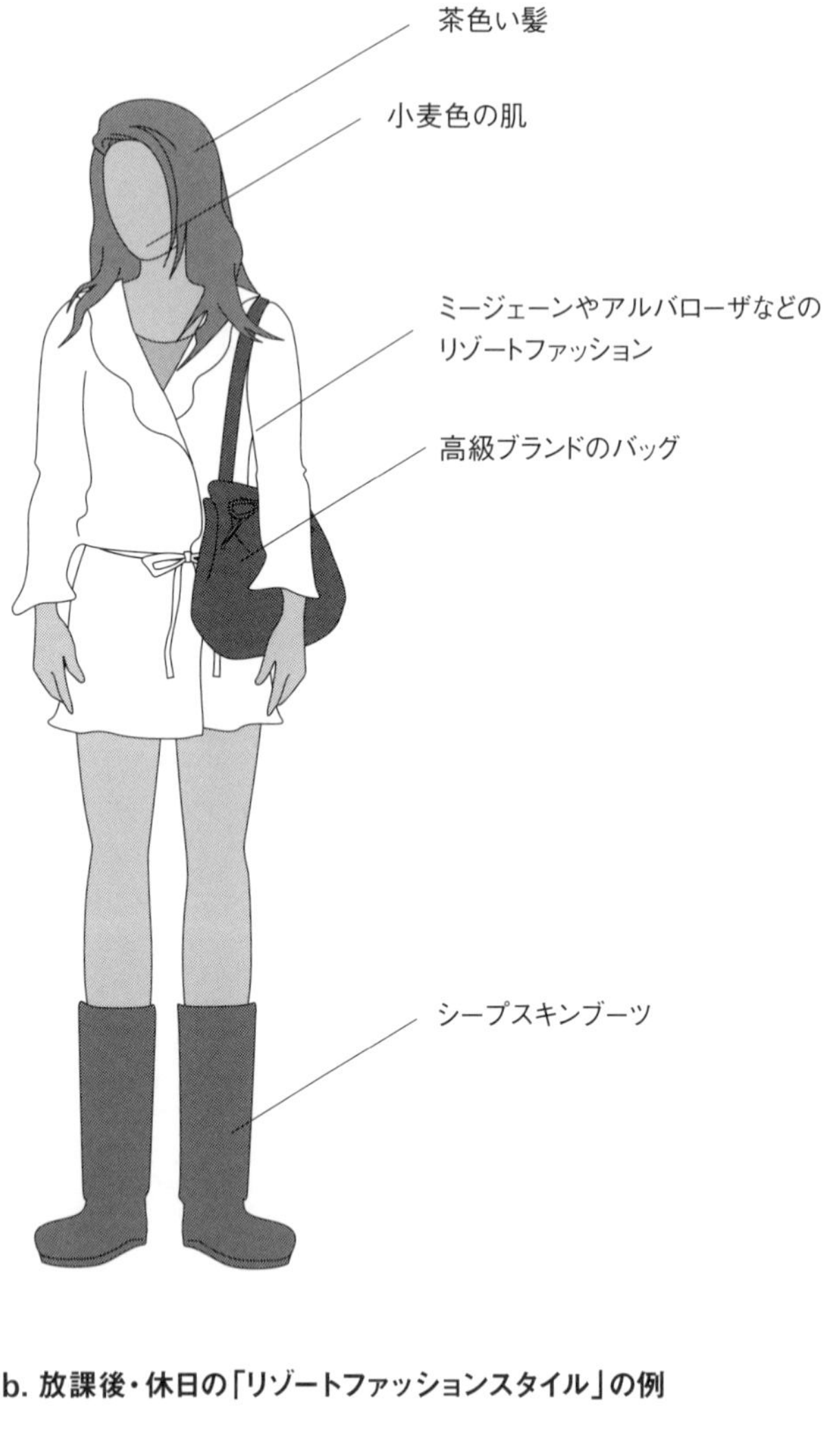

b. 放課後・休日の「リゾートファッションスタイル」の例

図1-1
1994年頃渋谷にいた高校生コミュニティの「イケてる」ファッション

a. 授業中の「制服着崩しスタイル」の例

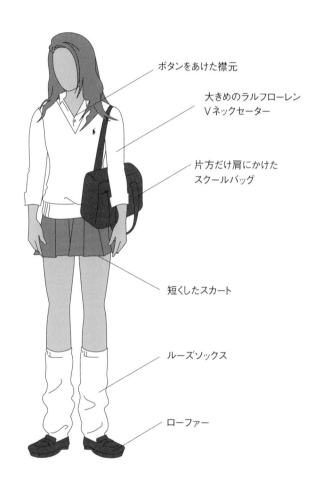

生が占め、その多くが、短髪で、Tシャツにジーンズやチノパンを組み合わせるようなスタイルだった中、彼は異彩を放っていた。髪を肩より下まで伸ばし、肌は黒く、高級そうなスーツ、バッグ、靴を身に着け、シャツのボタンを三つくらい開け、パンツをルーズに低くはいていた。最初はとても近寄りがたかったが、毎日授業で顔を合わせるうちに、意外と気さくな人であることがわかっていった。

しかし、私が彼と会うのは授業中だけだったので、それ以外のことは知らなかった。たまにキャンパス内で見かけると、彼の周りには、彼のように長髪で、高級ブランドを身に着ける男性たちや、髪を茶色くした、華やかな女の子たちがいた。彼ならば、一九九四年頃の「有名人高校生グループ」の実体を知っていそうに思えた。

Bくんは、今は外資系メーカで、ある先端技術のエンジニアとして活躍している。日本と海外を往復しているが、日本滞在中、彼の日本オフィスの近くに会いに行った。大学生の頃に長かった髪はすっかり短く、服装もすっかりカジュアルになっていたが、限定商品の高価なスニーカーを履いているのを見て、学生時代の名残を感じた。

彼にもまた、学生時代は突っ込んで聞いたことがなかった。二十年越しの「なぜ?」を投げかけてみた。

キャンパス内で一緒にいた仲間のことを聞くと、時間を中学生の頃にまで巻き戻して、説明してくれた。

「中学二年生から、ジュリアナ東京によく行っていた。芸能の仕事をしていた友達に連れて行ってもらったのがきっかけ」

「ジュリアナ東京」とは、東京の芝浦に一九九一年五月に開店した最大収容人数二千人規模のディスコのことである。私たちが中学二年生とは、一九九一年のことであるから、Bくんは、オープンしてまもない頃から、そこに行っていたようだ。

「中学生だから、大人がみんなかわいがってくれて、洋服でもなんでも買ってくれて、自分のお金なんて使ったことがなかった。まだ重たかった携帯電話も持たせてくれて、そこによく電話がかかってきた」

ジュリアナ東京の入場料は五千～六千円。初年度の入場者数は三十二万人、翌年は六十一万人もいたと言うが、その客のほとんどは、お金に余裕のある社会人だった。

「でも高校一年生になった頃、急に大人からの誘いがなくなった」

一九九三年のことだ。日本では、一九八〇年代後半より、資産価格の大幅な上昇が起こり、バブル景気と呼ばれるが、一九九一年より値下がりし始め、バブル崩壊を迎える。しかしその直後は、楽観視する人も多く、バブル景気の余韻が残っていた。多くの人が身をもって不況を感じるようになったのが、ちょうど一九九三年頃だったと言われている。

「大人からの誘いがなくなって、同世代だけのコミュニティがだんだんとできていって、高校二年生くらいの時にそれが完成された。渋谷のセンター街らへんに行けば、みんな知り合いという感じになった」

一九九四年のことである。

この頃、渋谷のみならず、各街にそのような高校生コミュニティが形成されていたと言う。Bくんはその中で渋谷のコミュニティに属していた。私はこの渋谷のコミュニティの全容が知りたく、色々と質問を投げかけた。このコミュニティは、所属する人と所属しない人が明確に線引きされているようなグループなのだろうか。

「明確な境界はないけれど、誰かの友達ではないと友達にならないから、クローズなコミュニティではあった。友達の友達と知り合っていって、都内の各学校の四〜五人ずつがつながっているような状態だった。男は、都内の良い学校の最も落ちこぼれたみたいなやつら、女の子は、都内の女子高のイケてる子たちかな。昼間は渋谷、夜は芝浦のGOLDや西麻布のYELLOWなどのクラブに行けば、その人たちがいた」

私の目的は、この渋谷を拠点とした高校生コミュニティが、みほちゃんの言う「有名人高校生グループ」であるかを確かめることだ。そのコミュニティにいた女の子たちが、どんな格好をしていたのかをたずねてみた。するとBくんは、

「イケてる格好」

と曖昧《あいまい》な言葉で答えた。そこで私は、もっと具体的に答えてほしいと頼んだが、

「その瞬間の流行を捉えた格好」

と再び曖昧な言葉で答えた。そこで今度は「茶色い髪に、小麦色の肌で、リゾートファッション」であったかと具体的に聞くと、

「基本的にはそうだね」

と答えた。やはり、この渋谷のコミュニティこそ、みほちゃんが言う「有名人高校生グループ」の高校生たちのようだ。


Bくんが「都内の良い学校」と言ったのは、入学試験に合格するのが難しい、私立高校のことのようだ。東京は私立高校の占める比率が全国で最も高く、公立高校よりも難しい私立高校が多くあり、主にそのような学校を指している。

それらの多くは中高一貫校や大学附属校である。中高一貫校の生徒は高校受験が必要なく、大学附属校の生徒はさらに大学受験もないので、進学の度に受験勉強をする子供と比べて、遊びに使える時間が多い。また、難しい入学試験に合格する背景には、小さい頃から義務教育以外の教育も受けていることが多く、比較的裕福な家庭の子供で、高級志向である傾向もある。

「有名人高校生グループ」には、そのような高校の学生が、それぞれ四～五人ずつ集まっていたようである。

無線通信技術の歴史

このような学校の枠を超えた仲間とは、どのように連絡を取り合っていたのだろうか。「ポケベルを持ち始めた。高一の頃は数字しか表示できないポケベル。高二では、文字も表示できるポケベルを使っていた。周りもみんな持っていた」

「ポケベル」とは、あらかじめ決められた特定の電話番号を回すと、自動的に無線電波が発信されて、読み出し機が鳴り出す無線呼び出しサービスである。その歴史は携帯電話よりはるかに古く一九六八年、当時の電電公社が開始した。

日本の無線通信の歴史はここに始まり、その後一九七九年には電電公社が自動車電話サービスを開始し、日本の携帯電話の歴史が始まる。一九八五年には、肩掛け型の携帯電話、いわゆるショルダーフォンが発売、三千グラムもの重さがあった。その後、小型化は進み、一九八七年には九百グラムまで下がる。Bくんが大人に持たされていた携帯電話はその頃のものと考えられる。そして一九九一年には、日本で世界最小最軽量二百グラムの携帯電話「ｍｏｖａ」が発売される。

ポケベルは、一九八五年の通信自由化以降、NTTドコモと新規参入電気通信事業者（NCC）との競争体制となる。一九九〇年には、四十七都道府県の全てにおいて、NTTドコモとNCCの二社競争体制となる。ポケベルは、最初はビジネス需要のみであったが、とくにNCCの主導で、個人需要が進められた。NCCの中でも、首都圏をサービス対象とする東京テレメッセージは、積極的に利用料金の低価格化や、端末のデザイン性の向上を進めて、個人需要を掘り起こし、NTTがそれを追いかけた。一九九三年、NTTドコモが新規契約料金を、それまでの一万五千円から八千円へと大幅値下げした頃から、ポケベルの利用は、広く、高校生にまでいきわたった。

とくに女子高生は、独自のポケベル文化を生み出した。

一九九三年頃のポケベル端末はまだ、数字しか表示することができなかった。そこで、「０８４０」と書いて「おはよう」、「４６４９」と書いて「よろしく」と伝えるなどの様々な語呂合わせが、女子高生を中心に生み出されていった。このような語呂合わせを三百ほど集めた書籍『ポケベル暗号ＢＯＯＫ』が、一九九四年二月に発売され、二十五万部も売れるベストセラーになる。

一九九四年六月には、東京テレメッセージから文字表示できる端末が発売された。「１

1」と入力すると「ア」、「12」と入力すると「イ」、と相手の端末に表示されるようになった。それを早いスピードで打ち込む女子高生の姿が、街の各所の公衆電話で見かけられた。

Bくんは、ポケベルにまつわるエピソードを話してくれた。

「高二の時、彼女ではない女の子と渋谷のセンター街を歩き始めた瞬間に、近くにいるはずのない彼女からのベルが鳴った。センター街にいた誰かが、俺が他の女の子といるのを目撃して、すぐに俺の彼女に連絡をしたみたいだった。女の子たちは、ポケベルで、情報を瞬時に共有していたようだった」

女の子たちのポケベルネットワークが、それほど張り巡らされたものだったことがわかる。

ポケベルが普及する前、重い携帯電話を持っていたというBくんのような子供は特別で、一般の子供が遠くにいる人と連絡を取り合う手段は、固定電話か郵便しかなかった。家の固定電話を利用すれば親を介すことになるし、郵便を利用すればタイムラグが生じる。一般の子供たちの交友範囲は、自ずと学校などの与えられた環境の枠に閉じていた。そのため、どうしても学校の外につながりを持ちたい子供は、学校をさぼって、仲間の集まるたまり場に通うなどし、家族や地域からは良く思われず、不良とみなされることもあった。

しかしポケベルの普及により、学校の異なる子供同士が、リアルタイムに、直接に連絡を取り合えるようになった。学校をさぼらなくても、授業中でも学外と連絡を取れるようになり、不良とみなされずに、学校の枠を超えたつながりを持てるようになった。

一九九四年頃、各街を拠点に、ポケベルで連絡を取り合って放課後に集まる、学校の枠を超えた高校生コミュニティが形成されていった。街はただのリアル空間ではなく、ポケベルでつながるバーチャル空間と結びついたリアル空間になる。本書の年表では、このようなバーチャル空間と結びついたリアル空間を「中間帯」としている。

ビジュアルコミュニケーションの暗号

ところで、私が「有名人高校生グループ」と思われる女の子たちの格好を質問した時の、Bくんの歯切れの悪い返答が気になった。Bくんが「その瞬間の流行を捉えた格好」の内容を「茶色い髪に、小麦色の肌で、リゾートファッション」であると認めたので、私は、当時、女子高生に人気があったファッション誌に、その流行が載っていなかったことを伝えた。すると、

「それはそうだよ。流行といっても、世の中の流行ではなくて、その界隈の流行。雑誌に

なんて載っていないよ。街に出て、コミュニティに入っていないと、情報が得られなかった。だから、毎日、街に出た」

と言った。毎日、街に出ないと流行がわからないということは、その界隈の流行が、常に変化していたということだろうか。

「ころころと変化していた。だから、それについていっている人か、ついていっていない人かは、中の人から見れば、一目でわかった」

Bくんの歯切れの悪い返答の理由がやっとわかった。彼女たちの装いは、基本的には、「茶色い髪に、小麦色の肌で、リゾートファッション」であったことに間違いないようだが、細部はころころと変化していた。「イケてる」格好としか言いようのないものであったのだ。

そして、その細部こそが重要だった。ころころと変化するため、その瞬間の「イケてる」の基準を知っているのは、コミュニティに入っている人だけ。だから、「イケてる」の基準を満たしているか否かで、コミュニティに属している人か否かを見分けられたのだ。

Bくんが、「境界はないけれど、クローズなコミュニティ」と言った理由も、理解できた。明確な境界があるわけではないが、その瞬間の「イケてる」基準を満たしていないと、内部の人とは認められない、クローズなコミュニティだったということだ。

コミュニティ内部の人だけが共有した「イケてる」の基準。それは、ビジュアルコミュ

図1-2　リアル空間とバーチャル空間

デジタル技術の発展により、街はただの「リアル空間」ではなく、「バーチャル空間」と結びついた「リアル空間」になる。本書では、これを「中間帯」と呼ぶことにする。

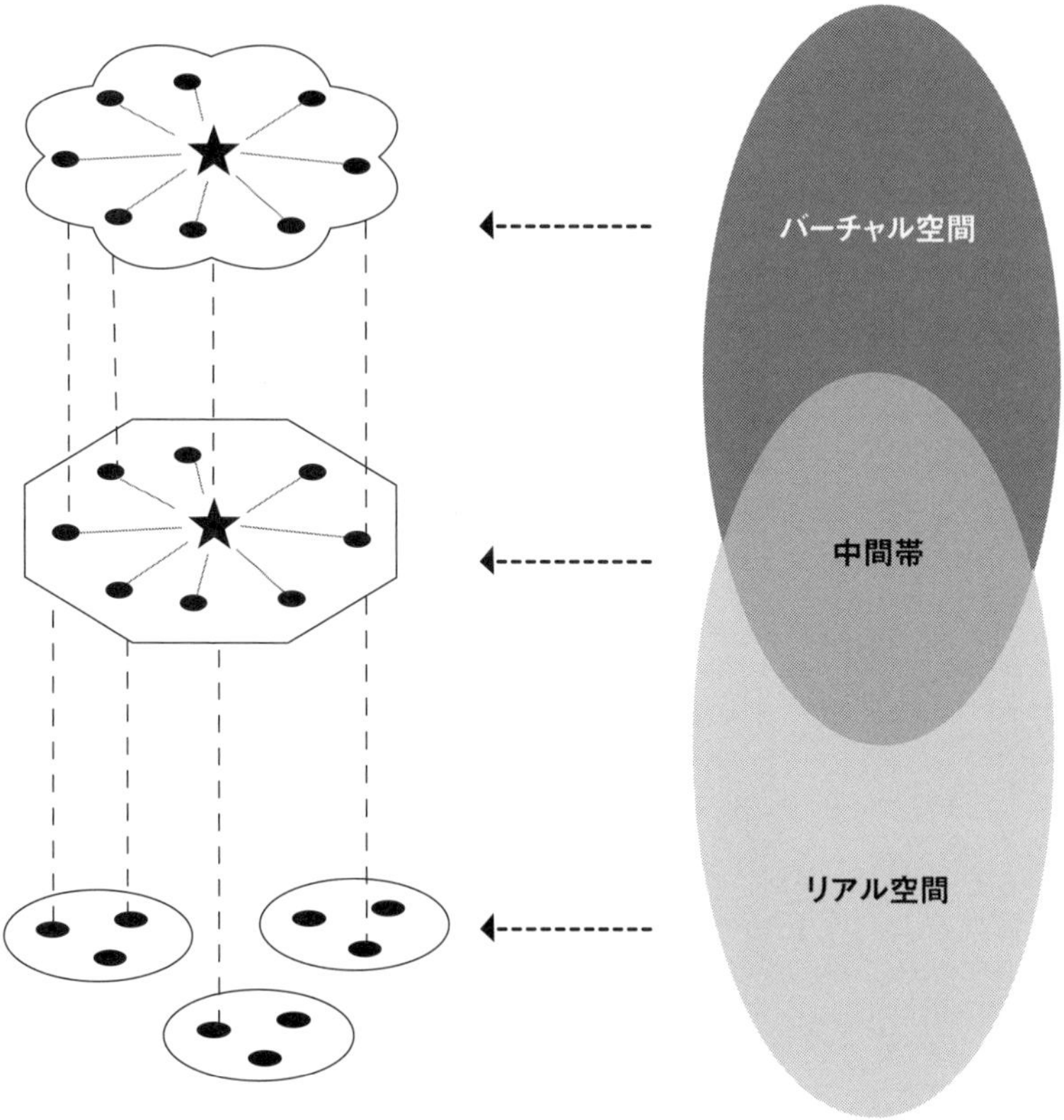

ニケーションの暗号のようなものだ。コミュニティの内部の人同士では、文字も言葉も使わず、ビジュアルを見て、「仲間かどうか」を伝達し合っていた。暗号だから、雑誌に載っているはずがない。

ところでこのコミュニティの存在自体も、どこにも記録が残っていない。そしてこのコミュニティには名前もなかったと言う。本書では、みほちゃんがその場の思い付きで言った「有名人高校生グループ」という言葉を借りて、以降も「有名人高校生グループ」と呼ぶことにする。

流行は誰が作っていたのか

雑誌には載っていないこの流行は、有名人高校生グループ内で、いったい誰が作っていたのだろうか？　それを知る糸口になりそうなことを、みほちゃんが思い出した。

「慶應女子に、同じ歳の、すごく有名な子たちがいた。とくに、制服を着崩すような流行は、彼女たちが作っていたように思う」

「慶應女子」とは、慶應義塾大学付属女子高校（以下、慶應女子高校）のことである。私も大学は慶應義塾大学に通い、慶應女子高校出身の友人も多くいたので、そのうちの一人ではないかと考えられる女性がすぐに頭に浮かんだ。面識はなかったが、ＳＮＳで連絡を取ってみた。現在、人気ファッション誌のエディターとして活躍し、ファッションリーダーとしても同世代から注目されているCさんである。SNSには四万人以上もフォロワーがいて、私もその一人である。そんな私の依頼を快く受けてくれて、話を聞くことができた。

「高校の入学式の日、中学から一緒だった友達とSHIBUYA109に行くと、同じ制服を着ているけれど、知らない数人の女の子がいました。ふと目があって、すぐに五～六人で仲良くなった。そこから始まりました」

一九九三年四月のことである。Cさんは中学生の頃から慶應義塾大学の附属校に通っていて、中学生の頃からの友人とSHIBUYA109に行った。そこで高校から附属校に入った数人と出会い、五～六人のグループができたと言う。話を聞いていくと、彼女たちこそ、みほちゃんが言った慶應女子の有名人高校生グループの一員だと考えられた。

彼女たちはどのようにして、雑誌には載っていない流行を作っていたのだろうか？　今は雑誌を読むより作る立場にいて、今もファッションリーダーである彼女だ。五～六人組の中でも、流行を作っていたのは彼女だったのではないかと、私は予想していたのだが、彼女はそれを否定した。

「いつもみんなで一緒にSHIBUYA109に行って、洋服のお店とか、ソニプラ（注8）とかを見て回った。行く先々で、誰かが『これかわいくない？』と言うと、みんながノリで『いいね、いいね』と言って、その場でみんなで真似したりしていた。そしてすぐに飽きるので、また次のものを取り入れる。そういうことが常に繰り返されていた」

そうして五〜六人が取り入れたことを、周囲にいた女の子たちが真似して、広がっていったのだろう。例えば、どのようなファッションがあったのだろう。

「高校生だから、それほどお金を自由に使えるわけではないので、本当にちょっとしたものです。小さなピンとか、手首に巻くミサンガとか、ソックスとか、バッグにつけるものとか。ソニプラで売っているペンとかファイルのような文房具だったりもしました。ルーズソックスもそういう感じで、最初誰かがソニプラで見つけて取り入れたのだと思います」

そういったものが、制服着崩しスタイルにつながっていったのかもしれない。有名人高校生グループが共有する「イケてる」の基準は、常にころころと変化していたと言う。そういう細部の変化を作っていたのが、Cさんたちが次々と取り入れていった「本当にちょっとしたもの」だったのかもしれない。それにしても、なぜ彼女たちが取り入れたものは真似されて、流行を作ることができたのだろう。

「流行らせようなんて考えたことないし、本当にすごいと思って、何かを取り入れたことなどないかもしれません。例えば、アルバローザのショッパー（購入した商品を入れるブランド名が入った無料の袋）をバッグの替わりに持つことが流行ったことがありましたが、そんなものを誰かが流行らせようとしたわけがないし、誰かが本当にすごいと思って取り入れたわけでもない。でもそういうものが流行ったりするのですよね」

流行するものは、必ずしも、何かにおいて優れたものではないのだ。

「仲間でちょっとしたもので盛り上がる、ノリです。コミュニケーションツールです」

流行を作ることに、審美眼のようなものが必要ないのなら、なぜ彼女たちが流行を作っていたのか、なおさら疑問に思う。誰でもよかったはずだ。

「私たちの学校は校則がかなり自由だったので、誰にも文句を言われないし、自分たちのコミュニティ以外の人には興味がなかったので、無敵感みたいなものはありました。自信満々に着ていたのでしょうね。『かわいいでしょ』『かわいいね』と言わせてしまうような。それが周りからは、流行っているように見えたのかもしれません」

慶應女子高は制服のスカートだけが指定されているが、それ以外の服装や持ち物は全て自由だった。しかし彼女たちが取り入れた「本当にちょっとしたもの」は、校則の厳しい学校の子でも取り入れられるようなものだったので広まった。

「自由だったけれど、羽目を外すようなことはしなかったし、基本的にコンサバだったので、真似しやすかったのかもしれません」

彼女には、渋谷を拠点に多くの知人がいたと言う。他の大学附属校の高校生とはとくに仲が良く、しかしそれ以外にもいろいろな学校の生徒とつながりがあったと言う。やはり、みほちゃんが言った有名人高校生グループの一員だったようだ。

「何か流行ったものが、学校の中で完結するのではなく、この学校で流行ると、あの学校でも流行るというような、横に拡散していく土壌はありました」

流行が特定の誰かによって作られていたのではなく、コミュニティ全体で作り上げられたものだったことがよくわかった。それは、オルフェウス室内管弦楽団の「指揮者のいないオーケストラ」のモデルにも似ている（注9）。明確なピラミッド構造を持つ組織ではなく、個々の緩いつながりから創造を起こすモデルとして、音楽のみならず企業組織論としても注目されているものだ。

「型」としての制服

みほちゃんは、私たちの通っていた学校には服装の規則が全くなかったのに、あえて制服のような服装をしていた。彼女は高校時代の自分自身を振り返って、こう言った。

「せっかく私服の学校にいるのに、あえて制服風を着て、その制服風を崩すとか、今、思うと変だよね」

この頃、服装の規則のない学校で、「制服風」が広がっていた。当時、やはり服装の規則がない、神奈川県の県立高校に通っていた私の友人のりかさんも、制服風にして、ルーズソックスをはき、他校の男子校のスクールバッグを持つなど、着崩していたと言う。

「うちの高校は、古くは制服があったそうなのですが、戦後の学生運動で、学生側が学校側に勝利して、制服を廃止させた経緯があるようです。それなのに、私たちが制服風の格好をして登校しているのを見て、OBの方々がすごく悲しんでいました」

なぜ、あえて自由を捨ててまで、制服風にしたのか。みほちゃんはこう言った。

「他の学校の子が、厳しいルールの中で崩しているのが、なぜかすごくかっこよく見えていた」

完全に自由な表現よりも、基準を守った上でそれを崩した表現の方が、かっこよかったというのだ。

それは、日本に古くからある「守破離」の美意識にも近い。武道や芸道では、いくら才能ある人でも、最初から自由に表現したりはしない。まずは、既存の流派に属して、その型を「守」るべく修行をする。それができた人だけが、型を「破」ってアレンジし、さらにはそこから「離」れて新しい型を作ることができた人が、新しい流派を作る。

現代の女の子たちにも、「守破離」の美意識があると考える。服装の規則のない学校の女の子たちが、敢えて制服という「型」を守り、その上で着崩したことには、それが象徴的に表れている。

女の子たちの「守破離」の美意識は、渋谷の有名人高校生グループの女の子たちの、平日の制服着崩しスタイルだけでなく、休日のリゾートファッションスタイルにも表れる。

彼女たちのリゾートファッションスタイルは、細部における「イケてる」の基準はころころと変化していたと言うが、「茶色い髪に、小麦色の肌で、リゾートファッション」であることには変わらなかった。彼女たちは一から自由にビジュアルを作ることなく、まずはコミュニティで共有する型を「守」る。その上で、細部で「破」って新しい要素を取り入れていき、それが多くの人に真似されると、そこから「離」れて新しい型ができていった。ここでの「型」が、コミュニティ内の流行ということだ。

ただし、彼女たちにとって、「型」を守ることは美意識でもあるが、コミュニケーションでもある。渋谷を拠点に集まる、学校を共有しない女の子たちは、「イケてる」と呼ばれるビジュアルな「型」を共有することで、コミュニティを形成していた。

茶道の「型」を守るために茶道具があるように、彼女たちの「型」を守るためにも道具が必要である。

リゾートファッションスタイルの道具は、みほちゃんが「アルバローザは高価で買えなかった」というように、必ずしも誰もが手に入れられなかった。それによって、有名人高校生グループは、Bくんが言うように参加することが難しいクローズなコミュニティとして守られていたのかもしれない。

一方、制服着崩しスタイルの道具である制服は、すでに多くの人が持っているものだった。みほちゃんのように制服のない学校の女の子は、それに似たものを調達した。着崩すために用いる道具も、Cさんが「本当にちょっとしたもの」と言ったような、簡単に手に入るものが使われた。

それにより、制服着崩しスタイルは、最初は有名人高校生グループ内の流行だったと考えられるが、あっという間にそれを超えて広がった。渋谷のみならず、各街や通学中の電車などで行われる女の子同士のビジュアルコミュニケーションで「型」が共有されていった。女子高生全体が一つのコミュニティを形成するような状態にもなっていた。

ルーズソックス

制服着崩しスタイルの道具として、その後、長い間、女の子たちに用いられることになったのが「ルーズソックス」である。

ルーズソックスの流行の原点は諸説ある。東京の青山学院高等部ではないかと言われ、「有名人高校生グループ」を原点とする説もあるが、宮城県仙台市の高校や茨城県水戸市の高校とするなどの説もある。

いずれにせよ、一九九四年頃、渋谷の有名人高校生グループが制服着崩しスタイルの一部として取り入れていたことは確かである。次第に、制服を着崩さない女の子でもルーズソックスだけは取り入れることも起こり、ルーズソックスは制服着崩しスタイルから独立して発展していった。

一口にルーズソックスと言っても、その時々で「イケてる」はき方は次々と変化し、その中でたるみを大きくすることが加速していった。女の子たちは、ルーズソックスの幅を広げるためにペットボトルや大量の本を詰め込んで伸ばしたり、ゴムを抜いて緩めるなど、様々な工夫を行った。メーカ側もそれを支援するため、より長い商品を生産するようになり、一九九七年には、長さ七十五センチメートルの「スーパールーズ」を発売。その後、最大時には二メートル以上の商品まで誕生することになる。

並行して、ルーズソックスの人口も増えていった。一九九七年頃には、全国的に広がった上、クラスの女の子全員がルーズソックスをはいているような高校もあったと言う。ルーズソックスを共有することで、全国の女子高生が一つのコミュニティを形成しているような状況になっていった。

ルーズソックススタイルがこれほどに発展したのは、誰でも簡単に手に入れられたからだ。

元はと言えば、アメリカからきたものである。一九八〇年代前半にアメリカで、デザイナーのE.G.スミス氏が、ウールの狩猟用靴下を、綿製に変えて売った商品である。米国ブランド「E.G.スミス」のライセンス生産をする、大阪の衣料品会社ウィックス社が、一九九二年二月に日本で発売したところ、「十月末に卸先の横浜の百貨店で、在庫が切れたために予約する客があとを絶たず、六百足分前払いされる」という事態が起きたのだと言う。

ちなみに、当初、ウィックス社は「ブーツソックス」という名前で発売したが、その後「東京都渋谷区の靴下製造卸業者が一九九三年ごろに名付けた」と言われる「ルーズソックス」という呼び名が一般的になった（注10）。

実はウィックス社は当初、男子高校生をターゲットに、赤やオレンジ、グレーなど二十四色展開で発売していた。しかし、生産してみると、売れたのは白ばかりだった。女子高生が制服に合わせてはくソックスになることは、当初全く予想していなかったと言う。

その後、ウィックス社の生産は、「一九九二年度十万足、一九九四年度六十万足、一九九六年度百八十万足。年商も、一九九四年度約二十億円が、一九九七年度には三十億円を突破する勢い」になる（注10）。

また、女子高生のルーズソックススタイルを裏で支えていた道具もある。

それはルーズソックスがずり落ちないようにするために使う「ソックタッチ」だ。ソックタッチとは、家庭用品メーカの白元が、水洗いで簡単に落ち、化粧品と同様の原料でつくっているため、肌もかぶれにくいように作ったスティック状の容器に入った液体のりで、一九七二年に発売され、一九八五年には製造中止。しかし、在庫販売のみは行っていたところ、一九九三年九月頃に急に売れ出し、一九九四年には月産七十万本でも追い付かない事態となる（注11）。

一九九五年春、ルーズソックスの生みの親であるアメリカのE.G.スミス氏が来日した。当時の新聞によれば、「東京・渋谷で、ルーズソックスをはいた女子高生の大群を見て『イッツ・ア・ミラクル』と叫んだ」そうだ。その理由は、「大流行もさることながら、米国では子供からお年寄りまでの幅広い層が色とりどりの商品をはいている」のに対し、「日本の画一性が印象的だったから」とある（注10）。

日本の女子高生はコミュニティで共有する「型」を守るために、「白」のルーズソックスでなくてはならなかった。また、一九九三年後半以降、ルーズソックスに多くの会社が参入したのだが、女の子たちは揃《そろ》ってE.G.スミスの商品をはき続け、最も多くの会社が参入していた一九九七年頃でさえ六、七割のシェアがあった。彼女たちが「型」を守るためには、E.G.スミスの商品でなくてはならなかったのだ。

日本の女子高生の「型」を守る美意識は、その道具の生みの親であるE.G.スミス氏にさえも、「イッツ・ア・ミラクル」にしか見えなかったようだ。

「コギャル」評

一九九四年頃の有名人高校生グループの女の子たちがしていた装いは、細部に表れる流行はころころと変化していたが、基本としてあったのは「茶色い髪に、小麦色の肌で、リゾートファッション」である。このようなスタイルは、一九九四年頃に女子高生に最も読まれていたファッション誌には載っていないが、一九九三年頃から『ＳＰＡ！』や『Ｃｈｅｃｋｍａｔｅ』などの男性向けの雑誌、「Ｍ10」などのテレビの深夜番組では取り上げられていた（注12）。

それらでは、そのような装いをする女の子たちを一塊に、「コギャル」と名付けて紹介した。「コギャル」という言葉は、ジャーナリストの速水由紀子によれば、ディスコにおいて「十八歳以下は入店禁止のため、黒服が高校生ギャル（コーギャル）を呼ぶ隠語が、名の由来」ということである（注13）。

しかしこの「コギャル」という言葉は、外見を表す言葉とは別に、社会問題を表す言葉として用いられることが多くなる。雑誌『宝島』の一九九三年三月二十四日号で、使用済みの制服や下着を売るブルセラショップに通う女子高生に関する記事が発表されたのをきっかけに、話題は援助交際をする女子高生にも発展し、性を売り物にする女子高生に世間からの注目が集まり、そのような女子高生のことも「コギャル」と呼ぶことがあった。「ブルセラ女子高生＝コギャル」と明確に記される場合もある（注14）。

男性向けの雑誌で取り上げられていた「コギャル」と、渋谷の有名人高校生グループは、どのような関係にあるのだろうか。

有名人高校生グループもしていた、肌の露出の多いリゾートファッションは、そこだけに注目すれば、性を売り物にしているようにも見える。とくに、有名人高校生グループの女の子たちは高級ブランドのバッグを持っていたと、みほちゃんは言っていた。それは確かに高校生のおこづかいの範囲を超えているようにも見える。しかし、BくんやCさんの話では、有名人高校生グループの女の子たちは、裕福な家庭の子供だったり、校則が緩かったのでアルバイトをしてお金を貯めていることが多かったようだ。中には、親に買ってもらえず、性を売り物にして、高級ブランドのバッグを買っていた女の子もいたかもしれないが、いずれにせよ、それを一塊ととらえることは間違いである。

大人たちには、「茶色い髪に、黒い肌、リゾートファッション」の装いをした女の子たちが、一塊にしか見えていなかったし、「露出した肌」ばかりが目に写っていたようだ。しかし、有名人高校生グループの女の子たち同士の目には、肌よりも、「茶色い髪に、黒い肌、リゾートファッション」に組み合わせる細部ばかりが目に写っていた。細部に変化をつけて、評価し合い、真似し合う、ビジュアルコミュニケーションこそが、彼女たちの装いの目的であり、性を売り物にすることではなかった。

細部が見えていない大人が一塊と捉えていた「コギャル」の中には、有名人高校生グループに所属していた子も、所属していなかった子も、混ざっていたと思われる。

それでは、彼女たちの「茶色い髪に、小麦色の肌で、リゾートファッション」の装いは、男性誌に書かれているような、男性からの目を意識したものではなかったのだろうか。みほちゃんは、

「多くの男の子からモテるのは、黒い髪に、白い肌の方。でも、みんなにモテる必要はない、わかってくれる人にわかってもらえばよいと思っていました」

と言い、茶色い髪に、黒い肌にしていたと言う。Cさんは、茶色い髪に、黒い肌でも、

「モテる子は、モテていましたよ」

と言う。いずれにせよ、その装いにすることとは、男性からの目を意識することとは、あまり関係していなかったようである。

アメリカ文化への憧れ

ところで、一九九四年頃の渋谷の高校生コミュニティの女の子たちが基本としていた

「髪を茶色く、肌を焼き、リゾートファッション」というスタイルは、どこからきたものだろうか？

似たようなスタイルは、以前からあった。いわゆる「サーファーファッション」だ。サーフィンは、一九五〇年代、駐留軍の米兵によって日本に持ち込まれた。それが一大ブームになるのは、一九七八～一九八三年頃。その頃、サーフィンはできないが、サーファーのような外見をし、海で過ごす「陸《おか》サーファー」と呼ばれる人も増えた。女性のサーファーファッションも流行し、ファッション誌『ＪＪ』などを中心に紹介された。例えば、アメリカの女優ファラ・フォーセットを手本にした、レイヤーをつけて長めにカットし、毛先を外向きにカールする髪型が、サーファーカットとして流行した。東京の各地にサーファーディスコができ、サーファーファッションをした若者が集まった。

その後、サーフィンブームは一度は収束するのだが、一九七八年に創刊されたサーフィンカルチャー誌『Ｆｉｎｅ』は、その後も、サーファーファッションを取り上げた。一九九二年頃からの『Ｆｉｎｅ』は、サーフィンカルチャーのみならず、スケートボード、ヒップホップ、バンドなど、アメリカから日本に入ってくるストリートカルチャー全般を扱うようになっていたが、一九九四年頃の誌面には、「茶色い髪に、小麦色の肌で、リゾートファッション」の女性たちが載っていた。みほちゃんも、私がファッション誌について聞いた時には名が挙がらなかったのだが、ヒップホップの情報を得るために『Ｆｉｎｅ』を購読していたことが、あとからわかった。そしてその頃『Ｆｉｎｅ』の売上は、創刊以来の好調にあった。

また、一九九四年頃、「茶色い髪に、小麦色の肌で、リゾートファッション」の女の子たちが多く集まっていた場所は渋谷以外にもあり、その一つに六本木にあったクラブ「Ｒ？・ＨＡＬＬ」で開催されていたイベント「スーパーフライデー」がある。それを企画した宇治田みのる氏は新聞の取材に対し、かつてサーファーディスコに入り浸っていたと述べていることから、やはりサーフィンカルチャーとの関係性がわかる（注15）。

宇治田氏はさらに、ジュリアナ東京などの接待用のＶＩＰルームを作るようなディスコのやり方には批判的で入場料さえ払えば客はみんな自由に遊べるところを目指してそのイベントを作ったと述べている（注15）。ジュリアナ東京に集まる大人の女性たちがしていたのは、体にフィットしたニットワンピースにハイヒールの靴を履くような「ボディコン」と呼ばれるスタイルである。宇治田氏のイベントに集まる女の子たちがしていたリゾートファッションスタイルは、大人たちがしていたボディコンへの批判もあったと考えられる。

このように、女の子たちの「茶色い髪に、小麦色の肌で、リゾートファッション」という装いの目的には、コミュニティ内との協調がある一方で、コミュニティの外にいる大人たちへの反抗もあったと考えられる。それらのメッセージが、アメリカ文化の影響を受けたサーファーファッションの上で、表現されていた。

元々、日本は、明治維新以降、脱亜入欧を掲げ、国内にあるものを否定し、国外のものを積極的に取り入れてきた。とくにメイクやファッションに関しては、大正時代の日本で初めての女性向けグラフ誌『婦人グラフ』も、フランスのファッション誌を参考にしていたように、当初、フランスの影響を強く受けてきたと考えられる。それは、フランスが、ルイ十四世の財務長官を務めたコルベールによって、十七世紀から、文化を産業にすることが戦略的に行われ、パリを「芸術の都」「ファッションの都」として築き上げ、世界を魅了してきたからだろう。それに対抗するように、アメリカは、一九一七年、第一次世界大戦参戦への世論を形成するための広報機関であるクリール委員会設立以降、文化の輸出を政策的に行ってきた。アメリカ映画を世界に配給することで、アメリカの「Way of Life」で世界の若者を魅了することを目指した（注16）（注17）。

アメリカの思惑通り、とくに第二次世界大戦後の日本の女の子たちは、アメリカ映画に出てくる女の子たちのようなビジュアルに憧れ続けてきた。サーファーファッションは、その一つである。

渋谷の高校生コミュニティの終焉

その瞬間の「イケてる」基準を共有しているかどうかでコミュニティに所属しているかどうかを判断する、境界はないがクローズな渋谷の高校生コミュニティは、その後も存続したのだろうか？

「いや、なくなった。それまでは、イケてる外見をしている女の子は、中身もイケていたはずなのに、外見はイケてるのに、中身がイケてない子が増えていった。明らかに感じたのは一九九七年頃」

なぜだろうか？

「雑誌のせい。それまでは、足を運ばないと情報が得られなかったのに、雑誌で情報を得られるようになった。外見だけを真似する人が出てきた」

とBくんはつまらなさそうに、そう言った。「雑誌のせい」とはどういうことだろう。

第二節　雑誌が作ったバーチャル空間

外見を「極める」女の子

Bくんが変化を感じたという一九九七年頃以降、渋谷には、肌を真っ黒に、髪を強く脱色した、それまで見たこともないような奇抜なビジュアルの女の子たちが現れる。それは後に「ヤマンバ」や「マンバ」と呼ばれたり、海外メディアに取り上げられるようにもなっていく。

二〇〇三年頃から、そのような装いをして、毎日渋谷に通っていたという、秋吉由佳さんと知り合うことができた。今の彼女は、化粧をほとんどしていなく、以前の姿が想像できなかったが、彼女が高校一年生だった頃の写真を見せてもらうと、そこには、肌を黒人のように真っ黒にし、髪を白に近い金色にして、部分的にピンク色を入れ、化粧は、目の際を真っ黒の線で囲み、その周りを真っ白、鼻筋も真っ白、唇も真っ白に塗り、目の周りにピンク色のきらきらした装飾をちりばめた彼女がいた。この装いはどのように作っていたのだろう。

真っ黒の肌は、

「初めは、日焼けサロンの弱いマシンで二十分くらい焼きます。そして日ごとに、時間を延ばし、強い機械を使うようにしていって、最後に海に行って仕上げます。最初から海で焼くと、やけどしてきれいになりません。逆に日焼けサロンだけでも、ここまで黒くはなれません」

と説明してくれた。当時、海で肌を焼いている姿を撮った写真も見せてくれたが、そこではなぜか顔が布に覆われていた。

「日焼けサロンでも、海でも、顔だけは隠していました。顔の肌は焼くとただれやすいので、焼きません。顔には、レブロンやMACの黒人用とか、チャコットの舞台用の黒いファンデーションをつけていました」

「レブロン」はフランス、「MAC」はアメリカの化粧品ブランドだ。「チャコット」は日本のクラシックバレエ用品のメーカ。顔は、毎日、体の黒色に合わせ、黒いファンデーションを塗っていた。彼女だけでなく、当時、肌を真っ黒にしていた女の子でも、顔だけは焼いていなかったことが多かったようだ。黒いファンデーションがよく売れていたという記録もある（注18）。

髪の色は、どのように作っていたのか。

「業務用の一番強力なホワイトブリーチを、問屋さんで買ってきて、本当は、三十分くらい置いて洗い流すための薬なのですが、そのまま一晩寝て、十時間くらい置いてから洗い流していました。そうすることによって、色を完全に抜くことができました」

部分的に入っているピンク色はどうしていたのだろう。

「ヘアマニキュアを買って染めていました。染めてすぐは濃いのですが、洗っていくうちに薄くなります。そういう色の変化も楽しんでいました」

美容院へ行かず、自分でカラーリングしていたのはなぜだろう。

「美容院だと、髪の毛や頭皮を傷めるからと、完全には色を抜いてくれないことが多いのです。それに、根元から黒い髪の毛が出てくるたびに、ブリーチしたいので、その度に美容院に行くとお金がかかるから、節約する目的もありました」

そこにさらにエクステンション（注19）をつけていた。それは美容院でつけてもらっていた。

「渋谷のＣＡＲＲＹという美容室は、『どんな色で』『どんな雰囲気で』とオーダーすると、なんでも希望通りにやってくれました」

「なんでも」とはどんなことだろう。

「一時期、ハイビスカスをつけるのが流行りました。美容院では、ハイビスカスがついたエクステを作って、つけてくれました。私は、ハイビスカスでなく、ドキンちゃんをつけてほしいとオーダーすると、ドキンちゃんをつけたエクステを作ってくれて、それをつけてくれました」

「ドキンちゃん」というのは、子供たちに人気のアニメ「アンパンマン」に出てくるキャラクターである。彼女は、髪に飾りをつけるという流行を取り入れつつ、自分だけのオーダーメイドをしていたのだ。

「髪は大事。いくら良いお洋服を着ていても、髪が完成されていないとだめ。」

そして化粧は、

「マッキーやポスカを使っていました」

と言った。「マッキー」とはゼブラが販売する油性ペン、「ポスカ」とは三菱鉛筆が販売する不透明の水性ペン。いずれも日本で広く用いられている文房具であり、化粧品ではない。黒のマッキーで目の際を、白のポスカで目の周りや鼻筋や唇を塗っていた。

「黒と白のコントラストを出すのが大事だったので」

確かに、文房具は化粧品よりも発色がよく、コントラストをはっきりと表すことができる。

彼女が、肌や髪の色を作るために行っていたきめ細かい作業に比べると、化粧は意外と大胆で、遊び心を感じた。

それにしても、由佳さんの装いには、予想以上の、時間と労力がかけられていた。

「高校は通信制だったので、時間がありました」

時間があったとはいえ、なぜそれほどの時間と労力をかけて、外見を作っていたのだろう。

「外見を極めることで、色々な大人の方々とのつながりができました。雑誌の編集者、テレビのプロデューサー、海外のジャーナリストなどとも。人脈ができると、色々な仕事ができました。それがとにかく楽しかった」

なぜ、外見を極めることで、メディアとのつながりができ、色々な仕事ができたのだろう。そのきっかけには、この頃、ストリート系雑誌が、多く出版されるようになっていたことがあると考える。プロのモデルではなく、一般の女の子を誌面に載せる雑誌である。

女の子たちの装いとメディアとの関係を追うため、その後にストリート系雑誌が増加する端緒となった一九九四年に、時間を一旦巻き戻そう。

『東京ストリートニュース！』

一九九四年、学習研究社（現・学研プラス）から『東京ストリートニュース！』という雑誌が誕生した。

『東京ストリートニュース！』の発案者であり、最初の編集長となった古田千恵美さんは、女子高校生向けのファッション誌の編集部にいた。

「全国向けの雑誌を担当していましたが、東京の子たちの異質さ、感覚の違いを感じていました。東京以外では、福岡も大阪も札幌も、それほど大きな違いは見当たらないのに、東京だけが違っていました」

具体的にどう違ったのだろう。

「渋谷のセンター街に行くと、髪を長くして、トニーラマのブーツを履いているような、高校生には見えない男子高校生がいっぱいいました。女の子たちは、ミージェーンや渋谷のファイヤーストリートにあったバハマパーティの服を着て、シープスキンブーツ（注20）を履いて、日に焼けたサーフ系の女の子たちがいて、すごくかっこよかった」

「ミージェーン」も「バハマパーティ」もリゾートファッションのブランド。リゾートファッションに、焼いた肌。前章で取り上げた、渋谷の有名人高校生グループの女の子たちのファッションと重なる。

「東京の高校生が求めている情報だけを集めた雑誌を作ってみたいと思いました。東京の高校生が、通学前に手に取りたくなるようなタウン誌のようなもの。仮のタイトルを『東京ストリートニュース！』としました」

そして取材を始めた。

「東京の高校生の間だけでものすごく流行っているものがありました。ＤＪです。ＤＪをやっていると言う男子高校生が多くいました。その頃の音楽は、全国的には渋谷系がブーム。第一号の音楽ページも渋谷系の特集をすでに用意していました。しかし東京の高校生が興味を持っていたのはそうではなくヒップホップだった」

古田さんは、早速、取材した女の子たちが、「○○高校の○○君がかっこいい」と名前を挙げたＤＪの男の子たちに、片っ端から会いに行った。そして、第一号の一九九四年十二月号では、見開きページで彼らのことを取り上げ、「高校生ＤＪ」という見出しを付けた。さらに同月、三月にオープンしたばかりの池袋のファッションビル「P'PARCO」で、高校生ＤＪを呼んだＤＪイベントを開催した。

「試しに一冊だけと出た雑誌だから、試しにイベントもやっちゃおうという軽い気持ち。しかし、予想を大きく上回る女子高生が集まって、十五分で中止せざるを得なくなりました。大した告知もしていないのにみんな口コミで集まってきた。このカルチャーは予想以上にすごいんじゃないかと気づきました」

この予想を上回る反響に、『東京ストリートニュース！』は一冊で終わることはなく、一九九五年からは一年に三〜四回刊行するようになる。毎回、渋谷、池袋、新宿、横浜を始めとした東京近郊の各街の高校生コミュニティを訪ね、さらにそこで話題になった高校生ＤＪがまわすイベントなどに出向き、高校生の口コミだけを情報源に雑誌を作った。誌面に登場するのは全て、一般の高校生だった。

「取材して得られた情報を、面白い順に並べていっただけです。台割もないようなものでした」

と笑って言った。「台割」とは、出版において、あらかじめページを決め、各ページの内容をどうするかの割り振りを計画することである。『東京ストリートニュース！』は、それまでのファッション誌とは全く異なるものだった。

それまでのファッション誌の作り方は、全国的な流行に合った大手アパレルブランドの服をプロのモデルが着用し、スタジオでプロのカメラマンが撮影。それらの素材を、台割に従って、誌面の上に読者が読みやすいように構成して、全国の多くの人に向けて発刊するというものだった。

それに対し『東京ストリートニュース！』は、特定の高校生コミュニティの間だけで流行っているものを、一般の高校生自身をモデルとして街の中で撮影。それらの素材を、面白い順に、誌面の上でコラージュのように構成し、東京の高校生を中心とした特定の層に向けて発刊するというものだ。それまでのファッション誌とは、対極にあるような作り方である。

『東京ストリートニュース！』による高校生の口コミ情報の収集は、編集者が出向く以外に、誌面を使っても行われた。

「情報を募集すると、たくさんハガキが送られてきました。ハガキにはポケベルの番号が書かれていて、ハガキの送り主の子と片っ端から連絡を取りました。高校生の授業が終わった頃の時間に『ストニューテルマツ』（『東京ストリートニュース、電話待っ』の意味）と打つと、みんなが家に帰り着いた八時くらいからバンバンと電話がかかってきました。その電話をさばく担当の人を何人もつけていたのに、まわらないくらい」

一九九五年以降、ストリート系雑誌が発展したことには、ポケベルが普及し、出版社と一般の高校生が親を介さず、直接的にコミュニケーションが取れるようになったことも貢献しているかもしれない。

「そのハガキに、一九九五年の途中頃から、写真のシールが貼られるようになりました。それがプリクラでした。それ以降は、ハガキだけでなく、街中で取材する時も、『あの子がかっこいい』『この子がかわいい』というような人の情報は、プリクラで伝えられることが増えました」

口コミでやりとりできるのは、それまでテキスト情報だけだったが、プリクラの登場によってそこにビジュアル情報が添えられるようになった。しかも、プリクラは一度に複数枚を印刷し、友達同士の交換も行われるので、友達の友達の手にまで渡っていく。それを雑誌の編集者が見ることができた。一九九五年以降のストリート系雑誌の発展には、プリクラの貢献もあるだろう。

プリクラのこのような性質を利用し、渋谷のセンター街で女の子たちのプリクラを集めて、女の子とのつながりを求める先とのマッチングを行う「プリクラおじさん」なども現れた。

ただし『東京ストリートニュース！』の誌面に登場するのは、女子高校生よりも男子高校生の方が多かった。その理由は、

「東京近郊の私立女子高校のほとんどが、校則で生徒が雑誌に登場することを禁止していたから」

と言う。そのため、誌面に登場する女子高校生は、例外的に校則のゆるい自由な高校に通う生徒に限られた。

それでも一九九六年の記録によると、『東京ストリートニュース!』は、首都圏だけで約十五万部発行されていた（注21）。

ストリート系雑誌

『東京ストリートニュース!』に続いて、一九九五年、東京の一般の若者たちのファッションやカルチャーに焦点を当てたストリート系雑誌の誕生が相次ぐ。

一つは、主婦の友社の『Ｃａｗａ·ｉ·ｉ!』。ファッション誌『Ｒａｙ』の臨時増刊号として一九九五年八月号で生まれた。渋谷の女子高生のファッションに焦点を絞り、渋谷にあるマーケティング会社ＳＨＩＰとの協働により、そこに登録する女子高生モニターの口コミを情報源にしていた。誌面に登場するのは、『東京ストリートニュース!』が男子高校生中心だったのに対し、東京の学校に通う女子高生が中心だった。

もう一つは、ミリオン出版の『ｅｇｇ』。一九九五年九月号に創刊したが、当初は、一般人からタレントまで幅広い属性の女性を誌面に載せる雑誌で、一部に渋谷の女子高生に焦点を当てるコーナーがあるくらいだった。読者の対象は男性だった。しかしその後、渋谷の女の子たちに焦点を絞り込み、読者の対象も女の子になる。ファッションだけでなく、カルチャー全般を取り上げた。

『東京ストリートニュース!』『Ｃａｗａ·ｉ·ｉ!』『ｅｇｇ』が、代表的な三大ストリート系雑誌になる。一九九五年には、他にも、東京の女子高生のファッションやカルチャーに焦点を当てたストリート系雑誌がぶんか社『S.O.S.』、ワニブックス『miss Linda』など創刊された。

ストリート系雑誌が増えたことは、高校生たちのコミュニケーションを大きく変えた。前節でBくんが、渋谷の高校生コミュニティが一九九七年頃からなくなっていった理由を、「雑誌のせい」と述べたのはこのことである。

それまでは、その瞬間の「イケてる」格好を共有しているのは、コミュニティ内の人だけだったので、その格好をしているかどうかで、コミュニティ内の人かどうかを判断していた。しかしストリート系雑誌が、コミュニティ内の人しか知らないはずの「イケてる」の基準を、コミュニティの外の人にも伝えたので、外見だけを真似する人が出てきた。それにより、Bくんが「外見はイケてるのに、中身がイケてない子が増えていった」と言う状況になったわけである。

また、ストリート系雑誌の誌面に登場する高校生が、有名になり、影響力を持ち過ぎるようになった。例えば、ストリート系雑誌に登場する高校生が、大学生が主催するパーティの人集めのために呼ばれたり、企業の高校生向け商品の宣伝に呼ばれたりするようなことが増えた。人気のある子には、芸能界から声がかかることもあった。

「高校生が高校生らしくなくなっていってしまいました」

と、ストリート系雑誌が増えるきっかけを作った古田さんは嘆いた。

『東京ストリートニュース！』では、「スナップ大会」という、誌面で日時と場所を告知し、そこに集まった高校生たち撮影して誌面で紹介するイベントを、当初より継続して行っていた。それが一九九八年、代々木第一体育館の裏の広場で開催されるスナップ大会に、『東京ストリートニュース！』で有名人になっていた高校生たちが来るという噂が広まると、過去最高の二千五百人もの高校生が集まり、実際に彼らが姿を現すと大混乱になるようなことがあった。

「それを見た時、もう終わりだと思いました。高校生の口コミの中で有名な子を雑誌に載せるつもりだったのに、雑誌に載った子が有名になるようになってしまった。それでは意味がない」


その頃、古田さんの注目は、新たな方向へと移っていた。

「SHIBUYA109の店員さん。日本を代表するかっこいい女の子たちだと思いました。マスコミに取り上げられたりはしていないのに、女の子たちからすごく人気がありました。名前までは知られていないけれど、『あのお店にいるあの女の子』という感じで知られていました」

なぜ、彼女たちは、雑誌にも載っていないのに知られていて、人気があったのだろうか。

「SHIBUYA109」リニューアル

「SHIBUYA109」とは、一九七九年に大手ディベロッパーの東急グループが開業したファッションビルである。一九八〇年代に日本経済のバブル景気と共に右肩上がりの推移を見せ、一九九〇年には開業以来最高の一九三億円という売上を達成するが、バブル崩壊と共に売上を落とし、一九九五年には一四一億円まで落ち込む（注22）。

「退店が多く出て、臨時店舗で営業をつないだり、売場を直営事業などで埋めることが継続し、会社は非常に厳しい状況でした。その後、直営事業を全て閉めて、テナント貸しをすることになり、全館挙げてのリニューアルが始まりました」

リニューアルにおいて店舗の選定などを担当した中里研二さん（現・株式会社SHIBUYA109エンタテイメントマーケティング戦略部）は、経緯をそう教えてくれた。

一九九五年、リニューアルがまずは三階から始まった。

「最初は、大手アパレル企業を回りました。しかし、渋谷ではすでに丸井やPARCOに出店しているということで、断られました。そこで、我々の生きる道はどこかと考えた時に、全館の売上が落ちている中、地下一階だけが、売上を伸ばしていることに注目しました」

渋谷のファッションビルと言えば他に、一九五八年からある丸井や、やはり大手ディベロッパーのセゾングループが一九七三年に開業した渋谷PARCOがあるが、丸井や渋谷PARCOが若者向けであるのに対し、SHIBUYA109は婦人服、紳士服、呉服、宝飾、スポーツ用品などを総合的に扱うごく一般的なファッションビルだった。

そんな中、唯一売上を伸ばしていた地下一階は、若者向けの店が集まるフロアだった。

地下一階には、他にも特徴があった。

一九九四年頃、渋谷の有名人高校生グループの女の子たちが着ていた、リゾートファッションのミージェーンがあったのも、SHIBUYA109の地下一階だった。他に、人気があった店に、カジュアルウェアの「ロッキーアメリカンマーケット」、洋服店の「アサヒ」（現・スニープディップ）、靴屋の「アイドル」（現・R&E）などがあった。

それらはいずれも、丸井やPARCOに入っているような、大手企業が全国展開している店とは違い、そこにしかない、小規模な店だった。ミージェーンは、SHIBUYA109での成功により、その頃すでに東京近郊に六店舗展開していたが、一九九〇年の開店時にはそこにしかなかった。ロッキーアメリカンマーケットやアサヒ、アイドルは、SH

IBUYA109の創業時か、創業以前からそこにあった商店街にあった店と考えられる。

有名人高校生グループの女の子たちの流行を作っていた道具の多くが、SHIBUYA109で販売されていたものだったと考えられる。

例えば、そのコミュニティ内の流行を作っていた一人だと考えられるCさんも、いつも友人たちとSHIBUYA109に行っていたと言っていた。そこで見つけた「本当にちょっとしたもの」を友人たちと一緒に取り入れると、他校の生徒にも広まり、それがコミュニティ内の流行になることがあったようだ。そしてすぐに飽きて、再びSHIBUYA109で新しいものを取り入れる。そのようなことを、繰り返していたようだった。

そういったものが、有名人高校生グループの中だけの、常に変化する「イケてる」の基準を作っていた。その基準を共有しているか否かで、コミュニティに所属しているか否かが判別され、クローズなコミュニティを成り立たせていた。そのための道具は、大手企業が全国展開し、雑誌に載っているような商品を販売している丸井やPARCOでは、手に入りづらかった。SHIBUYA109にあるような、そこにしかない、小規模な店でしか、手に入らなかったのだろう。

そして店舗側も、小規模だからこそ、狭いニーズに合わせた商品を提供できたのではないか。「本当にちょっとしたもの」に盛り上がり、すぐに飽きる女の子たちのニーズに対し、早いスピードで、新たな商品を提供できていたのだろう。両者の良い関係ができていたから、売上が伸びていた。

SHIBUYA109では、リニューアルにおいて、「ナショナルチェーンではなくて、小さい会社が入れるよう、小さい会社でも契約できる環境を整えていきました」

と中里さんは言う。「ナショナルチェーン」とは、大企業が全国展開するような店である。

ショッピングセンターでは、通常、契約する店舗から、多額の敷金を預かる。また、もし店舗の売上が少なかったとしても、賃料を支払ってもらえるように、最低保証の額を設定する。

「しかし、一部の資金力のない店舗については、最低保証をなくし、売上歩合賃料で良いということにしました」

その結果、小さい企業からの出店希望が多く集まった。

「マンションの一室で、社員二〜三人でやっているような小規模なメーカや、アパレル分野の経験が全くないところが多くありました」

通常、ショッピングセンターが、新たに入る店舗を選定する時には、まずは既存店に、

どのくらいの売上があるかなどの実績を元に信用調査をする。しかし、SHIBUYA109では、

「信用調査をする前に、まずは対面して、どういうことをやりたいのか、話をうかがいました。何か一緒に新しい価値創造をできそうかが重要でした。いくらプレゼンが立派でも、それがなければお断りしました」

後に、実績がなかった企業の中から、SHIBUYA109だけで、月に一〜二億と売り上げる店舗が出てきた。数人しかいなかったメーカが、大企業になる例もいくつもあった。

「アパレル分野での経験がない企業でも、新しい発想で、成功することもありました」

今でこそ、あらゆる分野において事業の創出や創業を支援するインキュベーションはさかんだが、当時はまだ、とくにアパレル分野においてはなかった。しかしこの時すでに、SHIBUYA109では、他のファッションビルにはない、そのような機能があったのだ。

SHIBUYA109のリニューアル計画は成功して、V字回復。一九九六年には一五二億円、一九九七年には一六八億円、一九九八年には一九四億円と二桁成長を果たすことになる（注22）。

誰でも理想的な体型

リニューアルが進むと、SHIBUYA109は、建物中央にあるエスカレータを囲むように、十五〜二十坪程度の小さな店で埋め尽くされていった。そのほとんどが他のファッションビルでは見かけない店だった。それぞれが、ブランドイメージを主張する派手な外装で、音楽も個別に大音量で流していた。そこで、派手な装いの若い女性店員たちが接客をしていた。

そのような中、一九九八年頃から、古田さんによる店員の女の子たちへの本格的な取材が始まった。

「端の方に目をやると、短いスカートに、底の厚いブーツを履いた女の子たちがしゃがみこんで、段ボールの中の服を必死に整理したりしていました」

そのような、彼女たちの頑張っている姿に古田さんは注目していた。

SHIBUYA109では、毎朝、各店の売上と、その順位が発表される。店同士には激しい競争があり、店員たちは、朝十時の開店から夜九時の閉店まで、休憩もほとんどなく、売上向上を目指して、必死に接客し続けていた。

リニューアル後のSHIBUYA109に入店した、それまでアパレル分野の経験がないような店では、販売に関して、本社が指示することなく、店長以下、店員たちに全ての判断を任せることも多かった（注23）。店員たちの平均年齢は約二十歳（注24）。

「店員さんたちは『二十二歳で卒業』って、よく言っていました。高校卒業して二十二歳までの間に全てやり尽くすんだ、というような勢いがありました」

その道のプロフェッショナルになるつもりもなく、学生の延長であるような、「卒業」のある女の子たちである。しかし、そのような女の子たちに、販売に関する全ての判断が任されていた。

そのような中で、SHIBUYA109のファッションブランドは、それまでのファッションブランドにはなかったような、全く新しい販売方法をいくつも編み出していった。中でも、

「キーマンは四階にあったエゴイストのプロデューサーをしていた人だと思います」

と古田さんは教えてくれた。

「エゴイスト」とは、一九九五年、SHIBUYA109のリニューアル直後に、まずは三階に出店し、その後四階に移動した店である。最初は、アメリカやヨーロッパから輸入した商品を売るセレクトショップだった。しかし、リニューアル以降、SHIBUYA109全体が二桁成長する一方で、エゴイストは売上の低い店となっていた。月商五百万円

前後と低迷し（注25）、一九九八年頃には約三千万円の借金を抱え、つぶれる寸前だったと言われる（注26）。そのような中、エゴイストは一九九八年にＤさんという女性をプロデューサーとして店舗のリーダーに迎える。Ｄさんこそ、古田さんが「キーマン」と教えてくれた女性だと考えられる。

当時、まだ二十五歳だったＤさんには、すでにＳＨＩＢＵＹＡ１０９での実績があった。スタイリストを目指して高校を辞め、カラオケボックスやウエイトレスのアルバイトをした後、リニューアル後のＳＨＩＢＵＹＡ１０９の四階に入った「カパルア」の店員となり、半年後にはそこの店長になる。その後、ＳＨＩＢＵＹＡ１０９の六階に入った「ココルル」の立ち上げに携わり、バイヤーとして働いていた（注27）。すぐにココルルは売上を大きく伸ばすが、その立役者がＤさんだったと考えられる。

エゴイストはＤさんに販売方法のみならず、あらゆることを任せた（注28）。店員も一新し、その中には、彼女が元々いたココルルで彼女のもとで働いていた店員もいた。店同士の激しい競争の中、ＳＨＩＢＵＹＡ１０９では、優秀なスタッフの引き抜きが、頻繁に行われていた。

店舗を任されたＤさんは、それまで商品の多くを占めていた輸入品を在庫セールで売り払い、オリジナル商品の開発を本格的に開始した。商品のデザインも、彼女自身が行った

（注25）。彼女はもちろん、服飾デザインの勉強などはしていない（注27）。古田さんによれば彼女の洋服の作り方は次のようなものだった。

「まず、自分の持っている服などを、店員の女の子たちに着させ、布を折ったり、つまんだりしながら、その女の子たちが最もスタイルよく見えるように形作る。それをそのまま韓国の東大門《トンデムン》市場へ持っていき、同じ形に作ってほしいと頼んでいたそうです。パターン（服の設計図）がないのです」

彼女は毎週、月曜日に韓国に赴いたようだ（注28）。韓国の東大門では、デザインが決定すれば、翌日にはサンプルを作り上げ（注29）、さらにその後三日間で生産を行った（注30）。つまり、月曜日に韓国に赴けば、翌週にはＳＨＩＢＵＹＡ１０９店頭で販売することが毎週できた（注28）。

このように、商品企画から生産、店頭販売までを短期間に行う方法は「スピードＭＤ」と呼ばれる（注28）。韓国生産によるスピードＭＤは、当時エゴイストのみならず、ＳＨＩＢＵＹＡ１０９の多くの店が行っていた。最初にそれを取り入れたのは、六階のカパルアだと言う説がある。Ｄさんを始めとしてカパルアの出身者が、その後、ＳＨＩＢＵＹＡ１０９の多くのブランドに携わっていったことから、この方法が広まっていったのではないか。

スピードＭＤを取り入れることの利点の一つは、客のニーズを瞬時に生産に活かせることである。接客を担当する店員を韓国に同行させて、さらにそれを強化していた。もう一つは、ＳＨＩＢＵＹＡ１０９では、激しい競争の中で、売れる商品はあっという間にデザインがコピーされたので、次々と新しい商品を投入しなければならなかった（注30）。

通常、ファッション業界では、パリコレクションが年二回開催されるように、春夏物と秋冬物の年二回の生産を行う。しかし、当時のＳＨＩＢＵＹＡ１０９は、それとは全く異なるシステムで動いていたことがわかる。

Ｄさんがデザインし、韓国で生産してできた服は古田さんによれば、

「デザインはいたってシンプルなのに、エゴイストの店員たちに着せると、とにかくスタイル（体型）が良く見えた」

当時のエゴイストの代表商品のミニワンピースが象徴的だ。体型が良く見えたのは、店員たちに着させては、布を折ったり、つまんだりしながら、形作ったのだから、当然ともいえる。

「体にフィットし、スカート丈も絶妙で、体が細く、足が長く見えました」

Ｄさんは、店頭で、店員たちにそれを着させた。そして、厚さ十五センチメートル以上もある、厚底ブーツを履かせた（図１－３）。

「店員さんたちは、みんなもうバービー人形のようになりました」

図1-3
SHIBUYA109店員が提案した「誰でも理想的な体型に見える」ファッションの例

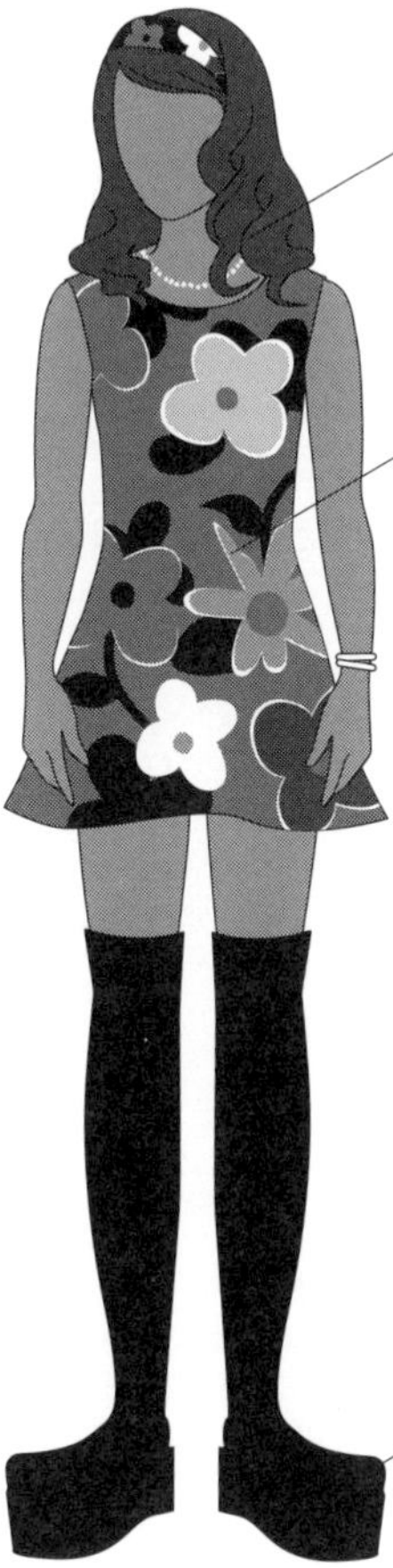

バービーとはアメリカの人形であり、体型が抜群である。そして彼女は、店員全員に同じ服を着させた。

「集団で同じ格好をすることで世界観ができ、店員たちを見に来る女の子、店員と一緒に写真を撮りに来る女の子たちが増えました」

エゴイストでは、店舗のデザインもDさんが指示して、頻繁に変えていた。今でこそ、インスタグラムに投稿した時に写真に映えるフォトスポットが、ファッションブランドの店の中に設置されることがある。それと似たようなことが一九九〇年代にもうエゴイストで行われていたのだ。

「すると、店員さんたちが着ているのと全く同じ服を、みんな当たり前のように買って行きました。一日三～四回着替えるのですが、着替えるたびに全部売れるくらい」

全く売れていなかった服でも、店員が着ると一日で三十～四十枚売れる人気商品になることもあったと言う（注29）。店員が商品を着て販売する方法は「試着販売」と呼ばれるようにもなる。

エゴイストの店員たちは、ファッションモデルのような特別な体型の持ち主ではない。高校卒業後に就職先として店員を選んだ、一般の女の子たちである。

「あえて、背が高い子、低い子、太めの子、細めの子など、色々な体型の店員さんを揃えていたようでした。いろいろな例を見せるために」

それなのに、エゴイストの服を着ると、誰もがバービー人形のような体型になった。それが、ＳＨＩＢＵＹＡ１０９に買い物に来る女の子たちを惹きつけた。

Ｄさんは、元の体型によらず誰でも理想的な体型になれる方法を、生み出したのだった。

誰でもカッコイイ顔

Ｄさんは、店員たちの化粧も指導していたようだ。エゴイストの店員たちの化粧は、当時、街や雑誌で目にする化粧よりも、ずっと濃かった。古田さんは、後に、雑誌で、彼女たちの化粧法を取材した時、驚いたと言う。

「私もずっとファッション誌をやってきたので、メイクのプロセスを撮るということはいくつもやってきました。しかし、彼女たちのメイクのプロセスは、それまで見たこともないようなものでした。それまで当然と思っていたことが、全て覆されました。でも、できあがりは、完璧でした」

古田さんが手がけた記事に掲載された、エゴイスト店員の化粧は次のようなものである。目は、黒いアイラインで際を囲み、さらに上のアイラインは目尻を大きくはみ出して長くひき、その上に大きなつけまつげをつける。上まぶたには暗い色のアイシャドウを濃く塗り、その上と、下まぶたに、はっきりと白いアイシャドウを塗る。目の中には、薄いグレーや茶色の、カラーコンタクトレンズを入れ、唇には、肌に近い色のリップを塗る。

そして、鼻筋や頬などには白い色、鼻の脇や顔の輪郭など顔の低いところには暗い色のパウダーを塗る（図1－4）。

そこには化粧前と化粧後の顔も掲載されていたが、全く違う印象の顔だった。

濃い化粧というのは、世間から批判されることもある。しかしDさんは、雑誌の取材でそれを肯定している。彼女はエゴイストの服を「カッコイイ女の人に着てもらいたい」と述べた上で、「ホリの浅い日本人の顔で、ナチュラルメイクって好きじゃないんですよ。童顔だからかわいくはなるけれど、カッコよくはならない」と言った（注31）。彼女の「カッコイイ」の手本は、ホリの深い欧米人の顔であることがわかる。彼女は、もともと、欧米の映画スターの影響を強く受けてきたようだ。

「中学の頃、ヘップバーンの『ローマの休日』から始まって、ヘップバーンシリーズを全部見て、ベベ（ブリジット・バルドー）、モンロー、ソフィア・ローレン……人物中心に見たりして、そこで自分のスタイルが決まりました」

彼女が店員にさせていたコーディネイトの一つに、エゴイストのワンピースを着て、頭に巻き髪のウィッグをつけ、その上にワンピースと同じ柄のスカーフを三角形に折って巻くというものがあるのだが、それは、オードリー・ヘップバーンの映画を参考にしたものだと明かしている（注31）。

図1-4
SHIBUYA109店員が提案した
「誰でもカッコイイ顔に見える」メイクの例

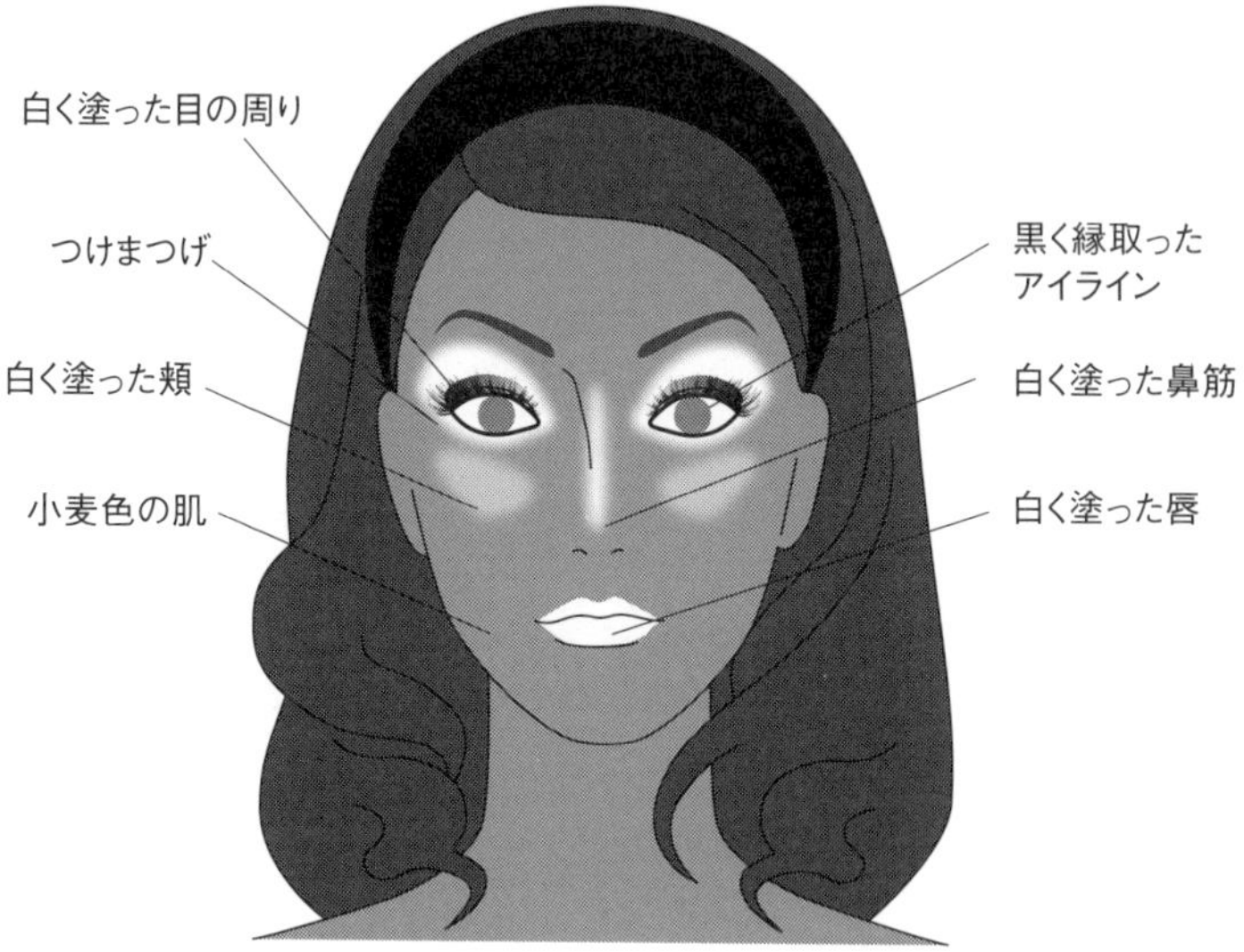

「私の理想は、目が大きくて口が大きい顔。目はメイクで、いくらでも大きく見せられるじゃないですか。でも、口はどうしようもないんですよね。だから口が小さい人なんかは、存在自体を消しちゃうのがいいと思うんです」（注31）

エゴイストの店員が、唇を肌に近い色で塗っていたのは、小さい口を隠すための策だったのだ。

また、上まぶたの上や下まぶた、鼻筋や頬など、顔の高い位置にある部分を白く、鼻の脇や顔の輪郭など顔の低い位置にある部分には暗い色を塗っていたのは、ホリの深い欧米人の顔に近づけ、立体感を強調するためだったのだろう。

化粧以外でも、エゴイストの店員は、頭にウィッグやエクステンションをつけて、髪を黒以外の色にした。そこに、カラーコンタクトレンズを入れて、目の色も黒以外の色にした。そこにも、彼女が欧米人の顔を目指していたことがよく表れている。

彼女は、濃い化粧をすることにより、欧米人のような「カッコイイ」顔になれることを示したのだ。

エゴイストの店員が濃い化粧であったことは、彼女たちの化粧法を真似すれば、誰でも彼女たちのような顔になれることを示す。エゴイストに買い物に来る女の子たちもそれをわかっていて、店員たちに化粧や髪型の方法や使っている商品などをよく質問していた

（注29）。店員たちはそれに丁寧に答えていたそうだ。

エゴイストでは、店員たちが使っていたつけまつげやウィッグなどを、洋服と共に販売するようにもなった。これらも、韓国の東大門市場で仕入れたものだと考えられる。

エゴイストの店員が着ている服を着れば、体型の個人差を超えて「誰でも」理想的な体型になれる。そして、エゴイストの店員の化粧を真似すれば、顔の個人差を超えて「誰でも」カッコイイ顔になれる。彼女たちが、マスメディアに取り上げられる前から人気があったのは、「誰でも」なれる手本を示し、女の子たちがそれを強く求めたからだろう。

この「誰でも」は、後に「盛り」の重要な要素になる。Dさんが提案した手法には、その原点があると考えられる。

カリスマ店員

当時、SHIBUYA109のPRの担当をしていた喜多《きた》将造さんは、ある時、エゴイストのプロデューサーから相談を受けたと言う。Dさんのことだと考えられる。

「エゴイストの服を、ファッション誌のモデルには着てもらいたくないと言いに来ました。洋服店というのは普通、自分のところの商品が、ファッション誌で取り上げられることを喜ぶものです。しかし彼女はそれを嫌がりました」

Dさんは、店頭で、エゴイストの服をエゴイストの店員に着せることで、女の子たちの購入意欲を掻《か》き立ててきた。そして、リアルな店頭だけでなく、バーチャルなファッション誌でも、エゴイストの服をエゴイストの店員に着せたいと求めたのだ。

「うちの店には、もっとかわいくて、もっとかっこいい女の子がいるから、一回見に来てくださいと言うので、行ってみたら、二人の店員を紹介してくれました。そこにいたのはかわいい系のスタッフと、かっこいい系のスタッフさんでした」

そこで喜多さんが相談したのが、古田さんだった。

古田さんは、まず『東京ストリートニュース！』でエゴイストの店員をモデルに、エゴイストの服を紹介する特集を組んだ。そして、さらに一冊全て、SHIBUYA109の店員をモデルにした別冊を作ることにした。

「目指したのは、渋谷の『VOGUE』。こんなにかっこいい、こんなにセクシーな女の子たちが日本にいるんだよ、ということを伝えたかった」

誌面に載せる写真は、モデルが店員だからといって、店頭で撮影するスナップ写真などではない。多くは、スタジオでファッションカメラマンが撮影した『VOGUE』のようなファッション写真だ。誌面では、エゴイスト店員を中心に、SHIBUYA109の人気店員へのインタビュー記事や、彼女たちの着こなし、彼女たちの化粧法などの特集を組んだ。一九九九年四月十六日、『SHIBUYA NEWS』が発売された。

その翌日の四月十七日、日経流通新聞の最終面でこれらの現象が取り上げられた。雑誌やモデルではなく、人気ショップの店員が女の子のファッションのお手本になっていること、ファッションのみならず、髪型やメイクも注目されていること、そして、彼女たちをモデルとしたファッション誌『SHIBUYA NEWS』が発売されたということなどが書かれた。

そして、エゴイストの人気店員二人が並ぶ、大きな写真が掲載され、そこに「私たちカリスマ店員」というタイトルが付けられた。

この記事をきっかけに、「カリスマ店員」という言葉が広まり、年末には「カリスマ」という言葉が一九九九年の新語・流行語大賞にもノミネートされ、表彰式にはエゴイストの人気店員と喜多さんが出席した。

SHIBUYA109の店員は、様々なファッション誌にモデルとして登場するようになり、とくに『Cawaii!』で継続的に取り上げられる。さらには、ファッション誌のみならず、様々なメディアにも登場する。

SHIBUYA109の情報が、全国的なメディアで取り上げられるようになると、SHIBUYA109には全国から人が集まる。

そして一九九九年九月、ＳＨＩＢＵＹＡ１０９のエゴイストは月商二億八千万円を売り上げる（注28）。わずか十六・九坪の店舗での売上としては、世界新記録だった（注25）。

エゴイストは、ＳＨＩＢＵＹＡ１０９以外にも店舗を展開するようになる。一九九九年八月には、大手百貨店の伊勢丹の新宿本店にも出店。さらに十月には、丸井が千葉県柏市に新業態のファッションビルＶＡＴを開業するにあたり、ビル全体の企画をエゴイストが行うほどになる。十一月の新聞を見ると、その時点ですでに六店舗を展開していたことがわかる。

ＳＨＩＢＵＹＡ１０９にしかなかった店舗が、全国に展開されるようにもなる。ＳＨＩＢＵＹＡ１０９から生まれたブランドは「マルキューブランド」と呼ばれ、マルキューブランドばかりで構成されるファッションビルも全国に増えた。

それと共に、ＳＨＩＢＵＹＡ１０９のエゴイスト店員がしていたような、「誰でもカッコイイ顔になれる」ような濃い化粧も、全国に広がっていった。

『ＳＨＩＢＵＹＡ ＮＥＷＳ』は二〇〇〇年五月号の第四号で終了するが、人気のショップ店員がモデルを務め、自身の店の商品を紹介するという手法は、その後、多くのファッション誌に引き継がれる。

「不可逆」な装い

一九九四年から一九九五年にかけて創刊された代表的な三つのストリート系雑誌である『東京ストリートニュース!』『Cawa-i-i!』『egg』のうち、とくに一九九八年頃からは『egg』の独自性が顕著になっていった。

当初より『egg』には、他の二誌と大きく異なる特徴があった。それは、他の二誌が誌面に取り上げる高校生を、「○○高校○年○○○○」と高校名と共に氏名を紹介したのに対して、『egg』は氏名だけを紹介した。そのため、他の二誌に登場する女子高生は、比較的有名な学校でありながら、校則がゆるく自由な、大学附属校の学生などが多くなったのに対し、『egg』では、同じく自由だが、比較的無名の、通信制高校の学生などが多かった。

その違いがファッションにも表れた。他の二誌に登場する女の子たちが、例えば一九九七年頃にはパンツスーツに、高級ブランドのバッグを持つような高級志向のスタイルを紹介していたのに対抗するかのように、『egg』に登場する女の子たちは、例えば一九九八年頃にはTシャツに、シャカパンで、ビーチサンダルを履くような、全て千円以下で購入できる商品を着こなしたカジュアル志向スタイルをさかんに紹介するようになっていった。「シャカパン」とは、トレーニングウエアのナイロン製パンツのことである（図1-5）。

b.『egg』系スタイルの例

図1-5
1998年頃のストリート系雑誌が紹介した女の子たちのファッション

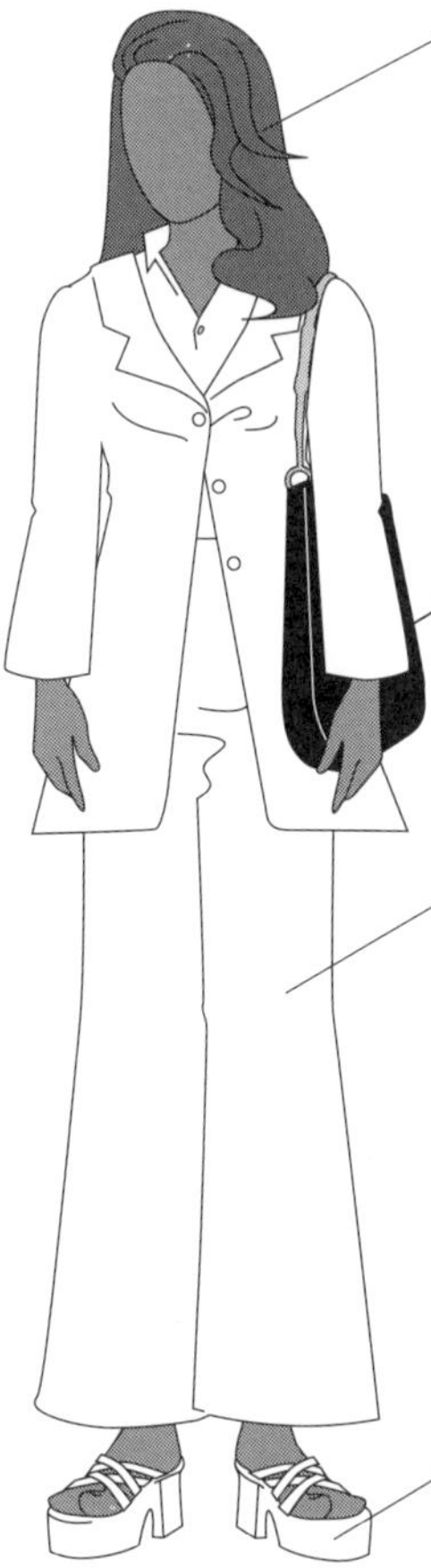

a.『東京ストリートニュース!』『Cawaii!』系スタイルの例

髪型や化粧にも違いが表れた。他の二誌に登場する女の子たちも、髪を脱色し、肌を小麦色にしていることは多かったが、『egg』に登場する女の子たちは、髪をさらに白く、肌をさらに黒くするようになった。髪を部分的に脱色することを「メッシュ」と呼ぶが、彼女たちは、多くの部分を、強く脱色して、それを「ガンメッシュ」と呼んだ。また、肌の色をさらに黒くし、それを「ガングロ」と呼んだ。そして、黒くした肌の上で、目の周りや、唇に、はっきりとした白のパールの化粧品を塗った。

そのような『egg』に登場する女の子たちのスタイルを真似する一般の女の子が、増えていった。次第に、『東京ストリートニュース!』や『Cawaii!』に登場する女の子たちも、そのようなスタイルに近づいていった。

そして一九九九年七月号で、さらにその上を行く、革新的なスタイルの女の子たちが誌面に登場する。彼女たちは「ゴングロ三兄弟 with U」と自ら名乗り、肌を黒人の肌のように真っ黒にし、髪の色は真っ白に脱色していた。真っ黒の肌の上で、目の際を黒く太くはっきりと囲み、大きなつけまつげをつけ、その周りのアイホールや下まぶたの部分、鼻筋、唇を、真っ白に塗っていた。「ゴングロ」とはガングロよりさらに肌を黒くすることである。

『Cawaii!』や『東京ストリートニュース!』に登場する女の子たちも、肌を焼いて、髪を脱色し、目の周りや唇を白く塗る化粧をするようになっていたし、SHIBUYA109のエゴイスト店員も、肌を焼いて、髪の色を変えた上に、顔の立体感を高めるように、目の周りや、鼻筋を白く塗り、口の小ささが目立たないように、唇に白っぽい色を塗っていたので共通性はある。

しかし、決定的な違いがある。例えばエゴイスト店員の場合は、肌は真っ黒には焼いておらず、より黒くするためには、黒い色のファンデーションを塗るなどしていた。髪の色を変えるために、ウィッグやエクステンションを活用した。ファンデーションやウィッグ、エクステンションを取り去れば、簡単に、その日のうちに元に戻ることができた。つまり「可逆」なのである。

一方、ゴングロ三兄弟 with Uのように、肌を真っ黒に焼き、髪を真っ白に脱色すると、時間をかければ元に戻すことはできるが、その日のうちに簡単に戻すことはできない。つまり「不可逆」である。

可逆な装いは、身なりに関する校則のある女の子でも、放課後や休日に簡単に真似することができる。だからエゴイスト店員を真似する道具はよく売れた。しかし「不可逆」な装いは、誰でも簡単に真似できるものではない。

それでも、ゴングロ三兄弟 with Uのような不可逆な装いを真似する女の子たちが、渋谷を中心に増えていった。『egg』の売上は五十万部近くと過去最高となり、急速な部数の伸びに編集部の体制が追い付かず、二〇〇〇年一月には一度休刊するが、二〇〇〇年七月には復刊する（注32）。

第二世代のゴングロ

ゴングロ三兄弟 with Uのように、肌を黒人のように真っ黒にし、髪の色を真っ白に脱色し、目の周り、鼻筋、唇を、真っ白に塗るような女の子たちが増えたことは、『SPA！』一九九九年九月一日号を皮切りに、男性向け雑誌やテレビでも多く取り上げられ、社会現象になる。彼女たちは「ヤマンバ」と呼ばれるようになった。

本節の冒頭で紹介した由佳さんは、その頃、まだ小学五年生だった。

「テレビなどで見て、かっこいいなと思って、憧れていた」

中学生になってから、一九九九年の『egg』の古本をオークションで購入して読み、中学三年生になった二〇〇三年に渋谷へ行くと、

「そのような人たちが本当にいた」

と言う。そのような影響から、由佳さんもそのような装いをするようになったのだと言う。

調べると、一九九九年頃に渋谷に多くいた、肌を真っ黒に、髪を脱色し、目の際を黒く、目の周りや鼻筋、唇を真っ白に塗る女の子は、二〇〇〇年頃に一度はいなくなるが、二〇〇三年末頃から再び現れていたことがわかる（注33）（注34）。このようにゴングロには第一世代と第二世代がある。

「たぶん、ちょうど私のように、小学生の頃に憧れて見ていて、高校生くらいになって始める人も多かったのだと思う」

と由佳さんは分析する。しかし、第一世代と第二世代の装いは、肌を真っ黒に、髪を脱色し、目の周りや鼻筋、唇も白にするということは同じだが、違う点がある。

「一九九九年頃の流行は、髪は白かシルバーか、ガンメッシュ。アイメイクは目をつり目にして、きつく見せました。二〇〇三年頃の流行は、髪はレインボーとか、カラフル。アイメイクは目をたれ目に見せて、その周りにきらきらのシールをつけたり、かわいく見せます。かわいいと言っても、周りの人から見たらかわいくないでしょうけれど。」（図1−6）

と笑った。一九九九年頃の第一世代の装いをした女の子が「ヤマンバ」と呼ばれたのに対し、二〇〇三年末からの第二世代の装いをした女の子は「マンバ」と呼ばれた。

由佳さんは、本当は、一九九九年頃風のきつめのヤマンバスタイルに憧れていたようだが、流行に従って、二〇〇三年頃風のかわいいマンバスタイルにしていたそうだ。

この頃には、代表的なストリート系雑誌の顔ぶれも、変わっていた。『東京ストリートニュース!』は、二〇〇二年に廃刊。『Cawaii!』は、二〇〇一年頃より、一般の女の子よりも芸能人を誌面に登場させることが増え、ストリート系雑誌の特徴がなくなっていた。

ちょうど『Cawaii!』と入れ替わるように、代表的なストリート系雑誌の一つとなったのが、『Popteen』である。創刊したのは一九八〇年で、当初は違う方向性だったが、一九九八年頃から渋谷の女の子たちを誌面に載せて、彼女たちのファッションに焦点を当てるようになった。

さらに、一九九八年に創刊し、当初は、高校生の中のあらゆる流行をランキング形式で紹介していた雑誌『ランキング大好き』も、二〇〇〇年七月からタイトルを『Ranzuki』と変えて、渋谷の女の子たちを誌面に載せて、彼女たちのファッションに焦点を絞るようになる。

他に『nuts』『エゴシステム』などの雑誌も創刊した。

このような二〇〇〇年代を代表する三大ストリート系雑誌である、『egg』『Popteen』『Ranzuki』を中心に、肌を真っ黒に、髪を脱色し、目の際を黒く、目の周り

図1-6
肌を真っ黒にしていた渋谷の女の子たち（ゴングロ）のメイク

① 黒人のように
真っ黒の肌

② ポスカで
真っ白に塗った
目の周り

③ マッキーで
黒く縁取った
アイライン

④ つけまつげ

⑤ 白く塗った鼻筋

⑥ 白く塗った唇

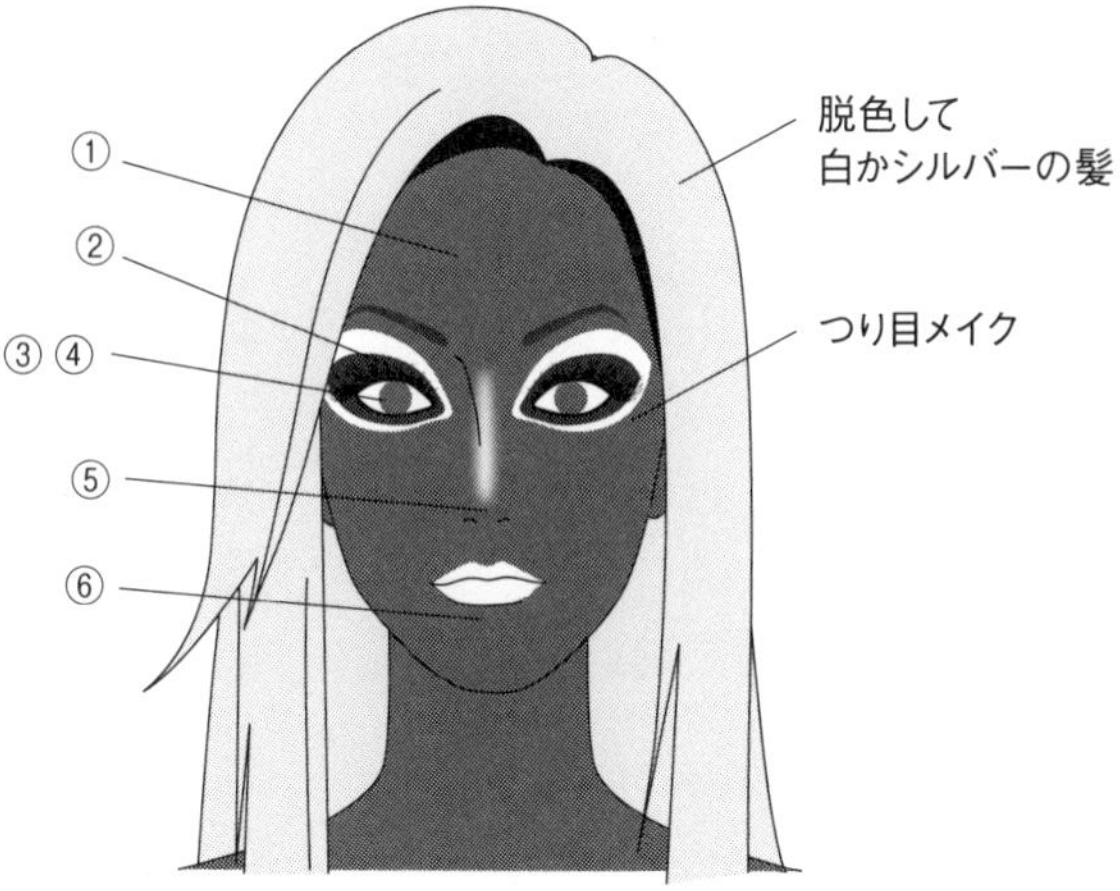

a. 1999年頃の第一世代（ヤマンバ）の例

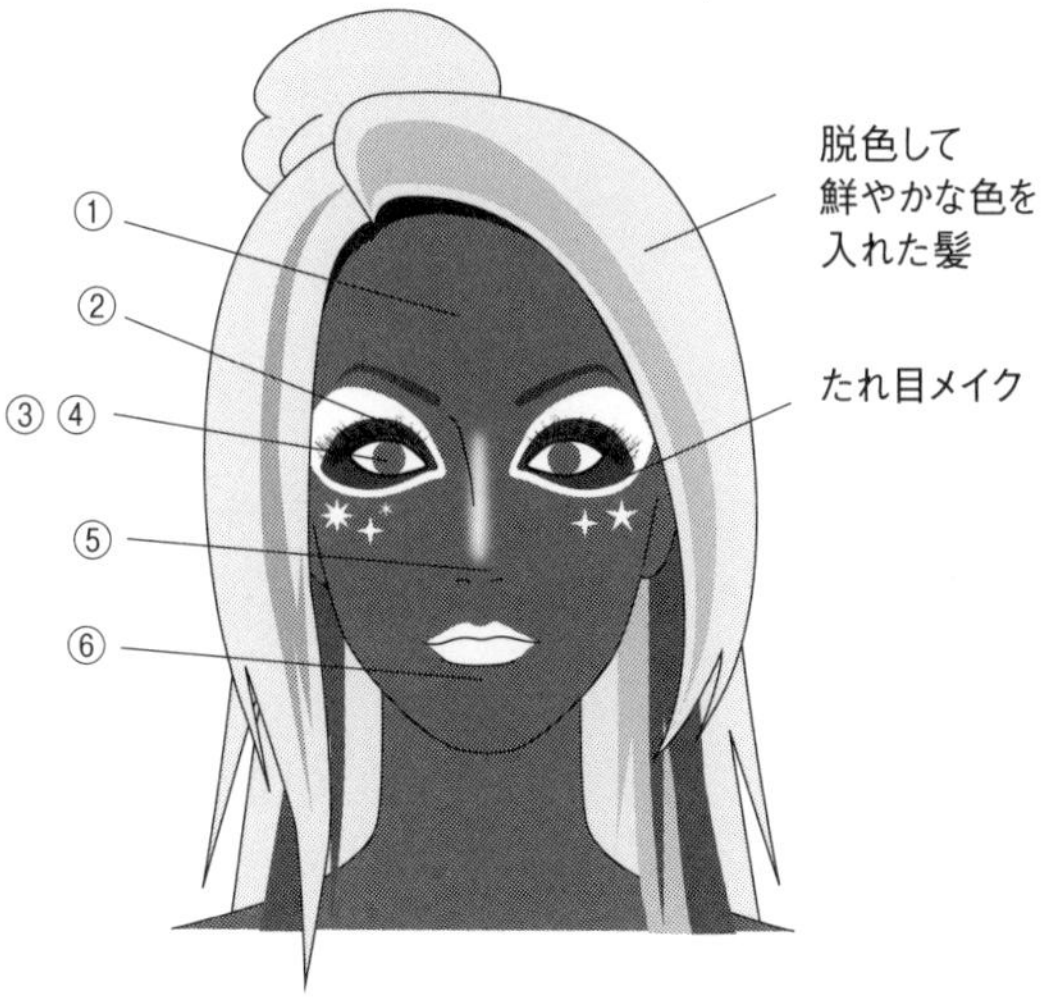

b. 2003年頃の第二世代（マンバ）の例

や鼻筋、唇を真っ白に塗る不可逆な装いの女の子たちが雑誌で多く取り上げられた。

「ヤマンバ」評

一九九九年頃からの渋谷になぜ肌を真っ黒に、髪を脱色し、目の際を黒く、目の周りや鼻筋や唇を白く塗る不可逆な装いの女の子が増えたのだろうか？　それについては、当時、新聞や一般の雑誌でもよく議論がなされていた。

そこで、最も多かったのは、「戦後、日本の女性たちが集めてきた脱伝統的な化粧法の集大成」「伝統的な社会の価値観への仕返し」（注35）「ある種の武装」「社会への反発」『女の子はこうでなくちゃいかん』という大人の価値観のひっくりかえし」（注35）「大人の美学に対する反抗」（注36）など、大人や、社会や、保守的なものへの「反抗」だという見方である。

古くから、世界各地で発生する若者コミュニティの背景には、このような既存の権威に対する「反抗」の目的があることが多い。

しかしかつてなら、この「反抗」の若者コミュニティに属するためには、学校をさぼって、たまり場に行くような必要があった。そこでは、学校をさぼることの象徴としてはげしく髪の色を変えるような不可逆なビジュアルを共有することが多かった。

しかし、ポケベルを発端に、PHS、携帯電話など、子供たちにパーソナルな通信端末が普及したことにより、平日昼間は学校に通いながらバーチャルにつながり、放課後や休日だけに街で会う、「反抗」の若者コミュニティが形成されていった。

前節で紹介した渋谷の有名人高校生グループも一例である。そこでは、髪の色を変えるような不可逆なビジュアルを共有しなかった。

つまり、「反抗」のコミュニティに属するだけならば、この頃、可逆的なビジュアルでもよかったはずだ。それにもかかわらず、肌を真っ黒に、髪を脱色するような、不可逆的なビジュアルをしたことには、他の理由があると考える。

新聞における議論の中では、女の子たちの目立ちたい欲求によるもの（注35）（注37）、「目立ちたいという若者たちの欲望と、彼らをターゲットとする服飾・美容産業や出版産業との共犯関係」（注38）というものもあった。ここで注目されている目立ちたい欲求にヒントがあると考える。

全国とつながる渋谷

当時、『Ｒａｎｚｕｋｉ』の編集長であった加瀬弘忠さんに話を聞いた。二〇〇一年から、渋谷の女の子のファッションに焦点を絞ったのはなぜだったのか。

「渋谷に集まっている女の子たちは、取材をするとおもしろいことを言うし、ファッションも変わっているし、発信力がありました。渋谷のおもしろい子を取り上げると、全国の女の子たちがついてきました」

取材する女の子はどのように見つけていたのか。

「各雑誌は、いかに早く良い子を見つけて、自分たちの雑誌で紹介するか、競争をしていました。SHIBUYA109前の交差点はその戦場になっていて、SHIBUYA109を背に、信号を待つところで、『egg』、『Popteen』、『Ranzuki』の編集者が一番前に立っていました。どの雑誌も、信号の向こう側で目立っている女の子に目星をつけていて、信号が青に変わった瞬間、他の雑誌に取られないように、その子に向かって走っていきました」

女の子たちはどのような反応だったのだろう。

「女の子たちの方も、その頃は、発信できるところが雑誌しかなかった。だから、みんなが、雑誌に出たくて、自分を売りこもうとしていました」

そこで、由佳さんが、肌を真っ黒に、髪を真っ白に脱色して外見を極めることで、メディアとのつながりができたと言っていた意味がわかってきた。

彼女が外見を極めて毎日行った先は渋谷。当時の渋谷には、おもしろい女の子を見つけようと、目を光らせているストリート系雑誌の編集部員がいた。そして加瀬さんによれば、ストリート系雑誌の編集部は、街の信号をはさんだ向こう側の女の子を見て、目星をつけていたと言う。

そこで目立つためには薄い化粧では足りない。由佳さんが、肌を真っ黒に、髪を真っ白に脱色し、真っ黒なマッキーや真っ白のポスカで化粧をしていたのは、そのようなハイコントラストなビジュアルでないと、道をはさんだ向こう側の編集者の目まで、伝達できなかったからではないか。つまり、ビジュアルコミュニケーションとして最も効率的な方法をとった結果なのではないかと考えられる。

そして、ストリート系雑誌の目に留まれば、色々な会社から声がかかり、仕事に結びついたと言う。ただし、彼女が仕事をしたかった目的は、お金ではないようだった。ご両親から十分なおこづかいをもらっていて、お金に困ってはいなかったようだ。

渋谷の街で目立ち、ストリート系雑誌の目に留まれば、全国の人へ情報発信できる。まだインターネットを使って、一般の女の子が広く情報発信するようなことのなかった時代、それをできることの楽しさが、彼女を魅了していたのだった。

彼女たちの動機は、ただ目立ちたいのではなく目立ちたいの先にある好奇心だと、私は考えている。渋谷はリアル空間でありながら、雑誌というバーチャル空間と接続して全国とつながる中間帯になった。

渋谷が若者の集まる特別な街となっていったのは、一九七〇年代のＰＡＲＣＯや丸井などの開業の頃に遡る。八〇年代後半になると高校生が集まるようになり、男子高校生たちが渋谷を拠点にチームを形成するようになるが、チームに所属する男の子たち（チーマー）が、九〇年代初めになると暴力事件などが取り沙汰され、勢いは衰退していった。

実際に一九九三年から一九九四年頃にかけては、雑誌『流行観測アクロス』が毎年行っている渋谷の調査には、渋谷にいる若者の数が減っているという結果が現れていた（注39）。しかしその頃、ポケベルでつながる高校生たちが、学校の枠を超えて、街を拠点に集まるようになるが、それに注目して一九九四年に創刊された『東京ストリートニュース！』でも、目を向けたのは東京近郊のいろいろな街であり、渋谷はそのうちの一つにすぎなかった。

しかし、渋谷を拠点とした有名人高校生グループの女の子のファッションが徐々に、周囲に広く影響を与えるようになった。一九九五年に創刊された『Ｃａｗａｉｉ！』と『ｅｇｇ』が取り上げるのは渋谷の女子高校生が中心になった。そして二〇〇〇年代『ｅｇｇ』、『Ｐｏｐｔｅｅｎ』、『Ｒａｎｚｕｋｉ』が取り上げる女の子は、渋谷に一極集中するようになっていった。

後の節で詳しく紹介する古田奈々恵さんは、高校に入学した一九九八年から毎日渋谷に通っていたと言う。

「渋谷にいれば、流行のメイクやファッションも観察できるし、買い物もできる。マーケティング会社のモニターなどをすれば、買い物をするためのおこづかいも稼げました。日焼けサロンでアルバイトをすれば、そこで無料で焼かせてもらうこともできました」

渋谷にいれば、情報収集も買い物も仕事も全てができる。だから渋谷にいたのだと言っていた。

ストリート系雑誌が取り上げるから女の子が集まり、女の子のためのビジネスも集積する。それによりさらに女の子が集まるから、ストリート系雑誌がまた取り上げる。そのような相乗効果により、渋谷の特殊性は最高潮に達していた。

「渋谷は日本で一番の街。その渋谷で一番になりたかった」

と由佳さんは言った。

目立てばよいというわけではない

新聞や一般雑誌はいずれも、肌を真っ黒に、髪を脱色し、目の際を黒く、目の周りや鼻筋や唇を白く塗るような装いの女の子たちのことを「ヤマンバ」などと呼んで一塊として扱っている。しかし、そこに間違いがあるようだ。由佳さんは、

「世間から見たら、肌を黒くしている女の子は、皆、同じに見えるかもしれないけれど、

私たちから見たら、それぞれ全然違う。仕事がくるのは、センスのいい人だけ」と言った。彼女が時間と労力をかけて外見を作っていたのもそのためだった。なぜ、センスのいい人だけに仕事がくるのかと聞くと、彼女が尊敬する三つ年上の女性を例に挙げて、説明してくれた。

「Eさん。存在感があって、有名だったから、最初は一方的に知っていた。当時の渋谷には、肌が黒くて、派手にしている女の子がたくさんいたけれど、そういう人たちとは全然違う。髪も、メイクも、全部がきれい。渋谷にバービースタイルを流行らせた人」

調べてみると、雑誌に記録があった。『Ranzuki』二〇〇五年七月号で、Eさんが提案したバービースタイルが見開きで特集されていた。

そこには、バービースタイルの五人の女の子を撮影した写真があった。皆、肌は真っ黒、髪にはカラフルなエクステンション、鮮やかな色のひらひらしたフレアのミニスカートに、洋服の色に合わせたカラーハイソックスをはいている。目にはブルーのカラーコンタクトレンズを入れ、目の周りにはラインストーンがちりばめられている。五人の女の子の真ん中にいるのが、Eさんであった。

写真には、「百メートル先からでも余裕で見つけられるくらいの派手な原色系のファッション」という説明がつけられていた。まさに、当時『Ranzuki』編集長だった加瀬さんの言うように、信号の向こう側から見ても目立っていたと思われる。

しかし、Eさんがストリート系雑誌に取り上げられたのは、彼女の装いがただ目立っていたからだけではないと、由佳さんは言う。

「Eさんはずば抜けてセンスが良かったから、みんながついていった。渋谷で目立っていても、近くで見ると、メイクが雑だったり、センスがないような人には、誰もついていかないと思う」

渋谷の街でEさんが目立ったのは、彼女のファッションを彼女一人でやっていたのではなく、集団でやっていたからでもある。そのように真似する人が現れるのは、Eさんのようにセンスの良い人だけなのだと、由佳さんは言うのだ。

当時、肌を真っ黒に、髪を脱色し、目の周りや鼻筋や唇を白く塗るような装いの女の子たちのことは、男性誌でも取り上げられ、そこでは、お風呂に入らず、髪も洗わず、汚い女の子たちだと書かれているようなことさえもあった。中にはそのような人もいたかもしれないと、由佳さんは言うが、

「その人を見れば、家族と仲良くしていて、毎日家に帰っている人かどうかは、一目瞭然。健康的でセンスが良い」

と言う。渋谷というリアル空間にいながらにして、バーチャルなコミュニケーションを行うには、ただ目立てばよかったわけではない。仲間に評価されるようなセンスの良さが

必要だった。

Eさんに注目したのはストリート系雑誌に留まらなかった。

例えば、レコード会社からの依頼で、一九八〇年代に日本で誕生し、この頃、四度目のブームと言われていた「パラパラ」（注40）というダンススタイルの、振り付けを見せるDVDに出演し、さらにその振り付けを作ることもあった。今でこそ、インターネットの動画投稿サイトで「踊ってみた」というようなジャンルがあり、一般の人が作った振り付けが広まることがあるが、まだそのようなことがなかった時代、Eさんは、レコード会社が作るDVDを介して、自身が作った振り付けを広めていたということだ。

また、企業から、商品プロデュースをしてほしいというような依頼もあった。今でこそ、一般の女の子でありながらもブログやSNSでの影響力があるインフルエンサーが、企業に頼まれて、商品プロデュースなどをすることもある。しかし当時、そのようなことが任されるのは、テレビや雑誌のタレントやモデルしかいなかった。それなのに、Eさんは、渋谷の街での影響力によりインフルエンサーのような仕事をしていた。

由佳さんがEさんと出会ったのはその頃だと言う。その後、Eさんの仕事を手伝うようになった。

「私とはファッションの方向性が違うので、ファッションそのものを真似することはなかったけれど、いろいろな意味で影響を受けた人」

海外からの評価

由佳さんが影響を受けたというEさんに、私はどうしても会ってみたくなった。由佳さんにお願いして、実際に会えることになった。今の彼女は、白い肌に、化粧を全くせず、洋服も黒と白のモノトーンのTシャツにパンツというシンプルなスタイル。使う化粧品はオーガニック製品のみで、筋力トレーニングやヨガに励み、身体の自然の力を高めることに力を注いでいるということだった。

Eさんが、当時、肌を黒くしたり、髪を脱色したり、外見を作ることに力を注いでいた理由は、由佳さんとは少し違っていた。

「ただ、好きなファッションをしていたかっただけ」

彼女は、小さい頃から、ファッションが好きだったと言う。小学生の頃から、洋服を買うために、一人で原宿に行ったり、新宿に行ったりしていた。中学三年生から毎日のように渋谷に行くようになった。

「学校では、同学年に、一緒にファッションを楽しめる人がいなかった」

渋谷では仲間がどんどんとできた。

「私は常に、今日これ着たいなと思ったものを着ていただけ。それを着て、お友達とクラブに行ったり、ごはんを食べたりするのが楽しかっただけ。何も目指していなかった」

彼女は、ストリート系雑誌に取り上げられることも、いろいろな仕事が舞い込んでくることも、望んでいなかった。

「私がしていた格好を、同じ歳の友達が一緒にするようになって、後輩たちなども真似していくうちに、どんどんと広がっていった。そこにメディアが目をつけたのだと思います」

彼女は、ストリート系雑誌で取り上げられたことを皮切りに、その他のメディアでも取り上げられるようになった。しかし、彼女にとって望ましくない取り上げ方をされることも多かった。


唯一、取り上げられてうれしかったことがあると言う。それは海外メディアだった。彼女のところには、外国のメディアからの取材がいくつも来ていた。

「アメリカ、イギリス、イタリア、スウェーデンなど各国から、新聞、雑誌、テレビなど、数えきれないほど来た」

世界的なファッション誌『ＥＬＬＥ』のカメラマンが、スウェーデンで開く写真展に出展するための写真を撮影しにきたこともあったと言う。

「日本のメディアはいつも、渋谷にたまっている女の子たちの一人として、私を紹介した。私はそういう風に、既存の枠にはめられることがすごく嫌い。だけど、海外のメディアは違いました。既存の枠にはめることなく、私のファッションだけに焦点を当てて紹介してくれた。海外メディアで取り上げられることは、すごくうれしかった」

彼女は、元々、海外からの目を意識していたという。

「小さい頃から、家族で、世界中を旅行していて、そこで出会った、カラフルでポップなファッションが好きになりました。そういう中で、アメリカのバービー人形のようなファッションが、理想の一つになっていきました」

私は、彼女がしていたファッションの理由を、最初からしつこくたずねたが、彼女は「好きなファッションをしていたかっただけ」と答えるばかりだった。だが、最後になってこう言った。

「ただ一つ意識していたとすれば、これから日本はもっと国際化していくだろうということ。だから、バービーちゃんのような、海外の文化を取り入れたファッションをしていたと思います」

今でこそ、インスタグラムなどを通じて、日本の一般の女の子のストリートファッションが、海外の人から注目されることもあり、海外の人の目を意識して、インターネットに投稿する女の子たちもいる。しかし、そのような世界的なＳＮＳが普及する前からすでに、世界に挑戦していた女の子がいたのだ。そして、海外メディアの人も、わざわざ飛行機に乗って日本に取材に来るほど、彼女のことを評価していた。

日本のメディアと、海外のメディアでは、彼女の取り上げ方に、大きなギャップがあった。彼女の装いは、世界の人からは、ファッションとして評価されたが、日本人は、それに全く気づいていなかった。明治時代、日本人が万国博覧会に送る陶器の包み紙として使った浮世絵が、フランス人からは芸術作品として高く評価されたことに近いかもしれない。

「海外メディアの人が、どのように私のことを知ったのかはわからない」

と彼女は言うが、渋谷で有名だった彼女のことが海外の人にも知られていたということは、この頃の渋谷がリアル空間であるにもかかわらず、全国のみならず、世界ともバーチャルにつながっていたことの証だろう。

渋谷の衰退

しかし、渋谷は、

「二〇〇六～二〇〇七年くらいから、徐々に、その勢いが弱まっていった」

と、元『Ｒａｎｚｕｋｉ』編集長の加瀬さんは言う。

「渋谷で目立っている子が、影響力を持ち過ぎた。企業が目をつけ、女の子たちに広告を出稿するようになる。そして女の子たちにお金が入ってくるようになると、芸能事務所が目をつけるようになる。女の子たちの方も、自分でお金のマネージメントをするのは大変だから、事務所に入るようになる。そうすると、それまで渋谷で好き勝手をやっていた女の子たちが、特定のブランドの服しか着られないなどの制限を受けるようになり、好き勝手できなくなってしまったからではないか」

二〇〇三年から毎日渋谷にいたという由佳さんもやはり、二〇〇六年とか二〇〇七年くらいから状況が変わったと言う。由佳さんの下の年代にも、肌を真っ黒にしたり、髪を脱色したりするような外見の人はいたが、

「汚い格好をする人ばかりになってしまった。洋服も安いものばかり。面白い格好をすればよいと思う人が増えて、髪の毛に、毛糸をつけたり、人形をつけたり、妖怪みたいになってしまった」

その理由を、由佳さんは、こう分析する。

「インターネットのせい」

二〇〇六年頃はちょうど、携帯電話で投稿することのできる携帯ブログが女の子たちの間に普及していった時である。

「それまでは、きれいな化粧をして、高い洋服を着て、渋谷に毎日足を運んで、人づきあ

いを大事にすることで、良い人脈を作ることができて、メディアに取り上げられたり、仕事をすることができた。でもインターネットが出てきてからは、みんな、ただ面白い格好をして、写真だけ良くして、インターネット上で友達から『いいね』と言ってもらえばいいと、思うようになってしまった。全てが表面的になってしまった」

由佳さん自身も、二〇〇八年、携帯ブログを開設し、今もその記録が残っている。しかし、最初に八回投稿した以降、更新されていない。二〇〇八年一月の最後の投稿で彼女は「渋谷にすっかり人がいなくなってしまった」と書いている。

「渋谷で一番になることを目指していたけれど、渋谷に魅力がなくなってしまった。でも、日本に渋谷以上の街もない。海外に行くしかない」

由佳さんはそう言って、海外に拠点を移すことを目指し、今も勉強に励んでいる。

第三節　「盛り」の誕生

雑誌に記録された「盛り」

由佳さんやEさんが、雑誌というプロフェッショナルが作るメディアを使って、渋谷から海外へのアピールを考えていたのとちょうど同じ頃、渋谷には渋谷内の閉じた新たな高校生コミュニティも生まれ、女の子たちによるセルフパブリッシングのメディアで、新しい動きが起きていた。そして重要なのは、その中でこの本の主題である「盛り」という言葉が誕生したことだ。順を追って理解していくために、まずは雑誌の中で、「盛り」という言葉が使われるようになったのが、いつからなのかを見ていきたい。

私は国立国会図書館に行き、二〇〇〇年代を代表する、女の子たち向けのストリート系雑誌『egg』『Popteen』『Ranzuki』の三誌を、端から時代順に振り返って調べてみた。その結果、最初にその言葉が使われているのは、雑誌『Ranzuki』二〇〇三年十一月号（二〇〇三年九月二十三日発売）だった。

それはプリクラの特集記事で、渋谷の女の子たちのプリクラ写真が百枚掲載されている。そこに彼女たちのコメントが添えられ、その中に「カワイク盛って撮ろう」「盛りプリ」「盛れてねぇ」など、「盛り」の言葉が使われていた。

次に使われたのは、三か月後の『Ranzuki』二〇〇四年二月号。二〇〇三年のギャルの流行語の一つとして「盛る」という言葉が紹介され、その用法として「プリがキレイに撮れたら盛れてる〜」という文章が紹介された。ここまでは、プリクラに関してのみ、使われていた。

その翌月の『Ranzuki』二〇〇四年三月号では、初めて、プリクラ以外に関しても使われていた。携帯電話付属のカメラを使った顔の撮影、つまり自撮りの方法を紹介する特集で、そのタイトルに「ケータイフォト盛り撮講座」と「盛り」の言葉が使われている。「ケータイってどうやって撮れば、カワイク♡盛って撮れんの？？」というタイトルが掲げられ、プロのカメラマンが提案する方法は「盛り撮テク」と名付けられている。

その後、二〇〇四年四月号以降では、『Ranzuki』だけでなく、『egg』『Popteen』でも、プリクラや携帯電話付属カメラでの自撮りに関して、「盛り」という言葉がたびたび用いられるようになる。

また、『Ranzuki』の二〇〇四年五月号のヘアメイク特集では、メイクに関しても「盛り」という言葉が用いられていた。まもなく『egg』や『Popteen』でも、メイクやヘアに関しても「盛り」という言葉が用いられるようになる。

このように、私の雑誌調査の結果から、「盛り」の言葉は、二〇〇三年秋頃から用いられていることが考えられた。そこで気になったのが、「盛り」の言葉は、雑誌が最初に使ったものなのか、それ以前から女の子たちが使っていたものなのか、ということだった。

そこで、当時『Ranzuki』編集長だった加瀬さんにたずねた。

「定かではないけれど、『Ranzuki』では、女の子たちが使っている言葉を、できるだけそのまま、見出しや、本文に使って行こうという編集方針でやっていた。だから、『Ranzuki』で使う前から、女の子たちがすでに使っていた言葉なのではないかと思う。」

プリ帳に記録された「盛り」

私は、次にプリ帳調査を始めることにした。「プリ帳」とは、序章でも紹介したとおり、女の子たちがプリクラで撮影したシールを貼りためた手帳である。

私は、いろいろな女性に会う度に、プリ帳を作ったことがあるかを聞いているのだが、プリクラが誕生した直後に高校生だった一九七八年生まれの女性から、二〇〇七年に中学生だった一九九三年生まれまでの、十五年間にわたる年代の女性たちで、プリ帳を作った経験が一度もないという人には出会っていない。皆、高校生の間、または中学生から高校生の間だけ作っていたと言い、当時、常に持ち歩いていたと言う。ある世代の女の子にとってプリ帳は、誰もが作った当たり前のものである。

ところが、それを作ったことのない前後の世代にとっては、全くなじみのないものである。プリ帳になじみのない方には、私が「盛り」という言葉の出所を調べるために、ストリート系雑誌の次にプリ帳に着目した理由がまだわからないだろう。

プリ帳は、プリクラで作った顔写真が並んでいるだけのものではない。そこには顔写真のみならず、たくさんの文字が記録されているのだ。文字が書かれている場所は大きく三つある。

一つ目は、プリクラ写真の中に書き込まれている文字。プリクラでは、誕生当初、写真に合成できるのは、それぞれの機械にあらかじめ入っている「フレーム」と呼ばれるイラストや写真だけだったが、一九九八年アトラスが発売した「スーパープリクラ21らくがきKIT」には、専用のペンツールを使って、ユーザが自由に文字やイラストを描けるらくがき機能が入り、以降、標準となる。そこに、女の子たちは、自分たちの名前やその日の出来事、心境など、様々なことを文字で書き込むようになった。

二つ目は、プリ帳のプリクラ写真を貼っていない隙間にサインペンなどで書き込まれた文字。プリクラ誕生直後は、プリクラのシールの形は一定だったので、シールをプリ帳に敷き詰めて貼る女の子が多かった。しかし、多くの企業が参入すると、シールの形が多様化し、プリ帳に隙間ができて、そこに文字を書き込むことが増えていった。プリ帳の形式は多様化し、あえてシールを貼らない面積を大きく取って、日記帳を兼ねる人などもいて、そのような文字量の多いプリ帳もある。

三つ目は、プリ帳にはさまれた友人からもらった手紙や、仲間たちからの寄せ書きなど。様々な友達との思い出がそこに書き込まれている。

プリ帳は、特定の時代を生きた、女子中高生の文化を知る貴重な資料である。そこには、出版物には記録されていないような情報が、たくさん詰まっている。そのため、私の研究では、プリ帳を重要な研究資料として扱っている。

そういうわけで、私は、「盛り」の言葉の出所を調べるため、二〇〇三年頃に女子中高生だった人のプリ帳の調査を始めた。できるだけ偏らない地域に住んでいた十名のプリ帳を見せてもらったところ、「盛り」という言葉の最も古い記録は、亜希さんという女性のプリ帳の中にあった。ページをめくっていくと、「盛り」という文字が書き込まれたプリクラ写真が、三枚も貼られたページが出てきたのだ。いずれも、二〇〇三年八月に撮影したものと考えられた。

雑誌調査で見つけた最も古い記録は二〇〇三年九月発売のものだったので、プロフェッショナルが作るメディアの上で使われる前に、女の子たちが手作りするメディアの上で使われていたことがわかる。やはり、雑誌で使われる前から、女の子たちの中で使われていた言葉であると考えられた。

なぜこの頃、女の子たちの間で「盛り」という言葉が誕生したのだろうか?

憧れと校則の間

亜希さんは、現在、プリクラメーカで商品企画をする女性である。いつも長い髪をゆるくきれいに巻き、細身の体に、高いヒールの靴を履いているのが印象的だ。私が彼女の会社を訪ねると、その日も高いヒールで迎えてくれて、A5サイズの大きく膨れ上がったプリ帳を四つ、机の上にどんどんと並べてくれた。

「これ、当時の私の三種の神器のひとつです。財布、携帯電話、プリ帳。大きな地震があっても、これだけは持って逃げようと、いつも近くに置いていました」

いずれも表紙は色褪《あ》せ、角はまるくなっており、いかにも使い古されている。今回持ってきてもらったのは、高校生時代の四冊。家には中学生時代のものもあると言う。

一冊目を開くと、一ページ目にあったのは、高校一年生の夏休みが始まったばかりのプリクラ写真のようだった。今よりもずっと、肌の色が黒く、髪の色が明るい。

「渋谷にいた、肌がすごく黒くて、髪は金髪で、アイメイクばっちりで、アルバローザを着ていた人たちに憧れていました。学校が渋谷にあったので、中学生の頃からずっと見ていた。日本で一番イケてる人たちだと思っていました」

亜希さんが通っていたのは、渋谷にある私立の中高一貫教育の女子校。二〇〇二年に高校に進学した彼女は、それ以前の中学生の頃から渋谷を見ていた。そこにいた、肌を黒く、髪を金髪にしていた人たちとは、二〇〇〇年代を代表するストリート系雑誌の『egg』『Ranzuki』『Popteen』が取り上げていたような女の子たちのことだろう。亜希さんも、中学三年生から『egg』を読んでいたと言い、そこで取り上げられるような女の子たちに憧れて、彼女も肌の色を黒く、髪の色を明るくしていたわけだ。

「そのファッションが好きというよりは、日本の中で一番イケてるところに属したいという気持ちが強かった」

しかし彼女のプリ帳をめくっていくと、髪の色が黒いプリクラ写真も現れた。

「長い休みの間だけ、髪を明るく染めていたんです。終業式の直後にすぐに染めに行って、始業式の前日にまた黒く染めなおしました」

確かに、一ページ目を改めてよく見てみると、最初のプリクラ写真に「今日は終業式」

という文字が書き込まれていた。校則で髪の色を変えることが禁じられていたのだ。終業式直後に髪を染め、その後のプリクラは夏休み中であったから明るい色の髪だったが、夏休みが終わったのでまた黒い髪になったのだ。しかし、黒い髪の時も、顔は濃いお化粧をしていた。

「学校にはお化粧をして行ってよかったの?」

「だめです。毎日、学校の帰りに、駅のデパートのトイレなどで、アイラインをひいて、つけまつげをつけて、お化粧をして、それで渋谷の街に行きました」

亜希さんが通っていた学校も渋谷にあったので、先生に見つかってしまう危険はなかったのか。

「制服から私服に着替えて、学校のバッグも別の大きなバッグの中に入れて隠しました」

亜希さんは、学期中の顔から休暇中の顔へ、授業中の顔から放課後の顔へと、変身を繰り返していた(図1-7)。そうやって校則を守りながら、憧れの装いを追求していたのだ。

亜希さんが「日本で一番イケてる人たち」と憧れていたのは、通信制高校の学生など、校則に縛られていない自由な女の子たちだった。だから、常に肌を黒く、髪を金髪に、不可逆に装うことができた。しかしそれを近くで目にしていた、東京の私立の女子校に通う女の子たちの多くは、校則が厳しく、雑誌の誌面に登場することが禁じられ、さらに、身

図1-7
2000年代前半に渋谷にいた、
校則が厳しい高校生たちのビジュアルの変化

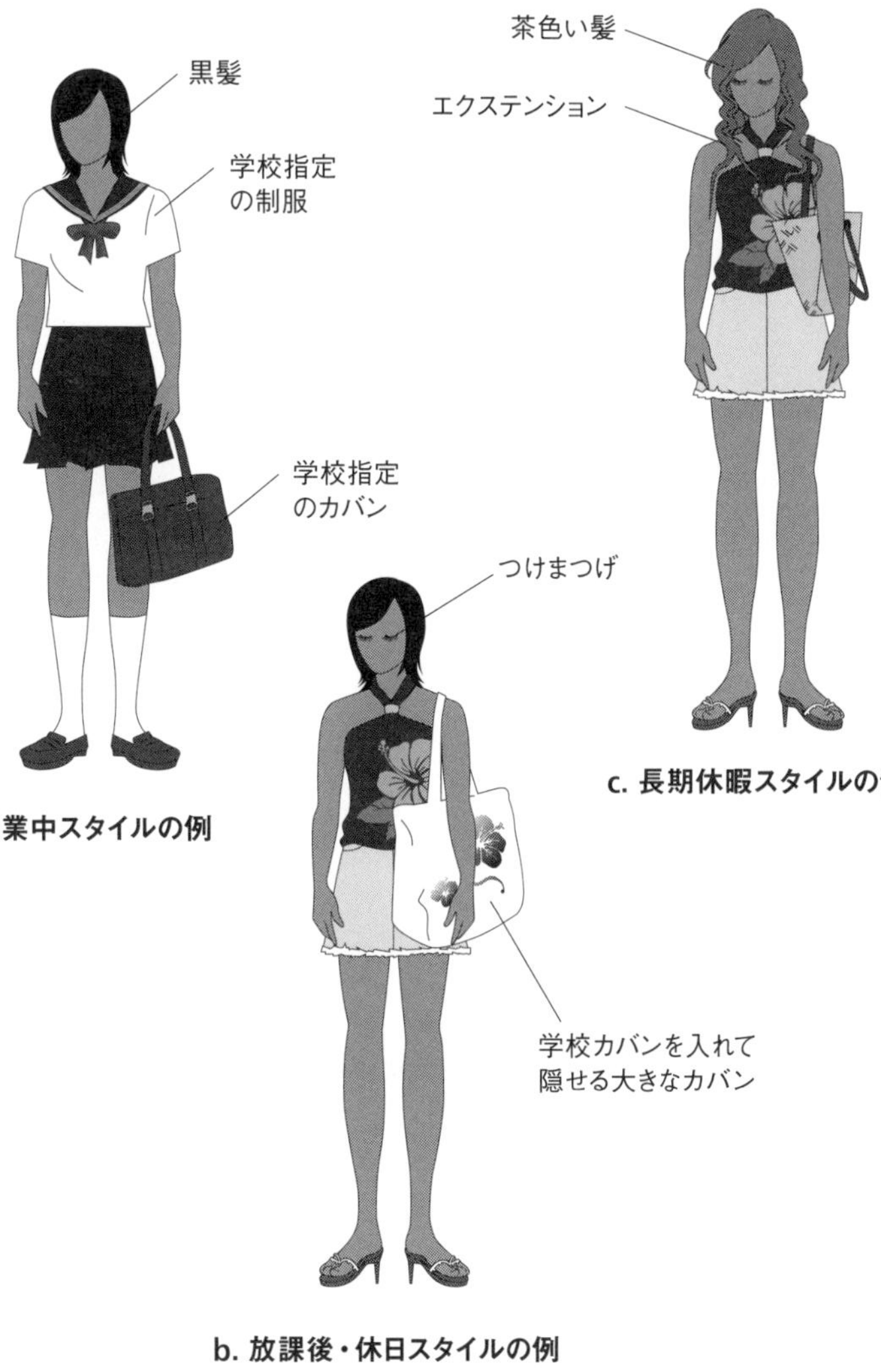

a. 授業中スタイルの例

b. 放課後・休日スタイルの例

c. 長期休暇スタイルの例

なりに関しても制限があった。そのため、渋谷に行く時には、できるだけ肌を黒く、できるだけ髪を金に近づけるが、高校に行く時には元の姿に戻る必要があった。可逆な装いしかできなかった。

このように、憧れと校則の間に立たされていた女の子が多くいた。私がインタビューした女性の友人には、身なりに関する校則に耐え切れず、小学校から通っていた名門の私立女子高校を退学してしまったという女の子もいた。亜希さんにも、学校を辞めたくなったりはしなかったのかと聞くと、

「それはない。校則は仕方ないこと。同じ境遇の人もたくさんいたので」

と意外にも、さっぱりした答えが返ってきた。どうやら彼女には、同じ境遇の仲間がいたようだ。

組織化されたグループ

「高校一年生になってすぐサークルに入りました。バイト先で一緒だった青山学院高等部の子に誘われたんです。新しいサークルを作るから、入らないかって」

「サークル？」

わたしは初めて聞くその名前が気になった。

「サークルに入ると、何をするの？」

「毎週、決められた曜日の放課後に、ミーティングをしました。私のサークルは、渋谷のセンター街のファッキンに集まっていました」

「ファッキン」とは、ファーストフード店のファーストキッチンのことで、渋谷センター街にあったファーストキッチンは、多くのサークルがミーティングに使っていた場所だった。

「ミーティングで、何を話すの?」

「基本的には、イベントの計画です」

亜希さんが高校一年生になった二〇〇二年頃、渋谷を中心に、高校の枠を超えた女の子たちが集まる「サークル」と呼ばれるグループがいくつもできていた。

高校生たちのサークルとは何かについては、荒井悠介氏の著書『ギャルとギャル男の文化人類学』で詳細に解説されている。

源流にあるのは、一九八〇年代に六本木などのディスコを拠点に、東京都心の私立大学の学生が学校の枠を超えて集まって形成された「インカレ(インターカレッジ)」サークルということだ。インカレサークルは次第に、ディスコでパーティやイベントを開催するようになったと言う(注41)。

こうした大学生の影響を受け、一九八〇年代終わり頃から、東京の私立大学附属高校に通う高校生たちによって形成された、イベントを主催するグループが「チーム」である。前述したとおり、一九九〇年代に入ると暴力事件が増えたことなどから衰退していった(注41)。

そうした流れに反発するように、一九九三年頃から渋谷に発生したのが、この章の冒頭で紹介した渋谷の有名人高校生グループである。このコミュニティは、大学生やチーマーなどとうまくやりつつも距離を置き、組織的ではなく「友達の友達は友達」というような自由さを大切にしたが、ストリート系雑誌の介入により、コミュニティ内だけで守られていた規範が崩れ、衰退していった。

それと入れ替わるように、再び、大学生の影響を受けた、高校生たちのグループが生まれたのがサークルである。その頃、大学生の間で、かつてのインカレサークルの流れを受けつつも、繁華街を拠点に、ディスコでなくクラブでパーティやイベントを開催する「イベサー」(注42)が増えていた。その影響を受けて、高校生の間でも、イベントを開催する組織的なグループが、メディアの影響で全国が注目する場所となった渋谷を中心に、増えていったのである。

荒井氏によれば、高校生サークルの元祖は、一九九七年に初めてのパーティを開催した「ランゲージ」というサークルだと言う。ランゲージの開始のスローガンは「不良はもう古い。地元や学校に縛られず、ヤンキーでもチーマーでもない高校生のパーティをしよう」というもので、かつてのチームとは意識的に区別されていた。以降、ランゲージを真似した高校生サークルが、増加していったということだ（注41）。

ただし当初は、サークルを構成しているのは、男の子たち中心だったと考えられる。しかし、東京の高校生のカルチャーを取り上げていた『東京ストリートニュース！』が、一九九九年五月号で初めて高校生サークルについて触れた時には、「最近、有名私立の目立っている女のコの間で高校生『イベント系サークル』に入ってる子が増えてきた」（注43）とある。そして同年七月号で「高校生サークル時代　緊急特集」を組み、ランゲージを始め、いくつかの高校生サークルを紹介している。そこに掲載されたサークルの集合写真を見ると男女混合であることが多いように見える。

荒井氏の著書によれば、大学生のイベサー（注42）によるイベントの常連客であった女の子たちが、自らパーティを主催するようになり、既存のサークルの傘下にありながら形として独立したのが、女の子だけのサークルの始まりだと言う（注41）。その後、男の子中心のサークルの傘下ではない、完全に独立した女の子サークルも登場し、女子高校生だけのサークルも増えていった。

このようなサークルは、どのようにイベントを開催していたのだろう。

荒井氏の著書によれば、イベント開催のために必要な会場費やその他経費は、サークルメンバーが負担していた。一回あたりの負担額は一人平均二万円から五万円。サークルメンバーはそれを参加費という形で納め、その代わりにイベントのチケットを受け取った。チケット代は一律千円だったということだ。

イベントの収入に関しては他に、企業から協賛金を得ることもあった。逆に、支出は高校生が会場を借りることはできないため、各サークルには会場との交渉や、その他のトラブル解決を担当する大人がついており、その人に支払う手数料もあったということだ。

各サークルには役職があり、一〜二名の代表と副代表が、現役メンバーによる選挙や、先輩の話し合いで決められた。サークルの運営のほとんどが、代表や副代表によって行われていたが、イベント開催の費用を集めるためにできるだけ多くのメンバーが必要だった。退会を表明しても、次に控えるイベントまでは参加費を払うことになっていたと言う（注41）。

このように高校生サークルはイベントを開催するために、入会や退会が管理された、会社とも似たような、組織のあるグループである必要があったのだ。

組織的なグループが増えた背景には、一九九九年に誕生した携帯電話によるインターネット接続サービス「i《アイ》モード」の影響もあると考える。それまで高校生が保持していたポケベル、ＰＨＳ、初期の携帯電話は一対一の通信しかできなかったが、ｉモードには、「フレンドメール12」という、あらかじめ設定した十二名までのグループメンバーに一斉にメールを送れる機能がついたからだ。つまり、組織のリーダーは、部下たちに一斉に指示を出し、コントロールすることができるようになったのだ。

高校生「サークル」コミュニティ

亜希さんも、高校二年生になると、サークルで副代表を務めていたというので、イベントの準備に、どれだけ忙しかったのだろうか。毎日、渋谷に通っていたと言うのは、毎日、サークルのメンバーと一緒に、イベントの準備をしていたからだろうか。

「いえ、サークルの用事がなくても、渋谷に行っていました」

彼女だけでなく、当時サークルに所属していた女の子に話を聞くと、皆、ほぼ毎日、渋谷、中でもセンター街に行っていたと言う。

「センター街に行けば、誰かしら知り合いがいたので」

いずれかのサークルに所属する高校生が、皆、毎日、渋谷のセンター街に集まり、顔見知りになっていった。つまり、当時、渋谷のセンター街を拠点に、いずれかのサークルに所属する高校生がつながる、一つの大きなコミュニティが形成されていた。この、サークルコミュニティに属する人のことを、内部にいた人たちは「サー人」と呼んでいる。

「そこには、ストリート系雑誌に載っているような、髪を金髪にしている女の子たちもいたの？」

「いえ、多かったのは、東京の有名な私立高校に通う人たちで、校則が厳しくて、髪を金髪にできないし、雑誌に載ることが禁止されている人たちです」

彼女が「同じ境遇の人がたくさんいた」と言ったのは、このことだったのだ。

「学校のお友達も、一緒にサークルに入っていたの？」

「同じサークルにはいなくて、他のサークルにいました。けれども、サークルは、学校とは別の世界です」

彼女が放課後に向かった先は、学校のつながりとは切り離されているが、彼女が「日本で一番イケてる人たち」と言ったストリート系雑誌に載っているような女の子たちがいるところとも違う、サークルコミュニティだった。

「あの頃は、インターネット上でのつながりなどもないから、色々な人と会うには足を運ぶしかなかった」

彼女は、学校の枠を超えたつながりを求めて、渋谷に通っていた。

学校の枠を超えたつながりを求め、渋谷に集まった高校生コミュニティと言えば、一九九四年頃の有名人高校生グループを思い出す。しかもそのコミュニティにいたのが、東京の有名な私立高校に通う生徒たちだという点も重なる。しかし、かつての「有名人高校生グループ」の女の子たちは、周囲の女の子たちから憧れられる側であったのに対し、この頃のサークルコミュニティの女の子たちは、ストリート系雑誌に取り上げられるような女の子たちを憧れる側にあったという点は異なる。

「プリ帳」というバーチャル空間

亜希さんの、大きく膨れ上がった四冊のプリ帳の中身の多くを占めていたのが、渋谷でつながる高校生サークルコミュニティの女の子たちとのプリクラ写真だった。

「プリクラは、ほとんど毎日、撮っていました。誰かに会うと、まずはプリクラを撮ろうという話になって、メッカに行きました」

「メッカ」というのは、かつてセンター街にあった、プリクラのみを設置するゲームセンター「プリクラのメッカ」のことである。「毎日、撮っていた」と言うほど、プリクラが彼女たちを魅了したのはなぜだろう。

「知らない人と一緒に撮ることもよくありました。例えば、私が友達といて、その子の友達が別の友達といたりすると、合流して四人で撮ろうということになる。そうやって、友達がどんどんと増えていきました」

彼女のプリ帳には、「初プリ」と書き込まれたプリクラ写真がいくつもあった。それは、その友人と初めて一緒に撮影したプリクラ写真であることを示している。プリクラを一緒に撮ることが友達になることを示していたようだ。プリクラが彼女たちを魅了した理由の一つはそこにあるだろう。

そうして撮影した写真を、プリクラは一度に複数枚出力したことが重要である。これは、女の子たちを取り囲む印刷メディアの歴史において、重要な革新である。

例えば、サークルの女の子たちが載ることのできなかったストリート系雑誌など雑誌の制作は、大手出版社が編集を行い、印刷工場で大量の印刷物を作り全国に向けて発刊する。かつては活版印刷機や写植機といった大型機械を用い、写真の現像は暗室で行われるなど、一冊の雑誌を作るために、大きな設備と専門知識を持った職人を要していたが、デジタルテクノロジーの進歩により、今では、印刷プロセスはデジタル化されて、机の上に置けるサイズにまで縮小している。いわゆるＤＴＰ（デスクトップ・パブリッシング）である。

プリクラもＤＴＰを応用している。カメラとコンピュータと印刷機が一体化し、街なかに設置された小型印刷工場といえる。女の子たちはこぞってこの工場へ行き、自分で操作して、プリクラシールという複数枚の印刷物を作り、友人との交換により、複数の人の手へと渡した。さらに多くの人に配るために、コンビニエンスストアのコピー機でカラーコピーして増刷する女の子も多くいた。プリクラシールはセルフパブリッシングのマイクロマガジンのようなものである。それもまたプリクラが彼女たちを魅了した理由の一つだろう。

さらに彼女たちは、そうして手に入れたプリクラシールをコラージュしたプリ帳を作成した。

「プリ帳は毎日持ち歩いて、友達と見せ合っていました」

プリ帳には、自身が友達と写したプリクラ写真、さらに交換して手に入れた友達の友達のプリクラ写真も貼られた。プリ帳は、所属するコミュニティのビジュアル化をしたものである。

彼女たちは、プリ帳に用いる手帳やノートには、できるだけシンプルなものを好んだ。私が見せてもらった範囲では、過半数の人が無印良品の商品を利用していた。そして表紙に、好きなファッションブランドのロゴシールなどを貼っていた。

そして、コラージュの仕方に特徴があった。

プリクラ誕生直後より、プリクラシールを隙間なく敷き詰めて貼る手法が広がった。最初のプリクラ「プリント倶楽部」しかなかった頃は、シールのサイズが一定だったので、隙間なく敷き詰めることは簡単だったが、多くの企業が参入し、商品が多様化する中で、サイズや形状も多様化し、敷き詰めることが難しくなった。それでも当初、多くの女の子たちは、まるでパズルのピースを埋めるように、それを目指した。

それはストリート系雑誌のデザインの影響もある。『東京ストリートニュース！』の例を前述したが、ストリート系雑誌の作り方は、それまでのファッション誌の作り方と大きく違い、一般の女の子たちが簡単に真似できそうなデザインが取り入れられた。とくに『egg』の目次を示すページは、長い間、渋谷の女の子たちのスナップ写真を隙間なく敷き詰めたコラージュでできていた。そのような写真を隙間なく敷き詰めるコラージュというのは、誰でも簡単に、見た目の完成度を得られる方法なのだ。

二〇〇〇年代後半からは、プリクラシールだけでなく、通常のカメラで撮影した写真や雑誌などから切り抜いた好きな写真なども組み合わせ、もっと複雑なコラージュをするようになった。あえて隙間を作り、カラーサインペンで日記や詩を書き込んだりするようにもなった。

女の子にインターネットが普及する二〇〇〇年代末からは、こうしたコミュニティのビジュアル化のコラージュは、プリ帳からブログや、インスタグラムなどのデジタルメディアに引き継がれ、グラフィクスが洗練されていく。

しかし亜希さんが高校生だった二〇〇〇年代前半はまだ、デジタルメディアでなく、紙メディアだった。

「プリ帳を、派手な女の子のプリクラで埋め尽くすことがステイタスでした」

そう言うとおり、彼女のプリ帳をめくり進めていくと、どんどんと誌面が派手になっていっていた。よく見ると、その理由には、長期休暇中で髪を染めている時のプリクラ写真を増やしていることや、校則が厳しくない学校に通っている髪を染めた友達のプリクラ写真を増やしていることもあるが、もう一つの理由があると考えられた。それはプリクラの効果である。黒髪の彼女も、プリクラ写真の上でどんどんと派手になっているように見えた。校則と憧れの間に揺れる彼女が、プリ帳を「三種の神器」と呼ぶほど、大事にしていたわけがわかってきた。

女の子たちのセルフパブリッシング

亜希さんのプリ帳をめくっていくと、彼女一人で撮影したプリクラ写真が、いくつも出てきた。それはプリクラの歴史において珍しいもので、プリクラを一人で撮影することは「ピンプリ」と呼ばれ、多くの女の子たちはその行動を「ナルシストっぽい」と言って、恥ずかしがってきた。それなのに、それがいくつもあるということは、特別な理由があるに違いないと思った。

「イベントのパンフに載せるプロフィール写真です。パンフのプロフィール写真はいつもプリクラで撮っていました」

亜希さんは、当時のイベントのパンフレットだというものも、いくつか見せてくれた。サークルのイベントには、一つのサークルが主催する単独イベントと、複数のサークルで主催する合同イベントの二種類がある。いずれも、客に配布するためのパンフレットを制作する。制作は、印刷担当の人が中心になって行い、各種素材を集めて、デザインや構成を決めて、印刷業者に入稿した。

このように、高校生たちが簡単にパンフレットを作成できるようになった背景にも、当時のDTP技術の進歩がある。DTPソフトを使うことにより、素人でも誌面の編集ができるようになり、さらに写植作業や印刷の色の確認などが画面上でできるようになったことで、印刷業者も以前よりはるかに安く小ロットの印刷物を作れるようになっていた。

イベントパンフレットでは、関わるサークルのメンバーの顔写真を掲載する。イベントごとに統括や副統括などの役職が決まり、幹部の人の顔写真だけは写真館で撮影したものを使うが、それ以外の人の顔写真はプリクラ写真を使うことが慣習だったと亜希さんは言う。彼女のプリ帳にあったピンプリは、そのためのものだった。

とくに合同イベントのパンフレットでは、各サークルは支払い金額に応じて一〜二ページが割り当てられ、そこにメンバーのプリクラ写真を並べた。合同イベントは、大規模なクラブを貸し切って行われることが多く、そこに集まる全ての人の目に触れることになるものだ。プリクラの撮影にも力が注がれた。

「パンフではサークルみんなで目立つことが大事。お金があればたくさんのページを占めれば良いのですが、私たちはお金もないから少ないページで目立つために、プリクラ写真に統一感を出すことを目指しました。何色の洋服を着て、何色の背景で、みんなでひまわりの花を持とうなどとあらかじめ決めて、プリクラ撮る前にみんなでお花屋さんに買いに行ったりもしました」

そしてプリクラのあるゲームセンターに到着しても、まだ準備が続いた。

「一人一人プリクラを撮っている間、残りの人は、後ろで、化粧をしたり、よく写る角度を探したり、必死に準備していました」

「実際よりも、よく写ろうとしていたの?」

「もちろん」


リアル空間では校則に縛られイケてるビジュアルができなかった女の子たちも、バーチャル空間では自由である。この頃、彼女たちはセルフパブリッシングでプリ帳やパンフレットのようなバーチャル空間を作り、プリクラで、可逆的に、イケてるビジュアルを作るようになった。プリクラが彼女たちを魅了した理由の一つがそこにもある。具体的にどのように、イケてるビジュアルを作っていたのだろう。

プリクラの画像処理技術

亜希さんは、プリ帳をさらにめくって、あるイベントのパンフレット用に撮影したというピンプリを指差した。二〇〇三年八月に撮影したものだ。

「プリクラだとこういう顔ですけれど」

とまで言って、今度はプリ帳を後ろの方までめくり、そこに挟まっていた、使い捨てカメラで撮った写真を指差して、

「元の顔はこんな感じなんですよ」

と続けた。この使い捨てカメラで撮影した写真は、イベント用に撮影したプリクラ写真と、同じ日に撮影したものなのだと言う。

「実際に見るとおかしいくらいの濃い化粧ですよね」

そこにあったのは、目の際を真っ黒の線で囲み、その周りの目頭と下まぶたのところが真っ白に塗られ、鼻筋にも真っ白の線がひかれた化粧。確かに、白く塗った部分の境界線がはっきりしているところに、違和感があった。

「でも、プリクラだと色が飛ぶのでちょうどいいんです」

確かに、使い捨てカメラの写真ではっきりしている境界線が、プリクラの上ではぼけて、違和感がなくなっている（図1－8）。

「プリクラはコントラストを高くしてくれるから、ここに白を入れると映えるんですよ」

図1-8
校則が厳しい高校生たちの、空間を超えたビジュアルの変化

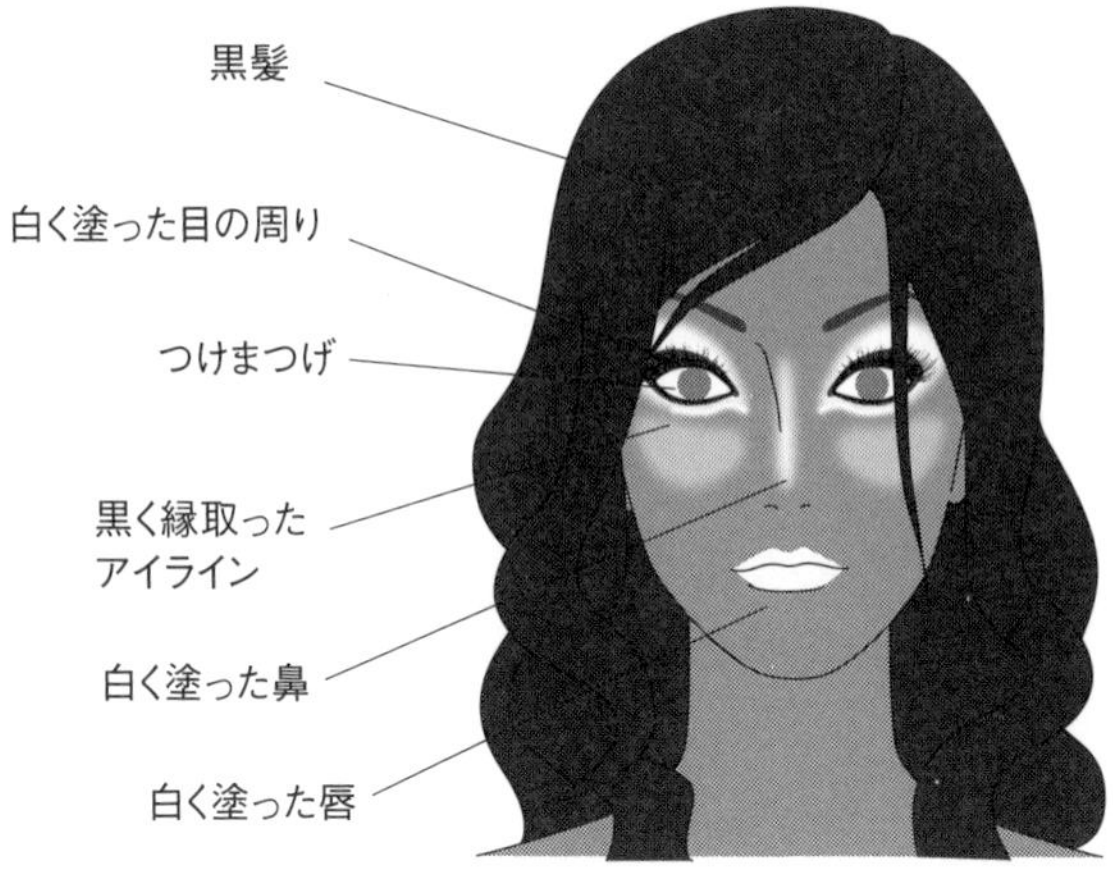

a. リアル空間での化粧顔

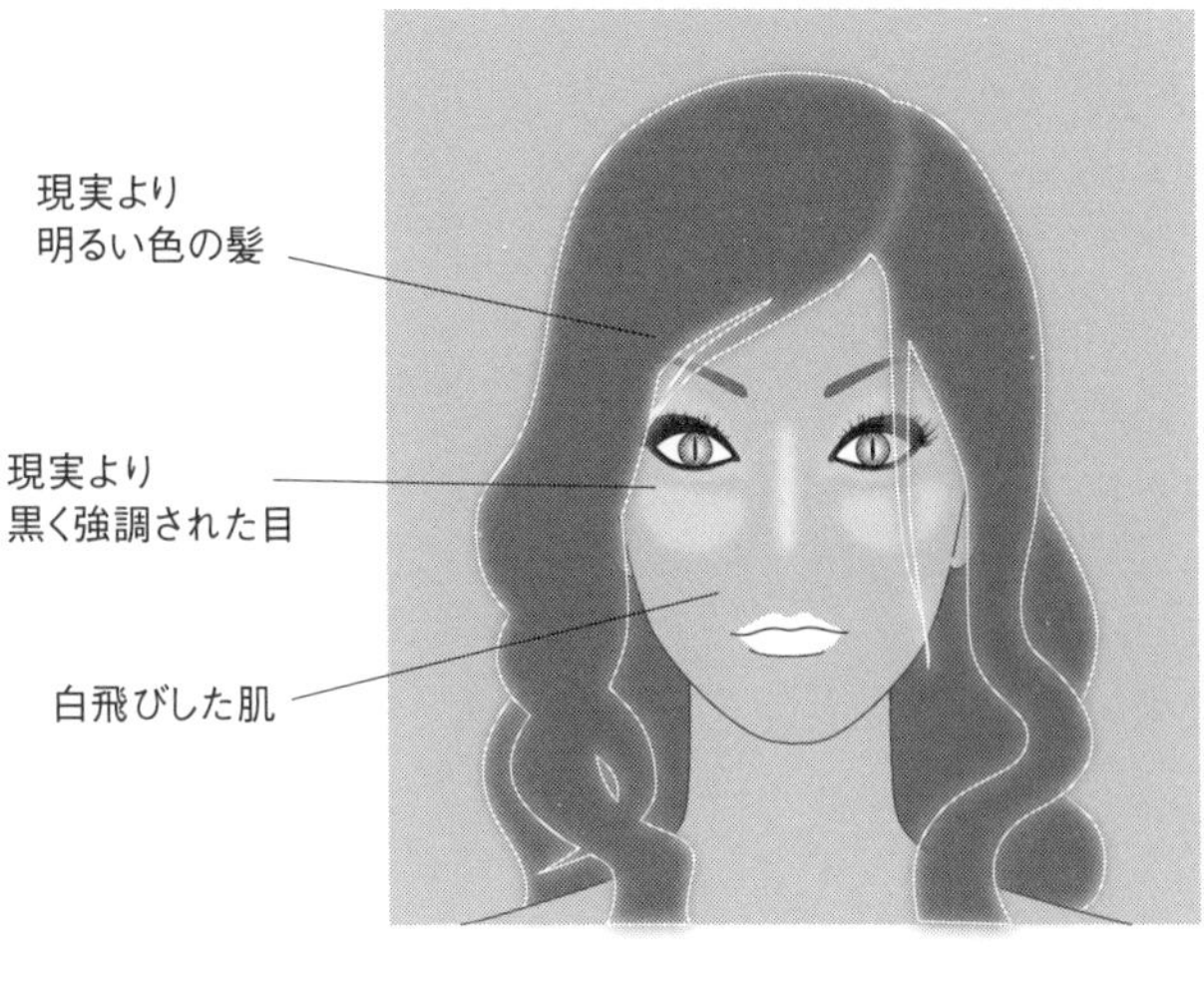

b. バーチャル空間でのプリクラ顔

彼女が「映える」と言った理由は、二つあると思った。

一つは、白い色を入れていた、目頭、下まぶた、鼻筋というのは、顔の中でも高い位置にある部分であり、そこを白く塗ることで、顔の立体感が強調される。プリクラがコントラストを高めることで、立体感がさらに強調されている。

二つ目は、黒く塗った目の際の周りを白く塗ることで、目の輪郭が強調される。プリクラがコントラストを高めることで、目の輪郭がさらに強調されている。

彼女はプリクラで撮影して「映える」ために、実際に見るとおかしいくらいの濃い化粧をしていた。リアル空間上のビジュアルよりも、バーチャル空間上のビジュアルを優先したのである。


このように彼女たちが、プリクラの上で、実際よりも派手になれるようになったのは、プリクラの画像処理技術による。

一九九五年にアトラスが生産した、プリント倶楽部の処理にはアーケードゲーム基板が用いられ、すでに全体の色具合を調整したり、画像の横幅を縮めるなどの工夫がされていた。

しかし、見た目には、カメラが撮影した写真をほぼそのまま印刷する機械だった。プリクラの画像処理の歴史において、この頃を、私は「ベタ撮り期」と呼んでいる。

その後、プリント倶楽部の成功を受けて、多くの企業がそれと似たようなアミューズメントマシンを生産する中に、デジタル画像処理機能を持つプリクラが現れた。その試みは、いくつかあったと考えられるが、代表的なものに、一九九八年にオムロンが生産した「アートマジック」がある。

アートマジックでは、肌の部分を検出して白く補正したり、髪の部分を検出してそこだけ色を変えたりできるようになった。ただし、当時オムロンでプリクラの開発に携わっていた稲毛勝行さん（現・フリュー）によれば、

「明示的に美しさを求めてそれらの機能を使用していたというよりも、様々なフィルタ処理を、目新しい演出、変わった加工として訴求していたに留まりました」

と言う。しかしオムロンがアートマジックのために開発した顔のデジタル画像処理技術は、その後の日本で様々なメーカが開発するプリクラや携帯電話やスマートフォンの顔のデジタル画像処理技術の元になっている。日本が他国よりも自撮りや「盛り」の技術で先行したのは、アートマジックの存在が大きく影響していると私は考えている。

翌一九九九年にオムロンが生産した「ハイキーショット」は、肌を白く美しく見せるために、デジタル画像処理が用いられた。そのきっかけになったのは、『プリント倶楽部』の成功を受け、当時ゲームセンターに設置されていた、プリクラを簡易的にしたような機械「ミラプリ」である。ミラプリは、プリクラとは違い、白熱球の光源のつまみやＣＤ

カメラがユーザの手に届くところにあって、ユーザが自由に光量を調節したり、カメラを好きな位置に移動することができたと言われている。

「女の子たちがミラプリを使って、斜め上から白飛びぎみに撮影していた。当時の企画担当者がその様子を見て、ニーズをくみ取った」

と稲毛さんは言う。

女の子たちによる、装置のハッキングとも言えそうな行動が、技術の進化を促した。この頃より、どのプリクラメーカのプリクラのデジタル画像処理にも、肌や髪の色をきれいにする機能が入るようになる。私はこの時期を、プリクラの画像処理の歴史における「美肌・ツヤ髪期」と呼んでいる。

この頃は、様々なデジタル機器の性能が著しく発展していった時期である。プリクラを構成するカメラ、プリンタ、パソコンの性能も著しく発展していった。各メーカは競って最新機器を導入し、それを活かした光学処理、デジタル処理を開発し、画像処理技術の発展に努めた。

その中で突出したのが、日立ソフトウエアエンジニアリング（現・日立ソリュージョンズ）が二〇〇一年から生産を始めた、「美写シリーズ」と呼ばれるプリクラ機のシリーズである。その大きな特徴は、照明にプロ用のストロボを導入したことであった。ストロボの強い光により、明るく、コントラストを高められるようになった。亜希さんが、それに合わせた化粧をすることにより、プリクラ写真の上で、実際よりも、顔を立体的に、目をはっきりとできるようになったのは、このストロボの効果が大きく貢献していた。

「盛り」の誕生

化粧とストロボの効果を用いて、プリクラ写真の上で実際よりも派手になる行動を、亜希さんはその頃すでに「盛る」と呼んでいたと言う。

「『盛る』という言葉を使い始めたのは、渋谷にいたサークルの子たちだと思う」

と亜希さんはとても重要なことを言った。

「盛る」という言葉は、渋谷のサークルコミュニティの中で生まれたようだ。だとすれば、サークルの源流を探っていけば、「盛り」という言葉の源流がわかるのではないか？

私は「盛り」の源流を探るため、渋谷の高校生サークルコミュニティの中で、とくに影響力があった人などはいなかったかと聞いてみた。

「特定の誰というよりは、サークル単位でした。Angeleek《アンジェリーク》というサークルが一番有名で、影響力がありました。みんなが派手でした」

と言った。

「あとは、サークルの代表を務めていたり、イベントで統括を務めたりする人は、尊敬されていました。頭のいい人でないと、そういう役職には選ばれなかったので」

これらの情報を頼りに、私は、「盛り」の源流を知っていそうなキーパーソンをインターネットで探した。その中で浮かび上がってきた女性、古田奈々恵さんにＳＮＳを介して直接取材依頼をしてみたところ、快く受けてくださった。

奈々恵さんは、当時渋谷にあった女の子だけのサークルの中で、最も有名で、最も影響力のあったＡｎｇｅｌｅｅｋで、代表を務めていた女性である。今は大手エンタテインメント企業で活躍している。約束の場所を訪ねると、そこですでに待ってくれていた女性が彼女だと、すぐにわかった。今も、小麦色の肌に、明るい色の髪で、インターネットで見ていたままの華やかさである。

「中学生の頃、ストニュー（『東京ストリートニュース！』）の影響を受けて、私も渋谷の女子高生になろうと決めて、ストニューによく載っていた青学を受験しました。」

「青学」とは、青山学院高等部のことである。『東京ストリートニュース！』の誌面に載る女子高生は、東京の私立高校の中では校則がゆるく自由な大学附属校の生徒が多かったことを前に述べたが、中でも多かったのが青山学院高等部である。一九九八年、奈々恵さんも青山学院高等部に入学した。

その後は計画どおり、毎日、渋谷の繁華街に通っていたと言う。青山学院高等部は、身なりに関する校則もゆるかったので、彼女は髪を茶色くし、肌を黒く焼き、学校にも化粧をしていっていたと言う。彼女は、高校生の頃はまだサークルには所属していなかった。

彼女がのちに所属するAngeleekは、すでにあった男の子だけのサークルの女の子版として、二〇〇一年にできたものということだ。それまでの女の子のサークルは基本的に、男の子のサークルの傘下にあったが、Angeleekはそうでなく、男の子のサークルからは独立していたのが特徴だった。最初は女子大学生だけのサークルだった。二〇〇一年、彼女は大学に進学してから、同年にできたばかりのそのサークルに入った。そして二〇〇二年九月、弐代目の代表になった。

その二〇〇二年九月Angeleek初めての単独イベントが行われることになった。できたばかりのサークルで、手探りの要素も多かったようだ。

「イベントの進行台本とかタイムテーブルとか、一から作っていました。ネットカフェにこもって、ずっとエクセルに向かっていました」

そして初めてのイベントパンフレットの制作を、奈々恵さんが担当し、デザインや構成を一から考えた。

「サークルがイベントパンフレットを制作すること自体はそれまでにもありましたが、それまでは白黒で、カラーになったのはこの頃からだと思います」

その現物を見せてもらうことができた。パンフレットというよりも、雑誌のような印象だ。裏表紙を見ると、奈々恵さんの名前も編集長として書かれているので、もともとそういう意識があったのだろう。写真の並べ方は、ストリート系雑誌とも似ていた。ストリート系雑誌で、渋谷で目立っている女の子たちの写真が並んでいるように、サークルメンバーの女の子たちの写真が並んでいた。

「印刷会社のおじさんと仲良くなって、破格で請けてもらいました。最後は、おじさんの家に通い詰めて、手伝ってもらいながら仕上げました」

ＤＴＰにより可能になった、女の子たちによる自費出版のストリート系雑誌のようでもある。

この奈々恵さんが手がけたイベントパンフレットも、メンバーのプロフィール写真には、やはり、プリクラ写真が使われていた。そしてなんとその全てのプリクラ写真の横に、「モリプリ」という文字が添えられていた。

「これ、奈々恵さんが書いたのですか？」

「そうです」

「『モリ』というのは、『盛り』のことですか？」

「そうです」

そこには「盛り」という言葉があった。この雑誌がイベントで配布されたのは二〇〇二年九月、制作していたのは同年七月頃だと言う。ストリート系雑誌で「盛り」という言葉が初めて使われたと考えられるのは二〇〇三年十一月号なので、それより一年以上前に、女の子たちが自費出版したイベントパンフレットの中で、その言葉が使われていた。これは、私がこれまで調べた中で最も古い「盛り」という言葉の記録だった。

「それ以前からあった言葉だと思う」

しかし、渋谷のサークルコミュニティから出てきたと考えられる「盛り」という言葉が、今まで調べた中では、それ以前の記録がなく、最も有名なサークルのイベントパンフレットに初めて記録されていたわけだ。これがその後、この言葉が広がることのきっかけになったのではないかと予想できた。

奈々恵さんがそこに「モリプリ」と書いた思いを聞かせてくれた。

「私は編集者で、みんなのプリクラを集める係だったのですが、盛れてないプリクラを持ってきた子には、撮りなおしさせていました。盛れてるのを持ってくるまで何度でも。怖い先輩でしたね。逆に、盛れてるのを持ってきた子はすごく褒めました」

パンフレットに載っているプリクラ写真は、盛れるまで何度も撮りなおした最終版だから、「モリプリ」なのだ。しかしなぜそこまで「盛り」にこだわったのだろう。

「今は、ブログやSNSがありますが、当時は、プリ帳とかイベントパンフレットだけが、出会いの場でした。これを見て、次のイベントの代表が選ばれたりすることもあったので、履歴書のようなものでもありました」

奈々恵さんは、プリ帳やイベントパンフレットの、バーチャル空間としての特性に注目した。そして、出会いの場という視点から、バーチャル空間の優位性を示し、バーチャル空間で公開するビジュアルの重要性を説いた。

「実際の顔と違うのは良くないという人もいるけれど、まずは写真が良くないと、その人と実際に会おうとも思いません。写真が良くないと可能性がゼロになってしまいます。可能性をゼロからイチにするために、『盛り』は重要です」

バーチャル空間上のビジュアルと、リアル空間上のビジュアルとの間に、ズレがあってもよいと肯定した。そしてそのズレを「盛り」と呼んだ。

以上より、「盛り」の言葉は、二〇〇二年頃に誕生したと考えられる。これがどのような時期であるのか、改めて、その背景にあるメディア環境を整理してみる。一九九〇年代中頃、ポケベルなどによってつながる学校の枠をこえたコミュニティが形成され、渋谷の有名人高校生グループの高級ブランドを取り入れたようなビジュアルが、周囲に影響を与える。その後、それとは全く異なる奇抜なビジュアルの女の子たちがストリート系雑誌で取り上げられ、世界からも注目されるほどになる。

同じ頃、リアル空間では校則に縛られて、その奇抜なイケてるビジュアルができないサークルコミュニティの女の子たちは、バーチャル空間で可逆にイケてるビジュアルをするようになった。そこで、バーチャル空間で、リアル空間とはズレのあるビジュアルを作る「盛り」が始まったのである。

私が見つけた最も古い「盛り」の記録である、Angeleekのイベントパンフレットを作った奈々恵さん自身は、校則のゆるい高校の卒業生だったが、新しいメディア環境を取り入れて「盛り」を提案し、校則に縛られている女の子たちを自由にするきっかけを作った。それがまずは渋谷のサークルコミュニティで広がったのだと考えられる。「盛り」という言葉の源流と、その背景にあるメディア環境の革新がピタリと合い、私はすっきりした。

この時はまだ、「盛り」は、プリ帳やパンフレットなどの印刷メディアの上で行われるものだったが、その後、インターネットに引き継がれていく。そして、「盛り」は、渋谷のサークルコミュニティの女の子たちだけでなく、全国の女の子へと広がっていくことになる。

MORI 2.0

第二章

インターネットの中で拡大する「盛り」

携帯電話とインターネットの普及は、それまで渋谷というリアル空間を拠点に行われていた女の子たちの「盛り」を、バーチャル空間の中だけで行われることを可能にした。この大転換により、「盛り」を行う人口は爆発的に増え、またそのメディア環境は、女の子たちの異常なほどの「デカ目」も導いた。

第一節　ブログというバーチャル空間

革新的ミスコンテスト

二〇一二年、プリクラメーカのフリュー株式会社が主催する「ヒロインフェイスコンテスト」という革新的なミスコンテスト（以下、ミスコン）が開催された。

まず応募方法が革新的だった。これまでのミスコンの応募は、履歴書とプロフィール写真を作成して郵送したり、それらのデータを指定のウェブページからアップロードする方法が一般的だ。しかしヒロインフェイスコンテストは、全国のゲームセンターに設置されたコンテスト指定のプリクラ機で撮影すれば、そのまま応募することができた。ちなみにこの指定のプリクラ機「ヒロインフェイス」は、ユーザが二人で使用しながらも、一人ずつの顔写真を作ることができるという、それまでにない特殊な機種だった。プリクラ機の中だけで応募が完結する手軽さで、全国から約二十六万人もの女の子の応募があった。

また、選考方法も革新的だった。これまでのミスコンでは、専門家が審査員となり、絶対的な美の基準に基づくことが一般的だったが、ヒロインフェイスコンテストでは、一般の女の子による審査が行われた。

第一段階（地方予選）は、全国のゲームセンターにあるプリクラの画面に、そのプリクラから応募した写真が一覧表示され、後から利用する一般の女の子が投票、これによりゲームセンターごとの代表が選出された。

そして第二段階（全国予選）は、インターネット上に特設ページが開設され、各ゲームセンターの代表のプリクラ写真が一覧表示された。携帯電話での閲覧に適したページで、一般の女の子による投票が行われた。

そして何より革新的なのは、プリクラ写真のみで選考が進んだことだ。この頃のプリクラ写真は、デジタル画像処理によって「盛り」が施されるようになっていた。とくに目を大きくする、いわゆるデカ目の加工ができ、コンテストが開催される二年ほど前からは「目が大きくて別人すぎる」と話題になっていた。とくに男性が「詐欺だ」などと批判することが増え、二〇一三年には大学の工学系の男子学生がプリクラで加工されたデカ目写真を逆に元に戻すスマートフォン向けのアプリケーション「ＰＲＩＭＯ」をリリースするほどにもなった（注44）。

実際に、第二段階の選考でインターネット上の特設ページに一覧表示されたプリクラ写真を見ると、私にはどの女の子も、そっくりに見えた。それは、プリクラのデカ目の影響が大きい。さらに、彼女たちは皆、髪を長く、茶色くして、毛先をカールし、前髪を厚めに流して、似たような髪型をしていた（図2-1）。そのため、私も一般投票に参加してみようと思ったが、違いがわからず、選ぶのが難しいほどだった。しかし、そんな中、投票数の多かった二十名のファイナリストが選ばれた。

そしていよいよ、二十名から一名を選ぶ第三段階（最終審査）が行われるということになった。しかし私はその方法を聞いて驚いた。ファイナリスト二十名は、全国各地に住む女の子たちだったが、夏休みに、東京の表参道にある会場に集めて行うということだった。二十六万人の応募者が、二十名のファイナリストに絞られるまでは、「盛り」が施されたバーチャルな顔写真だけで選考してきたのに、最後はリアルな顔で選考するという。「盛り」のネタ晴らしになってしまうが良いのだろうか。私は、会場に来ない女の子も多くいるのではないかと予想した。

この頃すでに、私は「盛り」の研究を始めていた。「盛り」を数量的に分析することに挑戦していた。「盛り」の数量化の事例は学術にはなかったが、プリクラのデジタル画像処理による「盛り」は、コンピュータプログラムによって作られているので、プリクラメーカにはすでにノウハウがあるのだろうと考えた。そこで、プリクラメーカに相談にいったところ、すぐにフリュー社が私の研究に協力をしてくださった。

いきいきとネタ晴らし

最終審査は、フリューに依頼して、私も見に行かせていただいた。表参道の会場に到着すると、まもなくファイナリストたちが入場してきた。まず驚いたのは、私の不安とは裏腹に、ファイナリストが全員、会場に現れたことだった。

そして彼女たちの顔は、多くの女の子が濃いアイメイクをしているものの、インターネット上で見ていたデカ目の顔とは、全く違っていた。とくに衝撃的だったのは、インターネット投票でぶっちぎりの一位で九万票も獲得した女の子は、インターネット上では大きな目と小さな顔が特徴的だったが、実際は小柄で太っていることが特徴的な女の子だった。

最終審査会場には、プリクラメーカの役員の他、芸能事務所のスカウト、十代向けファッション誌の編集者などの専門家が審査員として集まっていた。その前で、ファイナリストの女の子たちが順番に歌や踊りを披露した。プリクラ写真で応募し、一般の女の子による選考で選ばれた女の子たちである。特別な顔の骨格や体型の持ち主ではない。歌や

図2-1　「デカ目」加工のプリクラ写真の例

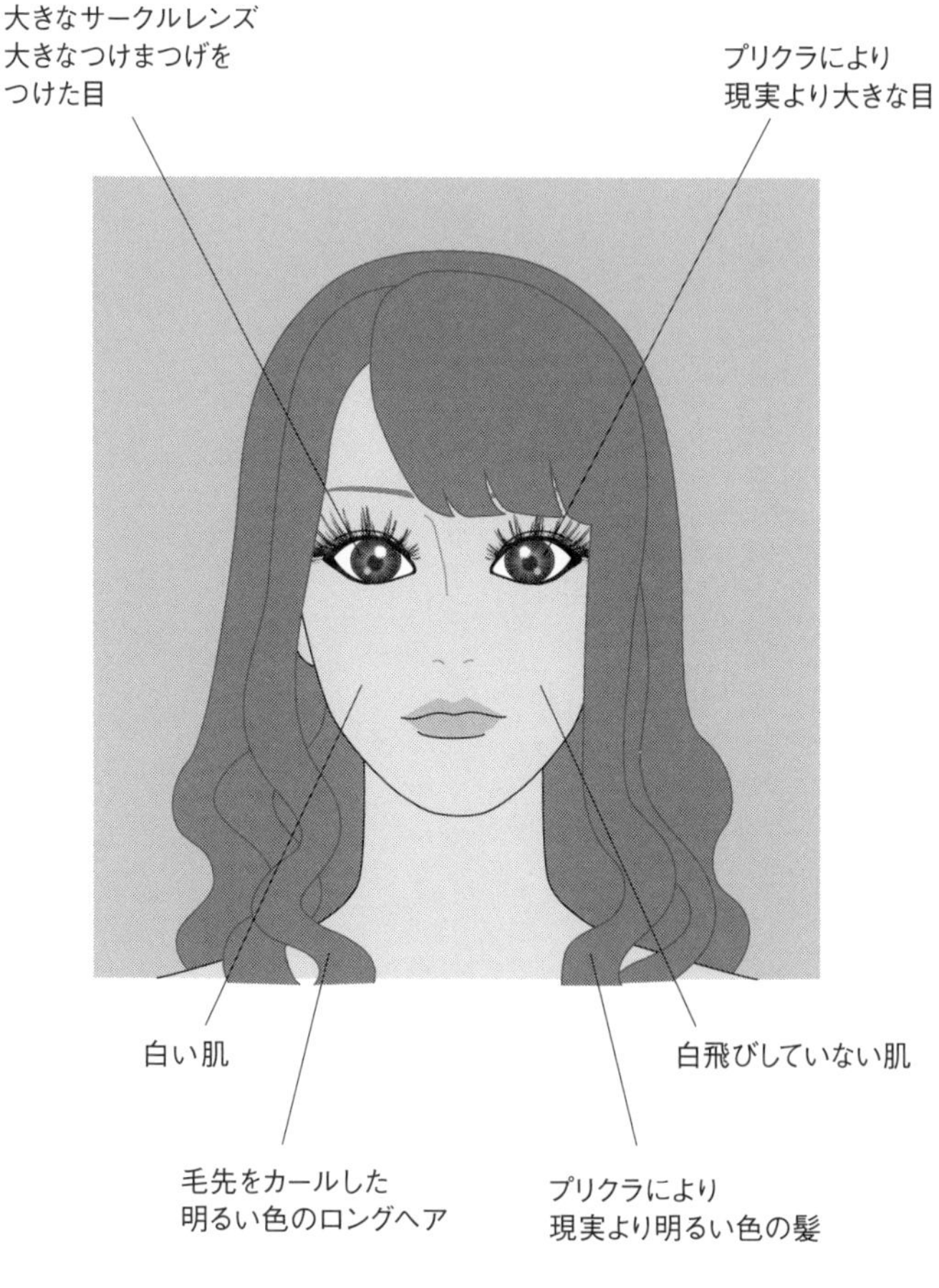

踊りがすごく上手なわけでもない。私はその様子を、ずっとひやひやしながら見ていた。しかし、当の本人たちは、何のためらいもなく、いきいきと歌や踊りを披露した。最終的に、専門家の審査員たちがリアルな顔で選んだと考えられる女の子がグランプリに選ばれた。

私はこのコンテストが終わってからもしばらく、ファイナリストの女の子たちのいきいきとした姿が目に焼き付いて離れなかった。彼女たちは、なぜいきいきと「盛り」のネタ晴らしをしたのだろう。

考えてみれば、このコンテストは、前章で「盛り」の言葉が広がるきっかけを作った奈々恵さんが、「写真の顔が良くないと、その人と実際に会おうとも思わないから可能性をゼロからイチにするために『盛り』は重要」と言ったことを、まさに検証したものである。ファイナリストの女の子たちは、必ずしも街で芸能事務所のスカウトに声をかけられるようなタイプではないが、プリクラ写真が評価されたから、最終審査で芸能事務所のスカウトと実際に会うことができた。もし歌や踊りが認められれば、歌手やダンサーになれる可能性を手に入れた。「盛り」が「可能性をゼロからイチにする」ことを、まさに象徴した出来事であった。

しかも、かつてのプリクラ写真は、リアル空間でつながりがない人にまで見られるとしても、渋谷のサークルコミュニティの範囲内だった。しかし、コンテストで全国審査に進んだ女の子たちのプリクラ写真は、全国の女の子たちから見られた。バーチャル空間が一気に拡大していた。

そのような中、バーチャル空間のビジュアルと、リアル空間のビジュアルとの間にズレがあっても良いと肯定する考え方も、かつては渋谷のサークルコミュニティ内で共有されるものだったが、全国に広がった。だからファイナリストの女の子たちは、何のためらいもなく、「盛り」のネタ晴らしを行ったのだと理解できた。

しかしまだ疑問が残る。かつて渋谷のサークルコミュニティの女の子たちのプリクラ写真の顔とリアル空間の顔は、違うと言っても、それほどの違いはなかった。しかし、コンテストの女の子たちのプリクラ写真の顔は、デカ目加工により、リアル空間の顔と大きく異なる。それなのに、渋谷のサークルコミュニティの女の子たちは「盛り」のネタ晴らしをすることに、いくらかためらいがあるようだったが、コンテストのファイナリストの女の子たちはいきいきと披露した。

そこには女の子たちの価値基準の転換があったのではないかと予想した。この十年間に何があったのだろう。

インターネットネイティブ

私は、この女の子たちの価値基準の転換を探るため、「目が大きすぎて別人すぎる」と世間から言われるほどのデカ目プリクラを愛用した世代の女の子たちに、できるだけ話を聞いた。二〇一〇年から二〇一二年頃にかけて高校生だった、一九九二年から一九九六年頃生まれの女の子たち。ここでは「デカ目世代」と呼ぶことにする。

話を聞いて最初に気づいたのは、彼女たちの多くが小学生や中学生の頃から、インターネットを使った情報発信を行っていたことだ。

日本で、インターネットを使った情報発信は、企業によるホームページの開設が、一九九五年頃から始まり、二〇〇二年に八十パーセントに達した(注45)。しかし、個人による情報発信は、一部の関心が高い人の間では一九九五年頃から始まっていたものの一般的ではなかった。

一九九七年に船井電機株式会社が、プリント倶楽部の成功を受けて、プリクラで撮影するとそのままホームページになり、印刷もできるという女の子向けのアミューズメントマシン「放課後倶楽部F」を発売した。当時、船井電機が手掛けていたネットワークコンピュータの普及を目指した試みで、女の子を先導者とするための取り組みにしようとするものだった。しかし失敗に終わり、女の子たちにホームページが普及することはなかった。

女の子たちによるホームページの作成が始まるのはそのあとだ。今回、私が話を聞いた中で、一番早かったのは、当時、山口県に住んでいた夏生《なつお》さえりさんである。彼女は今はフリーのライターとして、インターネット上でも、書籍でも人気だが、二〇〇二年の小学六年生の頃から、パソコンでＨＴＭＬ言語を使ってホームページを作成していたと言う。

「フミコミュというサイトでは、素材やタグ屋などを運営している女の子たちのサイトへアクセスできるランキングページがあって、そこからサイトを見つけてダウンロードしながら、作っていました」

「フミコミュ」とは、二〇〇〇年に株式会社ふみコミュニケーションズが公開し、十代の女の子が情報交換や交流することを目的に作られたウェブサイトである。

「フミコミュには、ホームページを作っている全国の女の子たちが、たくさん集まっていました。その中で、開いたら背景が動くページを作ることが流行ったり、『小窓』と呼ばれる極小のウィンドウを作ることが流行ったり、その時々でいろいろな流行があって、作って、見せ合って、すごく楽しかったです」

このようなフミコミュを拠点に流行を共有し、女の子たちが作成したホームページは「キラキラサイト」と呼ばれている。

このように二〇〇〇年代初めから、インターネット上のバーチャル空間で、全国の女の子たちによるビジュアルコミュニケーションが行われていた。そこにはキラキラサイトの中に起こる様々な流行を共有する、学校の枠を超えた、全国の女の子をつなぐコミュニティが形成されていた。

現在、ファッションブランドで働くはつほさんも、二〇〇四年頃、東京で小学生だった時からフミコミュを参考にしながら、パソコンでホームページを作成していたと言う。
「お友達のお父さんがCGの会社の社長さんだったので、教えてもらって、フォトショップを使ったり、GIF動画を作ったりもしていました。私の周りの子も、そこまではしないけれど、ホームページを作ってデコったりしている子は多くいました」

パソコンでHTML言語を使ってホームページを作るというのは、ある程度コンピュータリテラシーの高い女の子たちに限られたと思うのだが、それほど少なくなかったようである。

しかし、さえりさんもはつほさんも中学生になると携帯電話を買ってもらい、情報発信の手段は、パソコンから携帯電話へと移行した。デカ目世代の女の子たちの多くは、中学生の頃から携帯電話を持つようになっていた。

彼女たちが中学生の頃を過ごした二〇〇〇年代半ばは、日本の携帯電話が独自の大きな進化を遂げていた頃である。

その独自の進化の発端は、二〇〇〇年に誕生した初めてのカメラ付き携帯電話、シャープ製のＪフォン端末「Ｊ-ＳＨ04」にある。それ以前にもカメラ付き携帯電話がなかったわけではないが、ビジネスマンのテレビ会議向けに作られたものだった。Ｊ-ＳＨ04はカメラの横に鏡が付いており、自分の顔を見ながら撮影するいわゆる自撮りができるもので、以降、自撮りもできるし、身の回りのものも撮影できることが、カメラ付き携帯電話の基本となった。

以降、各社から発売される携帯電話のほとんどがカメラ付きとなり、各社は競って高画素化を進める。また、Ｊ-ＳＨ04の形状は、変形させることができない、いわゆるストレート式だったが、カメラ機能が重視されるようになるほど、デジタルカメラの形状に近づけることが目指され、スライド式や回転二軸ヒンジによる折りたたみ式などの多様なデザインが生まれた。

これらの日本独自に進化した携帯電話は、世界普遍的に用いられる携帯電話という言葉では表しづらいため、以降は「ガラ携（ガラパゴス携帯）」と呼ぶことにする。

また、このようなハードの進化と並行して、ソフトも大きく進化していった。

一九九九年、ＮＴＴドコモが世界初の携帯電話によるＩＰ接続サービス「ｉモード」

を開始し、ガラ携でキャリアメール（iモードメール）の送受信や、ウェブページ閲覧などが可能になる。またそれを追いかけ、KDDI、Jフォンでもガラ携によるインターネット接続サービスが始まる。それに伴い、女の子向けのガラ携で利用するインターネットサービスも多く始まっていた。

デカ目世代の女の子たちが多く使っていたのは、一九九九年に株式会社ティー・オー・エスが開始した、ガラ携向けのホームページサービス「魔法のiらんど」や、二〇〇二年に株式会社キープライムが開始した、ガラ携向けのプロフィールページ作成サービス「前略プロフィール」などである。前略プロフィールは、あらかじめ用意された六十五種類の質問からいくつかの項目を選択して答え、顔写真を送信するだけで、インターネット上に自分のプロフィールページを作れるというものである。ホームページサービスや、プロフィールサービスは、その他の会社も参入し、それぞれ「ホムペ」「プロフ」と呼ばれた。

その他、二〇〇四年に株式会社ミクシィが開始した「mixi」や二〇〇四年にグリー株式会社が開始した「GREE」、二〇〇六年に株式会社ディー・エヌ・エーが開始した「モバゲータウン」などのSNSもあった。

デカ目世代の女の子たちは、これらホムペ、プロフ、SNSを使って、「日記を書いていた」と口をそろえて言った。

一方、前章で紹介した、渋谷のサークルコミュニティの女の子たちも、渋谷というリアル空間に集まり、プリ帳やイベントパンフレットなどの印刷メディアを活用していたが、実はホムペやプロフも利用していた。

最も有名だったサークルのAngeleekでは、サークルを創設してすぐの二〇〇一年頃から、魔法のiらんどを使ってホームページを作り、二〇〇二年頃からは、前略プロフィールも使っていたと、奈々恵さんは言う。しかし、

「魔法のiらんどや前略プロフィールは、外の人への伝達ツールで、中の人とのコミュニケーションツールではなかったので、パンフレットの方がずっと重要でした」

と言う。彼女たちが重要視していたのはあくまでも渋谷のサークルコミュニティ内でのコミュニケーションであり、リアル空間を拠点とするコミュニケーションには、印刷メディアの方が有効だったのだ。

奈々恵さんよりも少し後の二〇〇四年頃に、渋谷のサークルに入り活動していたというゆかりさんにも話を聞いた。彼女は今はスマートフォン関連の仕事をしているので、学生の頃から新しいデジタルツールをいち早く利用していただろうと予想したからだ。するとやはり前略プロフィールを使っていたと言う。

「他のサークルの一方的に知っている憧れの女の人が、すれ違ったらいい匂いだったの

で、ページにアクセスして、その人が使っている香水を調べて真似したりしていました。前略プロフの下に、ゲストブックという機能をつけて、そこで他のサークルの人と電話番号やメールアドレスを交換して、実際に会うようなこともありました」

渋谷のサークルコミュニティ内のコミュニケーションのためにも、インターネットサービスを使い始めていたようである。しかし、あくまでもリアル空間でのコミュニケーションの補完であり、相変わらずプリ帳やイベントパンフレットなどの印刷メディアを重視していたと言う。

その頃、日記を書くメディアとしては、一般的にはブログが広まっていた。ブログの利用は、日本では二〇〇二年頃から始まり、総務省がブログの登録者を調査したところ、二〇〇五年から二〇〇六年にかけて約二・六倍に増加したという結果が出ている。しかし、二〇〇五年に日本広告主協会ウェブ広告研究会が発表した「消費者メディア調査」の結果では、ブログ利用者のうち、十六〜十九歳が占める割合は六・七パーセントと少ない。例えば三十〜三十四歳の十二・四パーセント、三十五〜三十九歳の十五・八パーセントなどの半分くらいの割合だった（注46）。ブログの利用に関して、女の子たちは一般よりも、後れを取っていた。

しかし、デカ目世代の女の子たちは高校生になると、一斉にブログを利用するようになった。

全国の女の子をつなぐブログ

「それまで女性が好むかわいいデザインのブログがなかった」

とミツバチワークス代表の光山一樹さんは言う。そこで光山さんはプログラマと二人で、ブログのデザインをユーザが自由にカスタマイズできる仕組みを開発し、二〇〇七年「デコログ」という女の子向けの携帯ブログサービスを開始した。さらに、

「いくらデザインが良くなっても、そこに広告が入って、邪魔してしまったら意味がない」

と言い、お金がなくなるまでは、広告を全く載せずにやった。インターネットサービスは基本的に広告収入で成り立っている。そのため、それまでの携帯ブログはいずれもサービスのほとんどが、各ブログのトップページを開けば、まず広告が目に飛び込んでくるようなものだったが、デコログはそれを避けた。

その後、本当にお金がなくなってしまったようだが、それでも、広告は、記事の下の部分や管理画面など、目立つ場所には入れなかった。また、業界で最も大きいクライアントである、出会い系サービスや、アダルトコンテンツ、そしてダイエットなどのコンプレックス商材の広告は、一切入れなかった。女の子向けのデザインに、とことんこだわった。

「とにかくインターネットが好き。たくさんの人が使ってくれるプラットフォームを作ることに喜びを感じている。まずは人にとって居心地の良い場所を作ることが最優先。人が集まれば、あとでなんとでもなる」

女の子向けデザインに加え、女の子が安心して使えることを目指し、クローラー（注47）を完全にブロックしていた。そのため、グーグルなどの外部の検索サイトを使って、デコログにアクセスすることができなかった。これによって、出会い目的でデコログにアクセスする成人男性などを排除することができた。

また、たとえその壁を超えてデコログにたどり着いたとしても、デコログの記事に自由にコメントできるのは、デコログの会員だけだった。さらにデコログ会員であったとしても、女性からは、男性からのコメントを受け付けないように設定することができた（注48）。

こうした徹底的に女の子の視点にたったシステム作りで、デコログは、女の子向けに、女の子だけが安心して集まれるブログサービスを構築した。

デコログを開設する女の子は二〇〇八年頃から徐々に増え始め、二〇〇九年に急増、二〇一〇年八月には、月間ページビューが六十億を超えた。それは、サービス単体の閲覧数としては、ｍｉｘｉやモバゲー、ヤフーモバイルに次ぐ、国内最大規模の値だった。

また、私が話を聞いた女の子たちの間では携帯ブログはデコログの他にもう一つ、「CROOZを利用していた」という声があった。「CROOZ」とは、二〇〇五年にクルーズ株式会社が開始した携帯ブログサービスで女の子向けのデザインがされていた。

こうして、二〇一一年には、「ケータイ白書二〇一〇」によれば、日本の女の子のほぼ七十パーセントが、ブログを開設しているようになった。

この全国の女の子だけをつなぐ大規模なネットワークは、世界的に見ても特殊な現象である。しかし、これほどまでに女の子たちの間でさかんであったにもかかわらず、多くの大人がその現象を全く知らないのは、それが女の子たちだけで閉じていたからである。

例えば、各サービスのユーザのうち、十〜二十代の女性が占める割合は、デコログで九十パーセント、CROOZで八十五パーセントだった。

一般の女の子のブログに百万ページビュー

二〇一一年、デコログの一般の女の子のブログに、一日に百万以上ものページビューがあるようになった。

デコログのサービスのトップページには、ブログのページビューのランキングが表示されていた。デコログでブログを書く中には、ストリート系雑誌に取り上げられているような、渋谷で目立っている女の子もいて、当初、ランキングの上位にはそういう女の子が入る傾向があったが、次第に雑誌に出ていない、地方在住の普通の女の子の方が増えていった。

ランキングの上位の女の子たちは「人気ブロガー」などと呼ばれた。私も彼女たちのブログを、毎日読んでいた。読むと先が気になり、毎日読んでしまうものの、どれも内容は日常の平凡な出来事を綴ったもので、なぜそれほど多くの人に読まれているのか、理由ははっきりしなかった。彼女たちはなぜ、多くの女の子を惹きつけているのだろうか？ ミツバチワークスに相談し、人気ブロガーの女の子とのミーティングをお願いした。

ゆうりちゃんという女の子に、私は実際に会えることになった。大人で彼女を知っている人は少ないと思うが、当時、デコログを利用していた女の子たちならば、誰でも知っている存在である。

彼女を紹介してくださった、ミツバチワークスのオフィスを訪ねると、彼女は「ゆうりです」と言って笑顔で迎えてくれた。

私はこれまで、一般の女の子でありながら、渋谷で影響力を持っていた様々な女の子たちに会って、話を聞いてきた。しかし、それまで会ってきた女の子と、ゆうりさんは明らかに違っていた。それまでの女の子たちは、元気よく、はきはきと、私が質問をしなくても、自ら多くを話してくれることが多かったのだが、ゆうりさんは、おとなしく、おっとりとしていて、質問をすれば応えてくれるが、自ら多くを話すタイプではなかった。

彼女のブログが多くの人に読まれるようになっていった経緯について、聞いてみた。

「デコログを始める前、中学二年生頃からホームページを作っていました。それが全国ランキングで上位に入っていました」

その頃、ホームページやブログなどのランキングを専門に行うサービスがあった。そこに自身のウェブページを登録すると、読者からの投票を受けることができ、その投票数がランキングサービスのサイトで発表された。ゆうりさんはそのいずれかのサービスで、上位に入っていたようだ。

「最初は、ホームページの日記機能で日記を書いていたのですが、途中からそれをデコログに変えました。もともとページビューの多かったホームページにリンクを貼ったので、デコログは最初からページビューが多かったのです」

と教えてくれた。それでは、なぜホームページの時から、ゆうりさんの書いたものにはページビューが増えていったのだろう。最初、彼女のホームページを見ていたのは身近な友人だけだったと言う。

「地元の中学校から少し遠くの私立高校に進学しました。地元のお友達が高校で新しくできたお友達に見せたり、高校でできたお友達が地元のお友達に見せたりするうちに、広がったのだと思います」

と説明してくれた。

しかし、彼女のように「地元の中学校から遠くの高校に進学」した女の子などたくさんいるだろう。ここまで聞いてもまだ、彼女のブログを特別多くの人が読んでいた理由は、わからなかった。彼女には、元々、高い文章力があるからかもしれないと思った。

「それはない。それまで文章なんて全然書いていませんでした。文章力ないし、漢字も苦手だし」

そして、彼女自身はこう言った。

「私はかわいくないから」

私は、どう反応したらよいか困ってしまった。

「かわいい人のブログは、かわいいから、多くの人が読みます。でも私のブログは、かわいくないのに、なぜ人気があるのだろうと思って、多くの人が読んだのだと思います」

私はまだ腑に落ちなかった。実際に会った彼女は、かわいくないことは全くなくかわいい。

しかし、腑に落ちなかった理由はそれだけでない。彼女がブログに載せていた、彼女自身の姿の写った写真がそもそも、顔がかわいいかかわいくないか判別できないような写真ばかりだったこともある。具体的には、大きく三種類に分かれ、一つ目はデカ目加工されたプリクラ写真、二つ目は目ばかりが大きく写った写真、三つ目は全身が写っているが、顔がトリミングされたり、イラストが合成されたりして顔が隠れている写真である。

いずれも個人を特定できないので、ブログを毎日読んでいる私が、もし彼女と偶然に街で出会っても、気づけないだろうと思っていた。なぜそのような写真ばかりを載せるのか、ずっと不思議に思っていたので聞いてみた。

「盛れる方法を伝えたかったから」

私は意外な答えに戸惑った。

「プリクラとか、つけまつげやカラコンを使ったアイメイクとか、派手な洋服のコーディネイトとか、盛れる方法を伝えるとページビューが上がりました」

少し考えてやっとわかった。プリクラ写真は、プリクラの撮り方を伝えるためのものであり、目を写した写真はアイメイクを伝えるためのもの、顔を隠した全身写真はコーディネイトを伝えるためのものだったのだ。私が不思議に思っていた、個人が特定できない写真には、盛れる方法を伝えるという明確な目的があったのだ。

それにしても、なぜ盛れる方法を紹介すると、ページビューが上がったのだろう。

携帯カメラでファッション写真

携帯ブログで、写真を用いて、盛れる方法の情報交換がさかんに行われるようになったのは、その頃のガラ携の大きな進化が影響している。

ガラ携の通信速度は、日本で二〇〇一年にIMT2000のサービスが開始された当初は三八四キロbpsであったのに、二〇〇九年にはIMT2000を拡張したLTEのサービスが開始され、一〇〇メガbpsと、二六〇倍にもなっていた。

また、ガラ携に付属するカメラの画素数は、二〇〇一年に初めてカメラ付き携帯電話が発売された当初は十一万画素だったのが、二〇〇九年には千二百万画素と、一一〇倍にもなっていた。さらにデザインも進化し、用途に応じて変形させることにより、高画素のメインカメラで、自撮りをすることも可能になっていた。

二〇〇九年頃、女の子たちに携帯ブログが普及したのは、このようなガラ携の進化による。それまでガラ携で閲覧するウェブページは、一ページに貼る写真は一枚程度でないと容易に見ることができなかったが、一ページに複数枚貼っても容易に見られるようになり、携帯ブログが普及した。そこで女の子たちは、プリクラ写真に並び、高画素化したガラ携のカメラを使って撮影した写真をブログに載せて、盛れる方法の情報交換を行うようになった。

最初、盛れる方法の伝え方はばらばらだったが、二〇〇九年頃には、一定の形式をとるようになっていった。それが、前述した目だけを写した写真であり、顔を隠した全身写真である。

目だけを写した写真とは具体的には、アイメイクのプロセスを、ガラ携のカメラで自撮りした写真だった。この頃は、プリクラによるデカ目もさかんだったが、アイメイクによるデカ目もさかんだった。ゆうりさんが言っていたように、つけまつげやカラーコンタクトレンズなどがよく用いられた。ブログでは、使った化粧品の名前やその他の解説のテキストが写真に添えられた。

顔を隠した全身写真とは具体的には、全身鏡に写った自分の姿をガラ携のカメラで撮影し、顔を伏せてコーディネイトを伝える写真である。そこにテキストで、服や小物などのアイテムのブランド名や値段が、添えられた。それを、「今日のコーデ」というタイトルで、毎日ブログに投稿する女の子も増えていった。

メイクプロセスを伝える写真もコーディネイトを伝える写真も、ファッション誌で定番のコンテンツである。ガラ携が進化したとはいえ、それを使って本物のファッション誌のような写真が撮れるわけではない。ファッション誌と似たコンテンツを、女の子たちが、手持ちの道具で、一人で作るために編み出されたのがこれらの方法だった。

ここから、女の子たちが盛れる方法の情報交換を行う中でも、とくに「目」に関してさかんだった理由がわかる。それはガラ携という道具が与える制限が影響している。

ガラ携のカメラは、画素数は上がったとはいうものの、レンズは小さく、大きな対象を鮮明に撮影するのは難しかった。また、ガラ携のモニタの色の再現性は、商品によるばらつきがあり、この頃、女の子たちが所有する商品は多様だったので、色を共有することが難しかった。

このようなガラ携が与える制限のもと、ビジュアルコミュニケーションを行うためには、小さく、色情報の少ない、「目」というパーツを使うことが最適だったのだ。

かつて、渋谷に集まっていた学校の枠を超えた女の子たちは、その瞬間の「イケてる」流行を共有し、コミュニティを形成していった。渋谷という人の多い街でのビジュアルコミュニケーションでは、肌を真っ黒に、髪を真っ白に脱色するような、全身を使ったハイコントラストな伝達方法が最も効率がよかったのだと考えられる。

同じように、携帯ブログにおけるビジュアルコミュニケーションでは、目を使った情報伝達が最も効率よくなった。デカ目の流行を共有し、盛れる方法を写真で伝え合うビジュアルコミュニケーションで、学校の枠を超えたコミュニティが形成されていった。ここでのコミュニティは、全国規模に広がった。

そこでゆうりさんがアイメイクの方法を伝えると、

「『それはどこのつけまつげ？』などという質問がよくきて、真似する人がいました」

と言う。ゆうりさんは、目の盛れる方法を伝え合うコミュニティの中で、手本を示す存在だったようだ。携帯ブログのページビューランキングで、ゆうりさんが、ストリート系雑誌に取り上げられているような渋谷で目立っている女の子たちよりも上位だった理由がわかってきた。

ページビュー社会

携帯ブログコミュニティでは、「ページビュー」というものさしが強く意識された。それは、多くの女の子たちが利用したデコログの検索システムが影響している。

それまでのブログサービスでは、ブログがカテゴリによって管理されていることが多かった。カテゴリとは、例えば、女性向けにファッションや化粧、男性向けには車や釣りなど様々用意されていて、全てのブログがいずれかに分類された。ブログを検索するには、まずカテゴリを選択する必要があった。

それに対し、女の子たちが使った携帯ブログサービスでは、ブログがページビューランキングで管理されるようになった。トップページにはブログ全体のランキングが表示され、別のページには地域別のランキングが表示された。外部の検索サイトからアクセスできないようになっており、サービス内の検索窓もなかったので、ブログを検索するには、ページビューランキングから選択する必要があった。

「ランキングで人気者を作ることが、デコログの宣伝になると思いました。カテゴリがあると、ランキングの影響力が薄れるからなくしました」

とデコログを開発した光山さんは言う。光山さんの思惑通り、ページビューランキング上位のブログは、さらに多くの会員に見られてページビュー数が増え、デコログでは一日に百万以上ものページビューがある人気ブロガーが現れた。

また、ランキング上位のブログだけでなく、全てのブログのページで、ページビューが表示できた。これにより、渋谷で目立っている女の子から普通の女の子まで、全国の女の子が、ページビューで、一元管理されるようになった。「私が全国の何番目なのか」が、数値で明確にわかるようになった。

こうして、誰もが情報発信でき、誰もがページビューで評価されるようになると、女の子たちはより良い評価を得るために、情報発信の手本を求めるようになった。手本として望ましいのは、渋谷で雑誌に取り上げられているような真似しづらい女の子よりも、地方に住んでいるのに、ページビューが多いような、真似しやすそうな女の子の方である。ゆうりさんが、自身のページビューが多かった理由を「かわいくないのに人気があるから」と分析したのも、それが手本として望ましかったからだ。そして彼女が盛れる方法を書くとページビューが増えたと言ったのも、手本を真似するために求められている情報だったからだ。

一般の女の子たちは、雑誌のモデルやテレビのタレントがメイクやファッションを紹介しても、「元からかわいい人が、かわいくなるのは当然」、さらには「どうせ、企業に宣伝させられているんでしょ」などと言って信じなくなった。一方、人気ブロガーの一般の女の子が、商品を紹介すれば、「〇〇ちゃんが本当によいと思っている商品を紹介してくれている」と、信頼を寄せるようになった。

しかしまだ一つ疑問が残った。ゆうりさんは、アイメイクの手本を示したから評価されていたが、私には彼女がブログで紹介するアイメイクのプロセスの写真を見ても、最初、他の女の子との差がわからなかったことだ。どの女の子も同じようにデカ目にしか見えなかった。それなのに、なぜ彼女だけに質問が集まったのだろう。

私のその謎を解いてくれたのは、冒頭に述べたヒロインフェイスコンテストでファイナリストに選ばれ、最終審査に参加していた、彩貴さんだった。

第二節　プラスチックコスメによる「盛り」

「そっくり」なのに「個性」

　ヒロインフェイスコンテストから半年ほどたった冬の日、東京の表参道にある私の好きなカフェで、彩貴さんと待ち合わせをした。肌は白く、髪は長く茶色で下の方をゆるくカールされ、目には大きなつけまつげをつけている。高校卒業後、東京にはその年の春に来たばかりで、それまでは広島県の福山市で過ごしていた。

「福山で初めてカラコンをつけたのは、絶対に私」

と自信を込めて話す彼女は、お化粧は小学四年生からしていると言う。彼女の興味あることについて色々と話を聞くと、「○○のアイラインは盛れる」「プリクラの○○という機種は盛れる」など、化粧品からプリクラまで、彼女は「盛れる」話をたくさんしてくれた。私は思いきって、

「なぜ盛るの？」

と聞いてみた。彼女は答えに詰まってしまった。そこで違う聞き方をしてみた。

「男の人の目を意識して?」

彼女はこう答えた。

「全然違うことはないけれど、そうではない」

続けて言った。

「私はいったい何を目指しているのでしょう」

そして少し間を置いてから、彼女はこう答えた。

「自分らしくあるため」


私は驚いた。そもそも、私には、女の子たちのプリクラ写真が、どれもそっくりに見えていた。その原因は、プリクラのデカ目加工の効果もあるし、どの女の子も同じように、髪は長く茶色く下の方をゆるくカールさせ、目に大きなつけまつげをつけていることもあるだろう。いずれにせよ、自然のままの人間の顔には多様性があるが、人工的に加工した顔は均一化する。「盛り」は自分らしさを消す行為だと考えていた。

それなのに、彼女の「盛り」は自分らしさのために行っていると言う。彼女だけではない。私は、その後、何人もの女の子に同じ質問をしたのだが、最終的に出てくるのは「自分らしさ」や「個性」という言葉だった。

謎は深まるばかりだった。言葉のやり取りだけでは解明できない気がしてきた。

「今度、一日、彩貴さんの行動に付いていってもいい？」

彼女は快く受け入れてくれた。

つけまつげのカスタマイズ

ある週末、彼女から「渋谷へ出かける」という連絡がきた。そこで同行させていただくことにした。

彩貴さんと一緒に、彼女がよく化粧品を買いに行くという、ディスカウントショップのドン・キホーテ渋谷店に行った。その二階にあるつけまつげ売り場は、全国でも最もつけまつげの品揃えが多いところだと思われる。

そこで彼女に、今日つけているつけまつげはどれかとたずねてみた。すると、「これと、これと、これ」と三種類の商品を指差した。なぜ、今日だけで、三種類もの商品を使っているのかと不思議に思って聞いてみると、三種類の商品を、切って、組み合わせて、カスタマイズして使っているということだった。

「この三つが、今の私のてっぱん。盛れます」

「てっぱん」とは確実にうまくいくという意味である。私は、どのようにカスタマイズするのかと見てみたくなり、彼女にお願いして、三種類の商品を購入し、近くにあるカフェへと移動して実演してもらうことにした。

彼女は、化粧ポーチから、ピンセット、はさみ、ビューラー（注49）を取り出した。つけまつげをカスタマイズするための、基本道具だ。

「つけまつげのカスタマイズのベース（土台）となるのは、ダイヤモンドラッシュのドーリーです」

と商品名とそれが使われる部分の説明を始めた。「ダイヤモンドラッシュ」とは、ショービ株式会社が販売するつけまつげシリーズ名「ドーリー」はその中のデザインの名である。

まず、彼女はそれをピンセットでつまんで、実際に目の上に乗せ、鏡を見ながら、

「目頭を強調したいので、ベースとなるドーリーを目頭から三ミリはみ出したところから乗せて、目尻の足りない長さを確認します」

と言った（図2－2①）。長さが確認できると、ベースのつけまつげを、一旦、左手の上に置き、

「目尻はドーリーウインクのナンバー4です」

とピンセットで別のつけまつげに手を伸ばした。「ドーリーウインク」とは、株式会社コージー本舗が販売するつけまつげシリーズ名「ナンバー4」とはその中のデザインを表

図2-2　つけまつげカスタマイズの例

一見そっくりに見える女の子たちのデカ目だが、既存のつけまつげ商品を切り刻んで組み合わせるなど、自分仕様にカスタマイズして作られている。取材した彩貴さんは、上まつげを作るために、2商品3パーツを用いた。

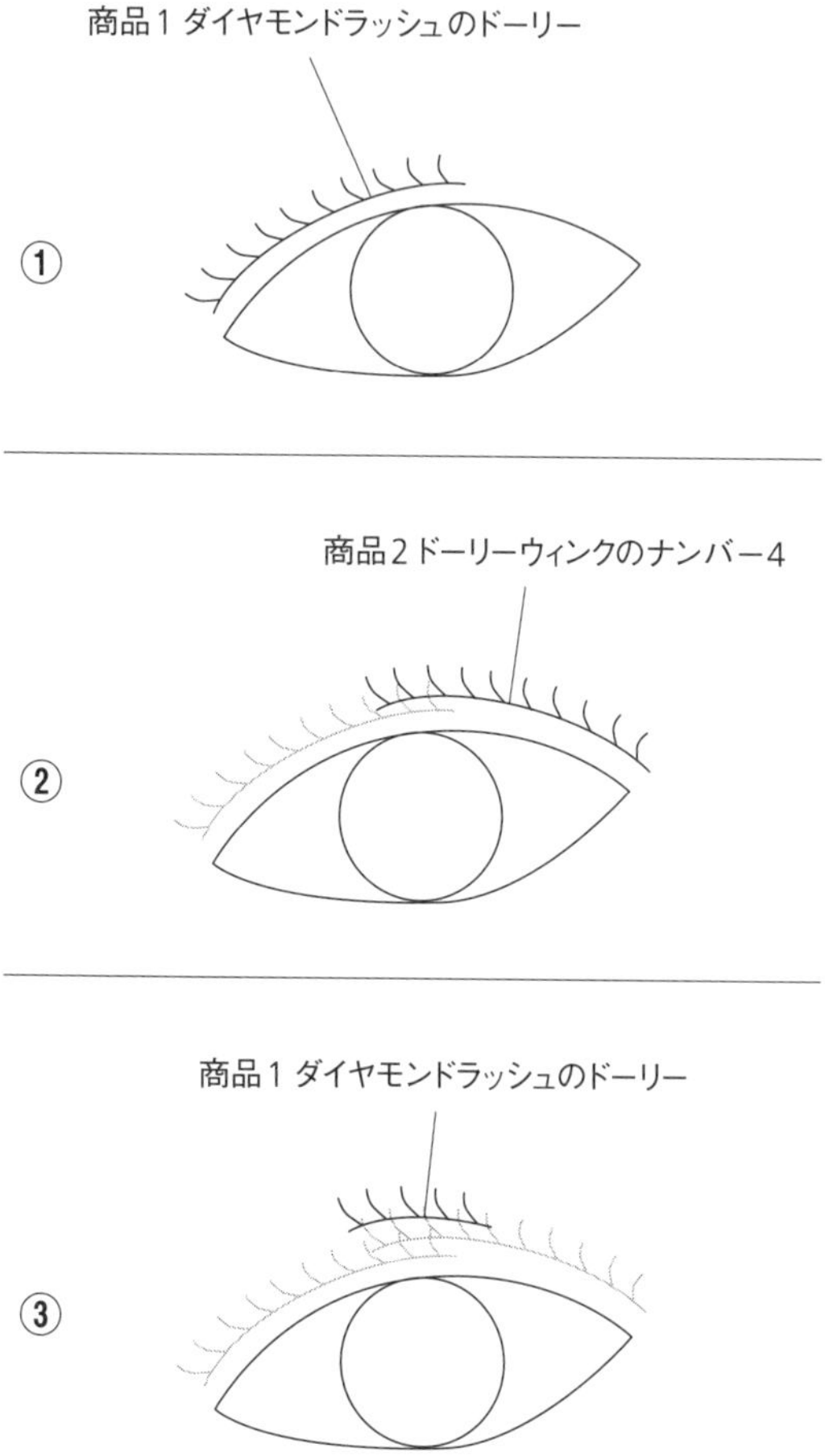

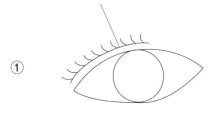

す番号である。彼女はそれを、左手の上に置いたベースに、一部が重なるように組み合わせた（図2－2②）。

次に右手のピンセットを置いて、ビューラーを持ち、

「真ん中の部分だけカールをつけます。たれ目に見せたいので、目尻側はカールしません」

と言って、真ん中の部分をビューラーで挟んだ。そして、

「中心に、もう少し束感をつけます」

と言って、制作中のつけまつげを、一旦、テーブルの上に置き、左手にピンセットを持って二枚目のダイヤモンドラッシュのドーリーをつまみ、右手にはさみを持って、真ん中だけを切り出した。再び制作中のつけまつげを左手の上に置いて、切り出したつけまつげを中心部分に重ねた。（図2－2③）

これで、上のつけまつげの完成である。続いて、下まつげのカスタマイズも見せてもらった。

あっという間に完成させたが、このてっぱんのカスタマイズ方法を導くには、長い道のりがあったようである。ドン・キホーテに置いてあるつけまつげは、ほぼ全部試したことがあると言う。新しいカスタマイズの方法は、

「まずは雑誌などを見ながら真似して、でもこの人のまつげはこの辺の量が多いから、私はここをもう少し少なくしようなどと、調節する場合が多い。まずは新しい商品を買ってみて、それを活かした、自分に合った組み合わせをいろいろ試して、見つけていく場合もある」

というこ とだった。

私はそれまで、大きなつけまつげをつけている女の子は皆そっくりで、ただポンと既成のものをつけているだけだと思っていた。しかし彩貴さんのカスタマイズの実演を見て以来、電車に乗っている女の子の目やインターネット上のプリクラ写真の目をよく観察していると、複雑な差異が見えてきた。知識を共有する女の子たち同士では、最初からその差異が見えていることがわかった。

携帯ブログで、質問が多かったという、ゆうりさんのアイメイクプロセスの写真も、私には他の女の子の写真との差異がわからなかったが、知識を共有する女の子たち同士からみれば、差異がわかっていたのだ。ゆうりさんも、つけまつげをカスタマイズして使っていたと言っていた。彼女のブログを読む女の子たちは、彼女が行うカスタマイズの内容などを知りたくて、ブログを常に読み、質問していたのだろう。

女の子たちが、「盛り」で自分らしさや個性を表していると言う理由もわかってきた。かつて、渋谷に集まっていた有名人高校生グループの女の子たちの休日のスタイルは、コミュニティで共有する「茶色い髪に、小麦色の肌で、リゾートファッション」という基準を守った上で、それぞれが細部に変化をつけ、互いに真似し合い、細部で次々と新しい流行が生まれた。また彼女たちの平日は、制服着崩しスタイルにするために、制服がない学校に通う女の子でも、あえて制服風の洋服を着るなどしていた。

日本の女の子たちの中には、最初から個性を表現するのではなく、まずは型を「守」り、それができたら「破」って個性を表し、それが真似されたら「離」れて新しい型を作ることができるという「守破離」の美意識がある。

二〇〇〇年代のデカ目にもそれが表れていたのだ。彼女たちが言う「個性」とは、最初から表す個性ではなく、コミュニティで共有するデカ目という「型」を守った上で表す個性。絶対的な個性ではなく、相対的な個性だったのだ。

それにしても、かつてリゾートファッションスタイルや制服着崩しスタイルの型を共有していたのは、東京の渋谷近郊に住む女の子たちだけだった。しかしデカ目の型は、全国の女の子たちで共有されるようになった。その背景には、デカ目の型を守るための道具が、全国で手に入るようになった流通環境がある。

日本つけまつげ史

　ここでデカ目を作るための最も重要な道具であるつけまつげの歴史を振り返ってみよう。その歴史は古い。

　日本で初めてのつけまつげ商品は、終戦直後に誕生した。生産したコージー本舗は戦前より、雑貨や東京浅草の踊り子のための頭飾品を作っていた会社である。

「創業者の小林幸司が戦後、踊り子さんが手作りしているのを見て、『平面的な顔をホリ深く見せるには目元である』と考え、製品化しました。当初は踊り子さんから受注をし、オーダーメイドをしていました。製品化して販売したのが一九四七年です」

　と、コージー本舗マーケティング推進課の玉置未来さんが教えてくれた。

「実は、戦前から歌手の淡谷のり子さんがつけまつげを使っていたことを、小林は後から知ったようです。アメリカの化粧品セットの中に入っていたつけまつげを使っていたが、粘着部の液体が目に入ると、痛くて目が開けられないため、かつら屋に相談してアドバイスを受けてご自身で手作りされていました」

　コージー本舗のつけまつげ商品は成功したが、一般の女性が使うものにはならなかった。つけまつげの製造には手間がかかり、高価になるので、バーやキャバレーなどの接客業に従事する女性のみが使い、一般の女性が使うのは一生に一度の結婚式の時くらいであった。

しかし一九七〇年頃ブームが起こる。ちょうど私の母が大学に入学したのが一九七〇年なのだが、

「洋服や化粧や髪型など、おしゃれに気を使っている女子大学生は皆、つけまつげをつけていた。イギリスのツイッギーが来日して、外国人風のメイクから影響を受けたこともあると思う」

と言う。母もコージー本舗のつけまつげをつけていたようだ。

一般の女性にも普及した背景には、コージー本舗による技術革新がある。玉置さんによると、技術革新の一つ目は「素材」の革新だと言う。一九六〇年代の化学繊維工業の発展を受けたものだ。

「それまでは人毛や獣毛で作られていましたが、ナイロンを用いるようになりました。ナイロンは人毛よりも丈夫で扱いやすく、品質のばらつきを減らすことができるので生産性を上げられました」

二つ目は「製法」の革新だと言う。

「それまで、ベースの糸と縦の糸を組み合わせる方法は、一本一本編む編み込み製法だったが、ナイロンを使うことにより、ベースの糸の上に、縦の糸を並べ、再びベースの糸を置いて、圧着するプレス製法が可能になり、デザインの幅が広がりました。また、ばらつ

きを減らすことができ、生産性を上げられました」

三つ目は、「デザイン」の革新である。

「人毛で毛先をそろえるためには、ぱつんと切ることしかできなかったが、ナイロンの場合は、ぱつんと切ってから薬品につけて毛先を細くする加工が可能になりました。それにより、人間のまつげのように、先を細く尖らせられて、自然に見せられるようになりました」

一九七二年、それまでよりも大きく低価格化し、自然に見える商品「ＭＥＬＬＯＷ」が発売された。

「ＭＥＬＬＯＷは大ヒットし、ブームが五年程続きましたが、その後、一九七〇年頃のブームはすぐに終わり、一九八〇年代から一九九〇年代最初まで、つけまつげの売上は低迷していました。再び売れ始めたのは一九九五年頃」

と言う。その頃、コージー本舗では、新たなるデザインの革新があった。

それまでのつけまつげのデザインは、縦糸が全て同じ向きで、平行に並んでいた。私はこれを「Ｉ型」と呼んでいる。しかし、もっと自然に見せるため、新しく生まれたデザインは、縦糸がそれぞれ異なる方向を向くものだった。違う方向を向き、根元で交差するものを「Ｖ型」、途中で交差するものを「Ｘ型」と、私は呼んでいる（図２－３）。一九九五年、V型やX型のデザインの「まつげメイト」が発売された。

まつげメイトは、低価格化したことも特徴だった。

つけまつげ先進国

そして二〇〇〇年代、つけまつげは、デザインに関しても、価格に関しても、大きな発展を遂げる。

その背景にあったのは、インターネット通販の普及である。つけまつげを販売する企業がさらに増え、市場競争が激しくなった。

「それまでつけまつげは、若い女の子の派手なお化粧のためのものでしたが、二〇〇六年頃からは、一般的なアイメイクの一部になりました」

そんな中、老舗のコージー本舗は、低価格で毎日使える商品を発売した一方で、あえてより高品質なつけまつげの開発も進めた。

一九九五年頃からつけまつげを使っていた女の子たちが大人になり、若い女の子が低価格な商品を求める一方、大人の女性が高価で高品質なつけまつげを購入することも増えたようだ。コージー本舗は、より自然に見せることのできるデザインを追求した。そこであることに気づいた。

「二〇〇七年頃から女の子たちはより自然に、ボリュームを大きく見せることを求めて、

図2-3　つけまつげのデザインの変遷

第二次世界大戦前後に日本に入ってきたつけまつげは、目を大きく見せながらもより自然に、より低価格に販売できるよう、メーカによる素材、製法、デザインの技術革新が進められてきた。さらに女の子たちによるカスタマイズをヒントにできた複雑なデザインの商品は、世界で類を見ない高品質ながら、世界で最も低価格で販売されている。

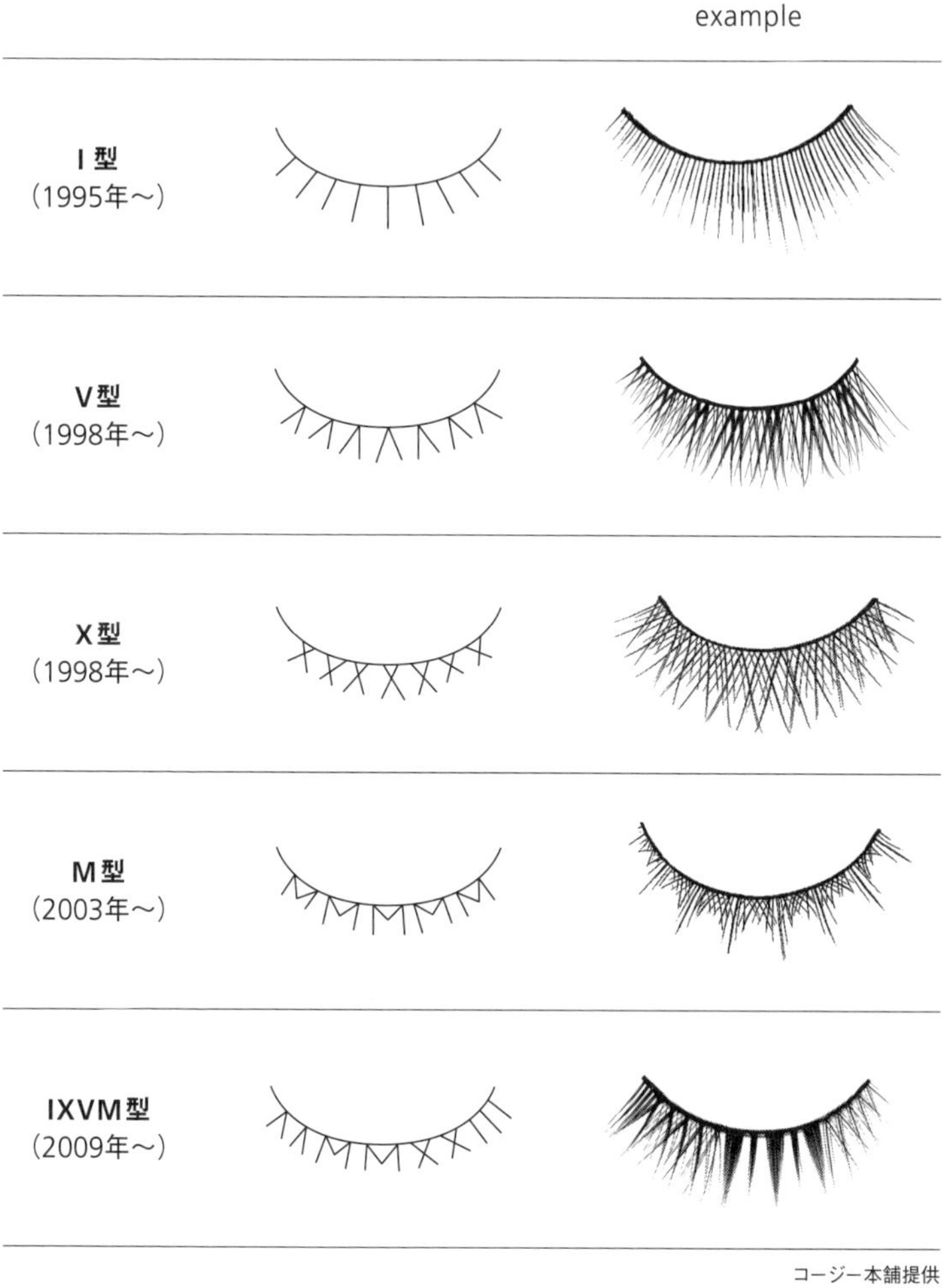

コージー本舗提供

自らカスタマイズするようになりました。その様子を見て開発したのがドーリーウインクです」

コージー本舗は、まるで女の子たちがカスタマイズして作ったかのようなデザインの商品を作った。それまでの商品と比較して説明すると、以前のデザインは、前述したI型やV型、X型の他、全体を合わせた時の毛先がギザギザになっている「M型」などの、いずれかの型を規則的に繰り返すデザインだった。しかしドーリーウインクは、一つのつけまつげの中に、I型、V型、X型、M型の複数のタイプが、不規則に組み合わされているものだった。人間のまつげのはえ方も規則的ではないので、これにより、つけまつげが人間のまつげに大きく近づいた。私はこれを「IXVM型」と名付けている（図2－3）。

二〇〇九年にドーリーウインクが発売されると、大ヒットする。しばらくすると、多くのメーカも追従して、IXVM型のつけまつげを作るようになる。すると、IXVM型のつけまつげにも価格競争が起きた。百円均一ショップやディスカウントショップでも低価格な商品が売られるようになった。

つけまつげは現在でも手作業で作られているので、デザインが複雑化するほど、価格が上がるのは当然だ。しかし、複雑なデザインの商品を低価格で販売しなくてはならなくなった。コージー本舗では、品質を保つことを念頭に置きながら、低価格化を求めて、古くから素材や製法の開発を行ってきたが、それ以上は、人件費の低い生産地域を求めるしかなくなった。コージー本舗ではかつては東京の浅草で生産していたが、やがて日本より人件費の低い韓国の工場で、さらに、中国、ベトナムなどへと生産拠点を移しているようだ。

ＩＸＶＭ型のつけまつげは、その組み合わせの数だけ、デザインの可能性が無限大に広がる。多様なデザインの商品が流通するようになった。象徴的なのは、多くの品揃えがあるディスカウントショップのドン・キホーテ渋谷店の二階のつけまつげ売り場だが、二〇一四年に私が概算した限りでは、二十社くらいのメーカの、二百以上の種類もの商品が陳列されていた。全国各地のどのドラッグストアにも、多くの種類の商品が壁一面に並んでいた。それは、世界的にも特殊な状態だった。

「So many lashes!（なんと多くのつけまつげ！）」

これはインターネットのメイク動画で世界的に有名になった、アメリカのメイクアップアーティストのミッシェル・ファンさんが、二〇〇九年に来日し、日本のドラッグストアを訪れた時の驚きを、ブログに表した言葉だ。日本のつけまつげのデザインが、世界では類を見ないほど豊富になっていたことを示す。

二〇一四年、私は、ヨーロッパのつけまつげ事情も調査した。フランス、ドイツ、オーストリアのドラッグストアやスーパーマーケットを巡って、そこで販売されているつけまつげメーカの商品画像を収集し、デザインを分析した。その結果、ヨーロッパのメーカで販売されているつけまつげには、日本で一般的になっていたIXVM型の不規則なデザインは、見つけることができなかった。I型、X型、V型、M型の規則的なデザインしかなかった。

また、日本のつけまつげの毛先は、人間のまつげのようにとがっているが、ヨーロッパで販売されているつけまつげは、先がぱつんと切れているものしかなかった。日本のつけまつげの毛先がとがっているのは、最後に「毛先を削る」または「専用の薬品に浸ける」ことによりとがらせる工程があるからであるが、ヨーロッパの製法にはそのような工程がないことが予想できた。

さらに価格は、日本では、IXVM型の複雑なデザインで、毛先をとがらせたつけまつげが、安いもので五ペアで八百円くらいで売られていた。つまり単価が約百六十円である。一方、ヨーロッパでは、I型、X型、V型、M型の単純なデザインで、毛先をとがらせていないつけまつげが、最も安いものでも、単価三百五十円くらいした。調査したヨーロッパのつけまつげメーカで、最も多様なデザインのつけまつげを販売していたのが、イギリスの「EYELURE」であったが、それでも、デザインはI型、X型、V型、M型の毛先がぱつんと切れているものしかなく、価格は単価が七百円から八百円が多かった。

つけまつげは、元々は海外から日本に入ってきたものであるが、終戦直後に自作した浅草の踊り子さんや、二〇〇〇年代にカスタマイズをした女の子たちによる、ものづくりの努力と日本のメーカの技術力との協働により、日本は世界で類を見ないほどのつけまつげ先進国になっていたのだ。

日本カラコン史

そして、つけまつげと並び、リアルなデカ目盛りに欠かせない道具がある。

「カラコンは、私はネットで買っています。韓国のだと十五ミリとかもあるので」

彩貴さんと一緒につけまつげを見たドン・キホーテ渋谷店の二階には、カラコンの売り場もある。しかし彼女はカラコンはドン・キホーテで買っていないと言う。なぜ韓国の商品を買うのか。彼女が言う十五ミリとはどこの大きさだろうか。それを理解するために、カラコンとは何か、またそれが日本で流通するようになった経緯を遡って説明しよう。

「色付きコンタクトレンズ（通称：カラーコンタクトレンズ、カラコン）」は、日本でかつては、オーダーメイドでコンタクトレンズメーカが制作するものしかなかった。歌手の沢田研二が一九八〇年に発売した楽曲「恋のバッド・チューニング」で歌う際に着用したことは、当時テレビを見ていた人には知られているが、その他、映画や舞台で日本人が外国人役を演じる時に、青いコンタクトレンズを着用することなどがあった。アメリカでは古くから商品化されており、アメリカ土産として購入してくるようなことはあったと言う（注50）。

一九九一年三月、日本で初めてのカラコン商品「デュラソフトカラー」を、キャノン販売が発売した。アメリカの大手コンタクトレンズメーカであるウェスリー・ジェッセンの商品の輸入販売である。通常のソフトコンタクトレンズに着色剤を印刷したもの（注51）で、ブルー（青）、グリーン（緑）、ヘーゼル（薄茶）、ブラウン（茶）、ブラック（黒）の五種類（注50）を展開した。

販売側の本来の目的は医療用であった。手術後などの傷を目立たなくし、「目のハンディキャップを逆手に取って楽しんでもらう」（注50）ことにあった。しかし発売すると、ファッション目的での購入が多かった。それは、一九九二年のユーザ調査の結果、「購入者の九割が二十歳前後の女性」（注52）であったことに表れる。また一九九四年、カラコンの売上がとくに多かった渋谷の家電量販店さくらやで、「度なし（非視力補正用コンタクトレンズ）を買う人が七割」（注53）だったことにも表れる。価格は、一枚あたり二万二千円から三万二千円で、通常のソフトコンタクトレンズより割高だったため、当初は医療目的で用いられると想定されていたことから、「おしゃれ用品として人気が出ることに販売側は戸惑い気味」（注50）だったと言う。

一九九二年時点では、「ブルーが売上全体の四割を占める人気」（注52）だったが、一九九四年にはヘーゼルが最も売れた（注53）。

キヤノン販売に続き、一九九三年には、スイスの医薬品大手チバガイギーグループのチバビジョン・リッキーが（注54）、一九九六年三月には、シードが、英国のガラスメーカであるピルキントンバーンズハインドが製造するカラーコンタクトレンズの輸入販売を開始した（注55）。シードが発売した商品は、四月から六月にかけて約三万枚も出荷され（注56）、九月からは輸入量を一・六倍に増やすことになる（注55）。一九九六年六月には、カラコン市場規模は業界推定で月間約四万枚となった（注55）。

サークルレンズ

二〇〇〇年代に入ると、新しいタイプのカラコンが現れる。

それまでのカラコンは、レンズの上に目の虹彩とほぼ同じ直径の着色された円が印刷されているものだった。新しいタイプのものと区別するため、これは「カラーレンズ」とも呼ばれる。

それに対し、新しいタイプは、目の虹彩を縁取るように、虹彩よりも直径の大きな、中心の空いた円が印刷されたものである。女の子たちの間で当初「黒コンタクト」などと呼ばれたこともあったが、一般的には「サークルレンズ」と呼ばれるようになった。
カラーレンズの目的が虹彩を着色することにあるのに対し、サークルレンズの目的は虹彩を大きく見せることにある。

サークルレンズは、日本よりも先に韓国で二〇〇三年頃から流行していた。多くの韓国人女優が、ドラマの撮影などで使っていたことから、一般にも広がったと言われる（注57）。二〇〇四年、韓国ドラマ「冬のソナタ」が日本で人気を得たことをきっかけに、日本では「韓流ブーム」が起こり、そのような中、韓国で販売されているサークルレンズが、日本の女の子たちの間にも知られるようになった。

ちょうど、ガラ携でインターネットに接続し情報収集することが、女の子たちに浸透した頃でもある。韓国で販売されているサークルレンズを手に入れるための情報交換が、女の子たちの間で行われた。韓国の店の名前やそこがインターネット通販をしているかなどをやりとりし、韓国の店の方もそれに応えて日本語のホームページを作ることなどが増えた。

すると日本でも、韓国のサークルレンズを輸入販売する企業、さらに個人輸入してインターネットショップを運営する個人も多く現れた。いち早く、韓国アイコン社の商品を二〇〇四年十二月から輸入販売した企業は「週を追うごとに注文が増えて、二か月で二万個を販売した」（注57）と報告した。その後、商品は続々と増えていった。

当時、「非視力補正用コンタクトレンズ（通称：度なし）」は、通常の「視力補正用コンタクトレンズ（通称：度あり）」とは違って、商品分類では雑貨に属し、製造や販売をするために特別な許可をとる必要がなかった。さらに実店舗を持たず、インターネットのみで販売するのであればリスクも小さい。小規模の会社でも参入しやすかったのである。

さらに、サークルレンズに新しい流れが起こった。

韓国のサークルレンズは、一枚、または両目分の二枚ずつ販売され、ユーザは洗浄や消毒などの手入れをしながら、長期間使用する再使用可能なコンタクトレンズだった。しかし二〇〇五年二月、アメリカの医療関連大手ジョンソン・エンド・ジョンソンの日本法人ジョンソン・エンド・ジョンソン株式会社ビジョンケア カンパニーが、「単回使用コンタクトレンズ（通称：使い捨て）」で、中でも一日ごとに交換するタイプ（通称：1Day）の、サークルレンズ「ワンデーアキュビューディファイン」を発売した。

使い捨てのコンタクトレンズの原点は、一九八七年に遡る。それまでコンタクトレンズは、ハードコンタクトレンズとソフトコンタクトレンズの二種類しかなかったが、いずれもレンズの汚れや劣化を防ぐため、洗浄や消毒などの手入れに負担がかかるので、それが軽減されることは多くの人の願いだった。そこに一九八七年、ジョンソン・エンド・ジョンソンが、初めての使い捨てソフトコンタクトレンズをアメリカで試験販売する。最初は一週間ごとに交換するタイプのものだった。そして一九九一年十月には日本でも、ジョンソン・エンド・ジョンソンと、アメリカの光学機器メーカであるボシュロムの商品が、それぞれ日本法人を通して発売される。続いて、ジョンソン・エンド・ジョンソンもボシュロムも、一週間ごとよりも、一日あたりの価格を低くできる、二週間ごとに交換するタイプ（通称：2Week）の商品を生産する。そして、一九九三年にはジョンソン・エンド・ジョンソンが1Dayの商品をアメリカで試験販売し、まもなく日本でも販売した。

当初、日本では使い捨てのコンタクトレンズは浸透しないのではないかと考えられていた。なぜなら、使い捨てが発売された一九九一年時点で、日本ではハードコンタクトレンズが総需要の約六割を占め、ソフトコンタクトレンズが八割を占めるアメリカとは、大きく異なる需要構造になっていたからである（注58）。しかしその後の二〇一三年には1Dayの使い捨てコンタクトレンズが、八十九パーセントを占めることになる。

そのような中、ジョンソン・エンド・ジョンソンが、1Dayの使い捨てのサークルレンズを発売したのである。まずは先行して、韓国で二〇〇四年十一月に発売され、その後、日本で二〇〇五年二月に発売（注59）、韓国、日本、中国のみで売り出した（注60）。日本法人の担当者によれば、当初、米国本社に対し、アジア開拓の武器として「こちらが

『黒目をはっきり』というアイデアを出しても『もともと黒いのにどうして？』とすぐには理解してもらえなかった」とある。しかし商品はヒットし、翌年には第二弾を発売することになる（注60）。当時、流通していたサークルレンズの中で唯一、眼科や大手の眼鏡店で扱われる商品だったこともあるだろう。

安全よりデカ目

しかし若い女の子たちの間では、ジョンソン・エンド・ジョンソンのサークルレンズよりも、インターネット通販などで韓国製のサークルレンズを購入することがさかんだった。

その理由の一つは、値段である。ジョンソン・エンド・ジョンソンのサークルレンズは一枚あたり百二十円程度。一方、インターネット通販されている韓国製のサークルレンズは、一枚あたり三千円から五千円くらいのものが多く、レンズの交換期間の目安として、それぞれ一か月や三か月や六〜八か月などの記載があったが、女の子たちはその記載をとくに守らず、長く利用することも多かったので、こちらを利用する方が安上がりだったのだ。

またもう一つの理由は、レンズの直径である。日本人の虹彩の直径は十一〜十二ミリメートルと言われ（注61）、サークルレンズに印刷された円の外径はそれよりも大きく、それによって虹彩を実際よりも大きく見せられるようになっている。そのような意味では、印刷された円の外径が重要であるはずだが、コンタクトレンズ商品が、通常、商品仕様として公開しているのは、レンズ直径「DIA（＝DIAMETER）」と、ベースカーブ「BC（＝BASE CURVE）」の値である。そのため、女の子たちは、このDIAを、サークルレンズを評価するためのものさしとして、情報交換を行うようになった。

ジョンソン・エンド・ジョンソンのサークルレンズのDIAは十四・二ミリメートルであった（注62）。それに対し、韓国製のサークルレンズは十四・五ミリメートルのものも多く、十五ミリメートルというものも現れた。彩貴さんがインターネットで購入していると言ったのはこれである。女の子たちは、DIAのものさしを元に、より目を大きく見せられる道具を追求する中、ジョンソン・エンド・ジョンソンの商品は必ずしも評価されなかった。

しかし、若い女の子たちが、インターネット通販で手に入れるサークルレンズを使用することに、問題が起きた。サークルレンズの利用が原因で、目に異常を訴える患者が増えていたのだ。国民生活センターが「おしゃれ用の製品十銘柄の細菌毒性試験をしたところ、かゆみなどの症状につながる眼粘膜刺激をおこすものが二銘柄あった。四銘柄はレンズから色素が溶出し、うち三銘柄からはアルミニウムやチタンも溶出」したという調査結果を発表し、二〇〇六年二月、厚生労働省は、業界団体の日本コンタクトレンズ協会に対して、使用者向けの啓発活動に乗り出すよう要請した。

当時、日本では、度ありのコンタクトレンズは医療機器として、それを製造、販売するには厚生労働省の承認を得る必要のあることが薬事法で定められていたが、度なしのコンタクトレンズは薬事法の対象外であり、規制がなかった。しかし、度なしも度ありと同じように目の粘膜に直接接触するものであることから、二〇〇九年十一月、薬事法の改正により、医療機器として扱われ、厚生労働省の承認を受けた事業者でないと、製造、販売できないようになった。その後も経過措置として、二〇一一年二月三日までは、承認を受けずに製造、販売された商品も販売できたため、女の子たちの中には二月三日までに買い込む者もいた。

薬事法改正後も、規制はあくまでも国内での製造、販売に関するものであったので、女の子たちが個人輸入や輸入代行サービスを通じて購入することは続いた。それらのインターネットショップでは、法改正以前から薬事法の対象だった度ありのサークルレンズも自由に販売していたので、法改正があっても変わらず度ありも度なしも販売を続けた。

二〇一三年十一月には、韓国製の未承認のサークルレンズをインターネットの通販サイトで宣伝していた大阪市の輸入代行業者が、薬事法違反容疑で大阪府警に書類送検されたことをきっかけに、規制と現実がかみ合っていないことが各報道記事で問題視された（注63）（注64）（注65）。

しかし法改正後は、二〇一〇年二月にチバビジョン、二〇一二年七月にボシュロム・ジャパンやシードなど、日本のメーカによる1Dayの使い捨てのサークルレンズの生産が増えた。二〇一三年頃からはそれらの売上も大きく伸びている。日本のメーカでは、より自然に見えるための複雑なデザインの探求が進められ、デザインの多様化が進んでいる。

アイメイクという「ものづくり」

こうして、低価格で、多様なデザインのつけまつげやサークルレンズが、インターネット通販により、全国どこでも手に入るようになった。

そして、このようなつけまつげやサークルレンズのような道具は、同じ商品を同じように使うと、簡単に手本に似た顔を作れるという性質がある。つまり、つけまつげやサークルレンズというのは、従来の化粧品とは違い、ぽんとつけるだけで顔を大きく変えられる、化粧品のキットのようなものなのである。

キットのような道具が存在し得るのは、「目」というものが持つ色彩的、形状的な性質による。

目の色は、黒と白という二色で構成されていて、とくに日本人であればその色にほとんど差がない。また眼球の形は、誰でも球状をしており、大人で球の直径が二十五ミリほどで、その大きさは誰でもほとんど同じであると言われている。また黒目は完全な円形で、大きさも十一〜十二ミリとほとんど差がない。

人間の顔が多様であるのに対し、目には均一的要素が多いから、つけまつげやサークルレンズのような、誰の目にも合わせられるキット化された商品が可能なのだ。

このような意味で、目の「盛り」はキットを組み合わせて作る、ホビーの模型制作と近いかもしれない。

詳しい人に話を聞いたところ、例えば車の模型制作において、ラジコンカーはキットが高価で、特別な店でしか手に入らず、組み立てが難しいので、愛好者人口が少ないようだ。それに対して、ミニ四駆はキットがどこでも低価格で手に入り、仕組みが簡単なので、普及したようだ。

またミニ四駆は、初心者でもとっつきやすい一方で、キットを改造してカスタマイズして自作することもできる。さらにそれらの成果を披露するレースという場もあり、そこではキットを自作するような人が評価されている。それにより、テクニックやノウハウの情報交換を行うコミュニティが活性化し、ミニ四駆の人気は持続しているようだ。

「間口は広いが、奥が深い」ものづくりには、普及しやすく、長続きしやすい性質があることがわかる。

目の「盛り」にも、ミニ四駆の制作と似たような性質がある。つけまつげやサークルレンズのようなキットをそのまま使って、簡単に大きな目を作ることもできるが、彩貴さんやゆうりさんのように、つけまつげを切って、貼って、組み合わせて、キットを自作することもできる。まさに「間口は広いが、奥が深い」ものづくりである。

また、ミニ四駆の披露の場としてレースがあるように、目の「盛り」の披露の場として携帯ブログがある。そしてレースで、キットを自作するような人が評価されるように、携帯ブログでも、つけまつげを自作しているゆうりさんのような女の子が評価され、方法に関して質問が集まった。

このように携帯ブログコミュニティにはものづくりコミュニティの性質がある。携帯ブログコミュニティで、他のパーツよりも目の「盛り」がさかんになったのは、目の「盛り」にはものづくりコミュニティを活性化させやすい性質があることも、理由の一つにあると考える。

携帯ブログコミュニティでは、目の「盛り」というものづくりに優れた人が評価されていた。このような評価基準が築かれた背景には、日本の「匠」の文化の影響があるのではないかと私は考えている。

雑誌はブログの総集編

ところで、携帯ブログの普及により、雑誌のモデルなどの影響力が小さくなったと述べたが、逆に発行部数を伸ばした雑誌もあった。そのような雑誌は、携帯ブログ上に築かれた評価基準を取り入れていた特徴がある。代表的なものに、次の二つの雑誌がある。

一つは、二〇〇六年に創刊された『小悪魔ａｇｅｈａ』である。キャバクラ嬢を対象にした雑誌であるが、キャバクラ嬢以外の女の子も多く読み、その影響で、二〇〇八年、若い女性がなりたい職業の第九位にキャバクラ嬢がランクインしたことなどで、話題になった。しかし当時、私も読んでみたが、キャバクラ嬢独自の文化が色濃く表れていて、キャバクラ嬢ではない女の子が夢中になる理由がいまいちわからなかった。

数年後、高校生の頃に『小悪魔ａｇｅｈａ』を毎月購読していたというはつほさんと話をしている時に、その理由がわかった。彼女は、全寮制の高校に通っていて、化粧をすることも雑誌を読むことも禁止されていたが、夏休みに自宅に戻った際に数か月分の『小悪魔ａｇｅｈａ』を読んでいたと言う。

「『ａｇｅｈａ』の良いところは、アイメイクの方法をミリ単位で説明してくれているところです。モデルさんの目を実物大で印刷して、二重幅を何ミリ、アイラインを何ミリなどと、細かく指示がある。つけまつげは、どこどこの何番の商品を、目尻の部分を一束だけカットして使うなど詳細な方法が書いてある。『ａｇｅｈａ』を見ながら、ピンセットとか毛抜きを持って、一生懸命練習しました。カラコンの商品番号も書かれていて、ネットでカラコンを買うのは心配だけれども、雑誌で紹介されていれば安心して買えました」

携帯ブログで交わされているより、さらに精密で、信頼性の高い、目の「盛り」の設計図や仕様書が紹介されていたのだ。二〇〇八年には、発行部数が三十五万部になった。

また、もう一つは、以前からある『Ｐｏｐｔｅｅｎ』である。私は、二〇一〇年十一月、ファッショングッズトレードショーというメイクやファッション関連の雑貨を集めた展示会で、当時『Ｐｏｐｔｅｅｎ』の編集長であった馬場麻子氏の講演を聞いた。すると、

「月一回の雑誌は、毎日のブログの総集編」

と言った。雑誌に毎月登場する女の子「読者モデル」（注66）全員が、ブログも開設していた。

「人気の読者モデルは、天然美人ではなれません。何かを努力していないとなれません。その毎日の努力を読者はブログで見ているのです」

『Ｐｏｐｔｅｅｎ』は、雑誌で人気の女の子がブログを書いているのではなく、ブログで人気の女の子を雑誌が取り上げているような印象を与えることに、成功していた。だから、雑誌の専属モデルやテレビに出ているタレントに対しては「どうせ、企業に宣伝させられているんでしょ」と信じなかった一般の女の子たちも、『Ｐｏｐｔｅｅｎ』の読者モデルに

対して、そうは言わなかった。

『Popteen』の中で、とくに注目された女の子に読者モデルの益若つばさがいる。注目が高まった二〇〇八年頃は、金髪に、白い肌、大きな目が、印象的な女の子であった。

彼女の大きな特徴は、低価格な商品を使いこなして、そうとは思えない成果を見せることだった。金髪のヘアスタイルは、市販のカラーリング剤を使って自分で染めたり、ヘアアイロンを使って自分で巻いて作っている様子を、彼女は見せた。大きな目を作るプロセスも紹介し、そこで用いられている道具は、ドン・キホーテやドラッグストアで売っている、安価な商品であることが多かった。さらには、百円均一ショップの商品も多く使っていた。

服に関しても、例えば、それまでファッションに興味のある女の子が購入することはなかったような、ディスカウントショップファッションセンターしまむらの、一着五百円から千円くらいの商品を組み合わせたコーディネイトを紹介した。全国どこでも手に入る低価格な商品を使いこなして作り上げる装いを、多くの女の子が真似しようとし、彼女が紹介した商品はよく売れた。ファッションセンターしまむらにも多くの人が集まった。

益若つばさは、二〇〇〇年代に女の子たちからの人気を集めた歌手の浜崎あゆみのファンであることを、公言している。確かに、益若つばさがしていた、金髪、白い肌、大きな目という特徴は、浜崎あゆみの特徴でもある。しかし浜崎あゆみは、専属のメイクアップアーティスト、ヘアスタイリスト、ネイリスト、ファッションスタイリストなど、常に数十人を連れていたということでも有名だ。彼女の装いは、多くの人の力で、多くのお金をかけて、作り上げられていた。

そのような浜崎あゆみがオーダーメイドで作っていたような装いを、益若つばさはマスプロダクト、それも百円均一ショップの商品などで作ったことになる。さらに言えば、浜崎あゆみは、アメリカの歌手のマドンナに憧れていたという話がある。そうだとすれば、益若つばささんが行った挑戦は、マドンナを、百円均一ショップの商品で再現するようなことかもしれない。

これを再び、車の制作に例えるなら、彼女は高性能のエンジンを積んだ高級なスーパーカーを購入するのではなく、どこにでもある安価な材料を寄せ集めて、自分でスーパーカーに負けない超高速の車を作ったということになる。そしてその制作プロセスを一般に公開したということになる。だから、ものづくりコミュニティの中で一目置かれ、カリスマ的な人気を得たのだ。

『Ｐｏｐｔｅｅｎ』は、益若つばさの結婚を祝した二〇〇八年二月号で、発行部数が四十一万部にもなった。

すっぴんを褒められてもうれしくない

「すっぴんを褒められてもうれしくない」

と彩貴さんはそう言った。

「男の子によく『すっぴんの方がいいよ』と言われるけれど、『そんなこと言わないで、努力しているのだから』と思う」

彼女はすっぴんよりも「盛り」の努力を褒めてもらう方がうれしいというのだ。

二〇〇二年、渋谷のサークルコミュニティにいた奈々恵さんは、実際の顔とプリ帳やイベントパンフレットの上のプリクラ写真の顔にずれがあっても良いと「盛り」を肯定し、その頃を境に、この言葉は広がっていった。

そして二〇一二年の彩貴さんも、やはり「盛り」を肯定した。それどころか、すっぴんよりも「盛り」を褒めてもらう方がうれしいとまで言った。なぜならば、「盛り」は、彼女たちにとってものづくりの努力の成果だからだ。

このようにすっぴんより「盛り」を評価するという基準が、女の子たちの間に浸透していることは、彼女たちの会話にも表れていた。彼女たちはよく「盛れてる」という褒め言葉を使うようになっていた。うまく「盛り」ができていることを評価する言葉だ。

ある時、私も、イベントで一緒になった女の子のお化粧がきれいだったので、「盛れてますね」と、女の子たちが使っている褒め言葉を、真似して使ってみた。すると、横で聞いていた男性司会者が驚いて、

「そんなことを言っていいのですか。それは、元の顔がよくないと言っていることにならないのですか?」

と言った。しかし、彼女は「うれしい」と喜んでくれた。すっぴんより「盛り」を評価する基準は、女の子たちには浸透しているが、一般的には浸透していないことを確認した瞬間だった。


しかし、よく考えてみれば、すっぴんより「盛り」を評価する基準は、文明が発展した現在において、当然といえる。原始時代は、腕力の強い人が権力者になった。しかし、道具が誕生すると、道具を所有したり、道具を使いこなす人が権力を持つようになった。生まれもった能力で評価し合うなど、原始時代の基準である。

それにもかかわらず、女の子のビジュアルに対しては、前述の司会者のように、生まれもった能力で評価しようとする原始時代のような基準が未だに残っている。インターネットによって、全国の女の子たちがつながった携帯ブログコミュニティの中だけで、現代に

おいて当然といえる、文明的な評価基準が形成されるようになったのだ。

ここまで理解できてもまだ、ヒロインフェイスコンテストのファイナリストの女の子たちが、いきいきと「盛り」のネタ晴らしをした理由が、私には理解できなかった。なぜならば、つけまつげやサークルレンズで作る「盛り」は、ものづくりの努力の成果であるから、女の子たちが自信を持って披露し合うことは理解できるが、プリクラで作る「盛り」は、機械が自動的に行うものであり、そこに努力はないのではないか。その疑問を解くため、プリクラがなぜそれほどのデカ目加工をするようになったのか、まずはフリューのプリクラ開発をベースに、デカ目が生まれた経緯を振り返ってみよう。

第三節　プリクラによる「盛り」

プリクラの「デカ目」誕生物語

二〇〇二年頃、女の子たちが「盛り」という言葉を使うようになった頃はまだ、プリクラでデジタル画像処理はそれほど行われておらず、女の子たちはプリクラ写真で目を強調するため、化粧を駆使していた。目の際を黒く、その周りを白く塗るなどの化粧をし、ストロボの効果を使って、目を強調する工夫をしていた。

そんな中、二〇〇三年にナムコ（現・バンダイナムコアミューズメント）が生産したプリクラ機「花鳥風月」が、デジタル画像処理によって女の子の要求に応えることを、飛躍的に進めた。その中には、顔認識技術で目を検出し、目だけを強調する処理も行われていると考えられた。花鳥風月が人気を集め、その後はどのメーカが生産するプリクラ機でも、顔認識技術を用いた目の強調が取り入れられるようになる。この時期を、プリクラの技術の歴史の中で、私は「目ヂカラ期」と呼んでいる。

この当時の機械は、

「目を縦方向にしか拡大していませんでした」

とフリューの稲垣涼子さんは言う。なぜ縦方向にしか拡大しなかったかというと、

「目は、縦に見開くことはできるけれど、横に広げることはできません。だから、プリクラの開発者の間では、縦方向の拡大ならば不自然にならないけれど、横方向に拡大すると不自然になると、当時は考えられていたようです」

しかし、彼女は、それまで当然と考えられてきた前提を覆し、「目を横方向にも拡大する」新機種を企画して、二〇〇七年、「美人―プレミアム―」が発売された。すると、発売前のヒアリング段階から、女の子たちの間で「盛れる」と話題になるなど、前例のないヒット商品となった。その後しばらくして、全てのメーカが、目を縦横に拡大する機械を作るようになる。この時期を、私はプリクラの「デカ目期」と呼んでいる（図２－４）。

ただしそのきっかけとなった「美人―プレミアム―」は、

「別人に見えるような加工をするつもりは全くなかった」

と稲垣さんは言う。

「私たちがプリで目指していたのは、表情をつくったり、お化粧をしたり、ダイエットを

したりして、女の子がリアルに変化できると感じられる範囲です」

それまで、プリクラの開発者の間で基準にしていたのは、「盛り」の努力をしない女の子でも、表情などでリアルに変化できる範囲での加工だったが、稲垣さんが基準にしたのは、「盛り」の努力をする上級者の女の子がリアルに変化できる範囲の加工だったのではないか。

稲垣さんは、それまで当然とされてきた前提を覆したものの、あくまでもリアルに変化できると感じられる範囲の加工に、こだわり続けていた。


しかし、その後、各社が競って、もっと目を大きくしようと、縦横に拡大を進める中、プリクラが作る目は稲垣さんの言う「リアルに変化できると感じられる範囲」を超えて、どんどんと大きくなっていった。

「目を大きくするという技術以外で他社と差別化することが難しかった企業もあり、不自然に目が大きくなる機械の増加を招いたのかもしれません」

と、新本祐一さん（元・フリュー株式会社常務取締役）は言う。

プリクラにおいて、他のパーツよりも目の加工が先に進んだことも、「目」というものが持つ色彩的、形状的な性質が影響していると私は考える。目は、黒と白という二色で構成されていて、他のパーツと比べて特殊である。また、前述したとおり、色彩も形状も個

図2-4　プリクラの画像処理の変遷

誕生時のプリクラは撮影した写真をほぼそのまま印刷する装置だったが、すぐに光学処理とデジタル処理を組み合わせて画像処理が行われるようになった。以降、メーカにおける技術革新と、女の子コミュニティにおける「盛り」の基準の変化により、画像処理の内容は変化してきた。

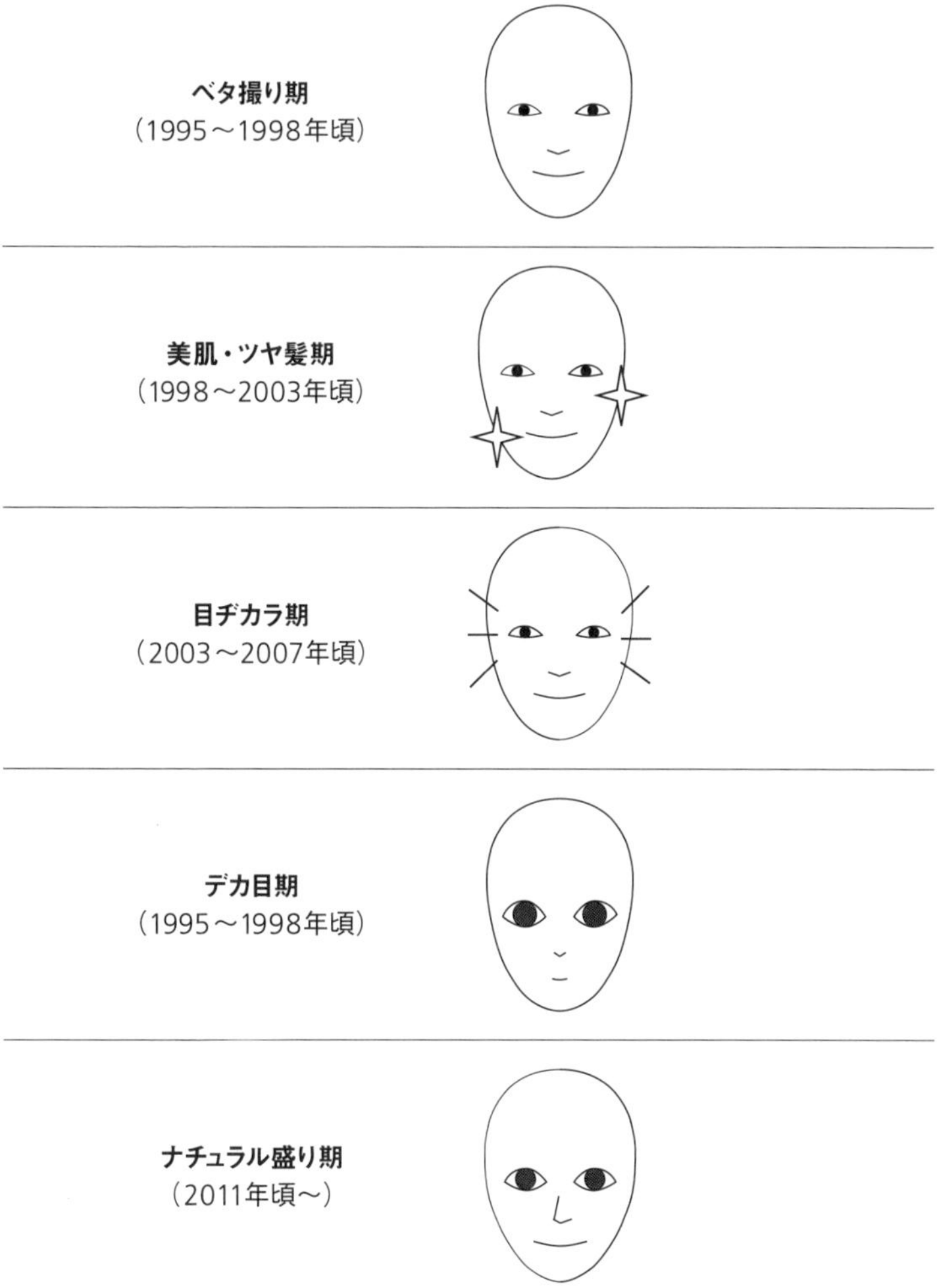

人差が少ない。それにより、コンピュータによる自動検出技術が真っ先に進んだ。そして技術力のない企業ほど、自ら開発せず、既存の目の加工のツールを用いて、不自然なほど大きくするに至った。

そして二〇一〇年に稲垣さんと会った時、彼女はこう言っていた。

「作り手から見てももうこれ以上大きくするとおかしくなるという状況なのに、女の子たちの要求は、エスカレートする一方です」

プリクラにおけるデカ目加工のきっかけを作った稲垣さんが、そのように嘆いていた。

「ヘビーユーザの女の子は『もっともっと目を大きくしてほしい』と言うけれど、それに合わせると、もはや目がはみ出してしまうレベルでおかしい。変化しないといけない時期だと考えています」

その一つの解決策が、「ユーザが目のサイズを選べるようにする」という機能だった。二〇一〇年秋、フリューとは別のメーカが、最初に取り入れた。稲垣さんは、

「とうとう出てしまったと思いました。フリューでも以前からたびたびその案は出ていましたが、ユーザが目を選べるようにするというのは、プリクラがデジタル画像処理をしていることを、認めることになります。女の子たちも、プリクラがデジタル画像処理をしていることはもちろんわかっているだろうと思ってはいましたが、でも、どこかで現実だと

信じたい気持ちもあると思っていたので、裏切りたくありませんでした」

と言った。しかし、稲垣さんの心配とは裏腹に、女の子たちは全く平気で目のサイズ選択を受け入れた。

「学校があってお化粧していない日は一番大きい目を選び、休日でお化粧をしている日は小さめの目を選ぶなど、使い分けたりもしています」

女の子たちは、デジタル画像処理によるバーチャルな加工を、化粧によるリアルな加工と同じように自然に受け入れていった。稲垣さんは、「リアルに変化できると感じられる範囲」を重要視していたが、女の子たちはバーチャルな変化も受け入れ、大人から見ると「別人に見える範囲」に達していた。

女の子たちは、大人が思っているよりもずっと、新しい技術への適応が早かった。

それは、つけまつげのカスタマイズを見せてくれた彩貴さんのプリクラの使い方にも象徴的に表れる。

プリクラのハッキング

私は、渋谷で彩貴さんの行動に一日同行させてもらった日、プリクラにもついて行った。順番を待っていると、彼女がこう言った。

「プリクラで盛れるためには、練習が必要です」

私は驚いた。私は、その時、プリクラというのは、誰でも簡単に自動で「盛れる」ようにしてくれる機械だと思っていた。それなのに練習が必要だと言うのだ。

「あまり目を見開き過ぎると、カラコンをしていても、黒目の上と下に白目が余ってしまうので、そうならないぎりぎりの見開きにする必要があります。しかし、機種によってちょうど良い見開き方になる度合いが違うので、練習が必要なんです」

彼女がつけているカラコンとは、前述したサークルレンズのことである。その着色部分の直径と画像処理との関係で見開き方の最適値が決まる。機種ごとに画像処理の内容が異なるので、その特徴をつかむために、練習をするというわけだ。さらに、

「その見開き方を、シャッタータイミングに合わせて作りたいのです。瞬きをしないと不自然になるので、その直前までは目をつぶっていて、その瞬間に開きます。でも、そのシャッタータイミングが機種によってだいぶ違うので、練習が必要です。練習をしないと、目をつぶってしまう確率が高くなります」

一口にプリクラと言っても、いくつもの機種がある。当時、プリクラメーカは五社あり(注67)、各社が全く新しい商品を一年に二～三機種、バージョンアップ商品も含めれば六～九機種くらい生産していた。各機種の画像処理の特徴やシャッタータイミングは異なるので、彼女は各機種を繰り返し使うことによって把握し、各機種に合わせて、最適なタイミングに最適な目の見開き方をするための練習をしていたのだ。それは、プリクラの中の

プログラムを解読するような作業。いわばプリクラのハッキングである。
彼女は、プリクラのデジタル画像処理によるバーチャルな加工を、当然のように受け入れ、それどころか、そのデジタル画像処理のプログラムをハッキングして、「盛れる」ことを目指していたのだ。

同じプリクラ機を使っても、練習量によって差が表れる。彼女たちが、プリクラで作る「盛り」でも、自分らしさや個性を表していると言うのは、そういうわけだ。化粧顔に表れるリアルな「盛り」同様、プリクラ写真に表れるバーチャルな「盛り」も、彼女たちの努力の成果なのである。

そこでヒロインフェイスコンテストのファイナリストの女の子たちが、いきいきと「盛り」のネタ晴らしをした理由が、やっと理解できた。全国審査でインターネット上に公開していたプリクラ写真と、最終審査会場で見せた姿との差、つまりバーチャルな「盛り」のネタ晴らしもまた、彼女たちの努力の成果だったのである。
とくに、最終審査に集まっていたのは、二十六万人もの応募者の中からたった二十人だけ選ばれたファイナリストたちである。彼女たちは、誇りを持って、努力の成果をいきいきと披露していたのだ。

最終審査会場で、彼女たち同士はおそらく、現実の顔よりも「盛り」を評価し合っていたのだ。デジタル文明が発展した現在において、努力を評価し合うというのは当然の評価基準とも言える。現実の顔の良し悪しばかり気にして、ひやひやしていた自分のことがなんだか恥ずかしくなった。

盛れ過ぎの坂

ところで、彼女たちのバーチャルな「盛り」の努力の目標はどこにあるのだろうか？

例えば、デカ目の「盛り」について考える。化粧によるリアルな「盛り」では、目を大きく見せようとしても、物理的な制限がある。しかし、プリクラ等によるバーチャルな「盛り」では、いくらでも大きくすることができる。それでも彼女たちは「大きければ大きいほど良い」と求めているのだろうか？

私は、二〇一五年からプリクラメーカのフリューとの共同研究を開始し、フリューに蓄積されたノウハウを元に、「盛り」の理論構築を行った。そこで明らかになったのが、ユーザの女の子たちは、プリクラによる加工を求めているが、加工し過ぎると、それは「盛れ過ぎ」であって、「盛れてないのと同じ」と判断していることだ。

いったいどのくらいの加工が、彼女たちが「盛れてる」と判断する状態なのか、「盛れてる」と「盛れ過ぎ」の境目はどこにあるのかを探ると、加工を増やしていく中で、急激に別人感が高まるところがあり、その直前が「盛れてる」という状態だと考えられた。

私は、この急激に別人感が高まる部分を「盛れ過ぎの坂」と名付けている。彼女たちが目指す「盛れてる」の基準は、盛れ過ぎの坂の直前であると考えられる。（図2－5）

そこで疑問が生じる。女の子たちが目指す「盛れてる」の基準は別人感が急激に高まる直前であるはずなのに、なぜ、二〇一〇年頃から、「目が大きくて別人すぎる」と話題になるほどのデカ目にするようになったのだろう。

それは脳の画像認識の「慣れ」によるものと考えられる。彼女たちは、コミュニティ内部の人とばかりコミュニケーションするので、デカ目の顔写真を見続けることになり、「慣れ」によってかつて脳にあった別人感の違和感がなくなっていったのだと考えられる。

そのような、慣れによる「別人感の基準」の変化は、突然起こったものではない。デカ目のプリクラが誕生し、携帯ブログの普及が始まった二〇〇八年頃から、女の子たちはコミュニティで共有するデカ目を守りつつも、細部で変化をつけ、デカ目のものづくりを評価し合った。その中で評価されたものがコミュニティ全体に影響を与えていく中、徐々にデカ目が進み、別人の基準も変化していった。

そして二〇一〇年頃、コミュニティ内の女の子たちの別人感の基準と、コミュニティの外にいる人たちの別人感の基準に、大きなずれが生じていたことが、明るみに出た。彼女たちにとっては別人過ぎないデカ目なのに、コミュニティの外にいる人はそれを別人過ぎるデカ目だと批判したのだ。

「盛り」の民主化

このように大きなずれが生じた原因には、彼女たちの携帯ブログコミュニティが、完全に一般の女の子たちだけの閉じたコミュニティであったことがあると考えられる。このコミュニティは、一般の女の子が一般の女の子に影響を与えることで成り立っていた。

それまでも、一般の女の子が一般の女の子に影響を与えることはあった。雑誌に登場する女の子よりも影響力を持った一般の女の子たちを、本書でも取り上げてきた。一九九〇年代中頃、休日のリゾートファッションスタイルや平日の制服着崩しスタイルを広めた渋谷の有名人高校生グループの女の子たち、一九九〇年代末、誰でも体型が良く見える服や誰でもかっこよく見せるメイクを広めたSHIBUYA109の店員、二〇〇〇年代初め頃、イベントパンフレットの写真の上で、サークル全体で派手に見せる「盛り」を広めたAngeleekの女の子などがその例である。

彼女たちは共通して、「元の顔に依らず、誰でも真似できる方法」「校則に縛られている

図2-5　盛れ過ぎの坂

女の子たちは「目を大きく見せる」ことを目指しているが「大きければ大きいほど良い」わけではない。加工を増やしていくと、急激に別人感が高まるところがあり、それを「盛れ過ぎの坂」とする。女の子たちが「盛れてる」と言う基準は、「盛れ過ぎの坂」の直前であると考えられる。

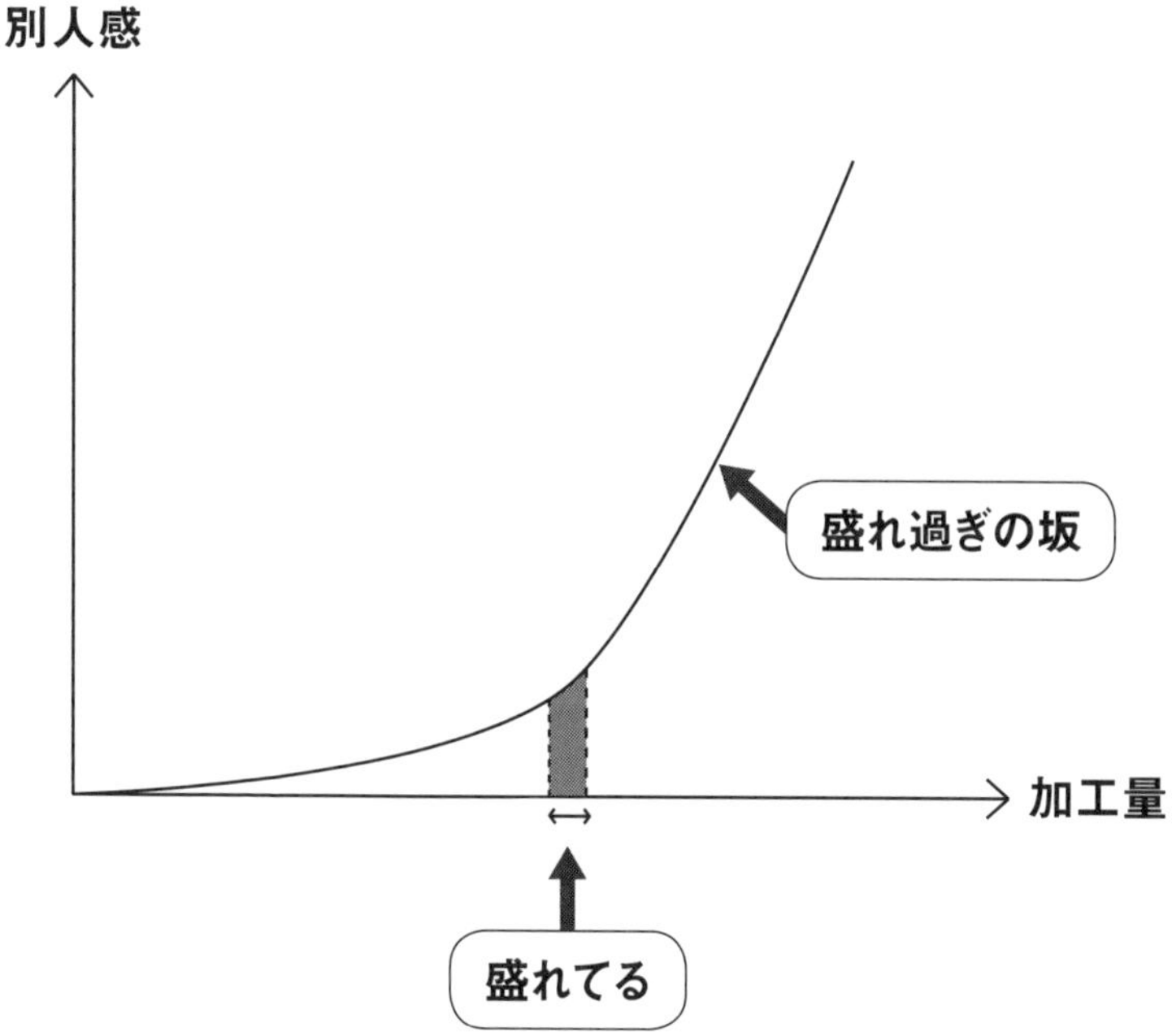

人でも、可逆的に真似できる方法」を提供した。それにより、多くの一般の女の子に真似された。

ただし彼女たちは皆、東京の渋谷近郊在住で、親や企業や出版社などの支援を受けることができる、一般よりは特別な存在だった。

一方、二〇〇〇年代末、携帯ブログコミュニティで影響を持った人気ブロガーたちは、地方在住で、後ろ盾のない、本当に一般の女の子たちだった。彼女たちが提供したのは、先の二つの要素に加え、「どこに住んでいても、後ろ盾がなくても、真似できる方法」である。それが、つけまつげやサークルレンズやプリクラなど全国どこでも低価格で手に入る道具を使って、一人の力で作ることのできるデカ目だった。

その結果、携帯ブログコミュニティは、大人や男性やマスメディアなどが全く関与しない、一般の女の子たちだけの閉じたコミュニティになった。そこで彼女たち独自の基準が確立され、デカ目が加速していったと考えられる。

この「一般の女の子たちだけの閉じたコミュニティ」は、生まれ持った容姿や、住む場所など、与えられた環境には全く依存せず、「盛り」が評価されれば、ページビューランキングで上位になり、多くの人に影響を与えられる存在になれるという、完全に努力が報われる世界になっていった。携帯ブログコミュニティは「盛りの民主化」を達成した。

どこかにいる「自分と合う人」

それにしても二〇一一年頃、なぜ日本のほとんどとも言われる女の子たちが、携帯ブログで情報発信をしたのだろう。全国の不特定多数の人が見ている場で情報発信するというのは、抵抗があるものではないか。

現在プリクラメーカに勤めているまいさんは、当時、奈良県に住んでいて、高校生の途中からデコログでブログを書いていたという。不特定の人に向けて情報発信することに対する抵抗はなかったかと聞けば、「どうせ誰も見ていない」と応えた。それでは誰も見ていないのに、なぜブログを書くのかと聞くと、「自分のための記録」だと言う。インターネット上に書けば、他人に見られてしまうがそれでも良いのかとたずねれば、「人に見られても良い」と言った。

当時、携帯ブログを開設していたという女の子に、他にも何人か会って聞いてみたが、やはり同様の答えだった。なぜ、彼女たちは、自分のための記録を、不特定多数の人がアクセス可能なインターネット上で行うのだろうか。

人に見られてもいい、自分のための日記について、私も自身の過去を振り返ってみると、小学生の頃に学校の友人と交換日記をしていたことを思い出した。携帯ブログは交換日記の延長線上にあるのだろうか。ゆうりさんに聞くと「それは違う」と明確に答えた。

「交換日記は、相手に合わせようとするので、合わないと悲しい。ブログなら、自由に日記を書いて、百人のうち三人でも合う人がいたらうれしい。ブログのそういう気楽さが私に合っています。交換日記は苦手」

彼女は、学校の友達とも仲良くしていたようだったが、学校の友達が必ずしも「自分と合う人」であるとは限らないと、最初から諦めている。そして、インターネット上のどこかにいる「自分と合う人」を求めて、ブログを書き、不特定の人とのコミュニケーションを行っていたのだった。そこで彼女が「ページビューを増やす」ことを求めていたことも理解できた。多くの人とつながるほど「自分と合う人」とつながれる確率が上がるからだ。

女の子たちがブログやSNSで情報発信を行うようになって以降、その理由を探る議論は世間でも多く行われているが、よく至る結論は「自己承認欲求である」というものだ。しかし、ゆうりさんの言葉からわかるのは、自己承認欲求だとしても、「みんなに私のことをわかってもらいたい」という欲求ではなく、「どこかにいる、私のことをわかってくれる人を、見つけたい」という欲求だ。

振り返れば、本書がここまで取り上げてきた女の子たちは、皆、ゆうりさんのように、どこかにいる「自分と合う人」を求めていたのかもしれない。

一九九〇年代半ば、ポケベルを持ち、放課後に街を拠点に、学校の枠を超えたコミュニティを形成した高校生たちも、二〇〇〇年代初め頃、渋谷の街で目立つビジュアルをし、ストリート系雑誌に取り上げられて、全国に情報発信しようとしていた女の子たちも、渋谷を拠点としたサークルに所属し、プリ帳やイベントパンフレットなどの印刷メディアの上で現実よりも派手なビジュアルになり、サークルコミュニティ内で広く知られることを目指した女の子たちも、皆、学校には必ずしも「自分と合う人」がいないと諦め、どこかにいる「自分と合う人」を求めていたのではないか。そして「自分と合う人」を見つける確率を上げるため、できるだけ多くの人とつながれるメディアを追い求めてきた。ポケベル、ストリート系雑誌、プリ帳、イベントパンフレット、そして携帯ブログと移動し、そのつながりを渋谷から全国へと広げてきた。

擬態する個性

ゆうりさんは、自分のことを、

「私は、基本的に、人には『ほっといてほしい』と思っているタイプ」

と言った。一日に何度もブログを更新していた彼女を、私はどちらかというと「ほっといてほしくない」タイプかと思っていたので驚いた。

しかし、少し考えると、彼女の言うことが理解できた。確かに、私はゆうりさんのブログを毎日読んでいたが、もし彼女と偶然に街で出会っても、気づけないだろうと思っていた。それは、彼女がブログで公開していた写真が、私にとっては個人を特定できないものだったからだ。つまり、街で出会っても「ほっておく」ことしかできなかった。彼女たちはそれを、意識的にやっていたのかもしれないと気づいた。

彼女に限らず、この頃、携帯ブログ上にあふれたデカ目の顔写真は、大人などからは、個人が特定できず、どれもそっくりに見えた。彼女たちは、デカ目という一塊にしか見えなかった。

しかし私は、彼女たちのカスタマイズの知識などを共有するうちに、見分けられるようになっていった。このように、大人でも、彼女たちの知識を共有すれば見分けられるようになるのだが、そうなった頃にはもう遅い。彼女たちは、コミュニティでデカ目の流行を共有しながらも、それぞれが細部で差異を表し、そのうち多くの人に真似されたものが、次のデカ目の流行を作った。そうしてコミュニティの中では次々と流行が変化するので、大人はいつまでも見分けられず、いつまでも一塊に見えてしまっていた。

だから大人は、その塊に対して「別人だ」「詐欺だ」などの批判はするものの、それを構成する一人一人に対して何か意見を言うことはできなかった。しかし、女の子同士には、細部に表れる個性が見え、評価し合ったり、真似し合ったりしていた。つまり彼女たちは、デカ目にすることにより、コミュニティ内の「自分と合う人」とはコミュニケーションしつつ、コミュニティ外の「自分と合わない人」からは「ほっといてもらう」ことを、成し遂げていたのだ。

振り返れば、携帯ブログでのデカ目の顔写真だけでなく、一九九〇年代半ばの渋谷の有名人高校生グループのリゾートファッションスタイルや制服着崩しスタイルも、二〇〇〇年前後の渋谷の女の子たちのヤマンバやマンバのスタイルも、大人には個性は見分けられず、一塊に見えた。しかし、本人たち同士には細部に表れる個性が見えて、評価し合い、真似し合ったりしていた。

このように、化粧や服装などのビジュアルを、コミュニティの基準に従って作ることにより、コミュニティの外の人には一塊に見せて「ほっといてもらい」ながら、コミュニティ内では個性を見せ合うことができる。日本の女の子たちは、そのようなビジュアルのコントロールを、かつては渋谷というリアル空間で行っていたが、バーチャル空間でも行うようになり、それが「盛り」と呼ばれた。

このような、コミュニティの「内」と「外」で見え方が違うビジュアルのコントロールは、生物の擬態にも似ている。例えばコノハムシは、木の葉と一体化するようにビジュアルを変化させて、敵に見つからないようにするが、コノハムシ同士では見分けがついているのだろう。生物は敵から身を守るためにそれを行っている。

日本の女の子たちの「盛り」も、今後のインターネット社会で身を守るために活かされるのではないかと考える。リアル空間では、個人は学校や企業などの組織に守られていることが多いが、バーチャル空間では、個人が公にさらされる。そして今後のデジタルテクノロジーの発展により、このバーチャル空間がさらに巨大化していく。

例えば、現在IoTが進められており、今後は我々をとりまくあらゆる道具が通信機能をもつようになる。すると、そこでセンシングされる我々の行動や生体などのあらゆる情報が、バーチャル空間上のビジュアルと紐づき、個人情報を形成するようになる。

さらに現在、急速に発展しているのが「人工知能（以下、AI）」の技術である。二〇四五年には「シンギュラリティ」と呼ばれ、AIが人間の知能を超え、多くの労働の主体が人間ではなくAIになるという予測もある。AIは、我々がバーチャル空間で公開する情報をもとに、我々が最も望むサービスや商品を提供してくれるようになる。そうなれば、我々のバーチャル空間でのコミュニケーションの主な相手は、これまでのように友達ではなく、AIをハンドリングする企業や国家などになっていくことも考えられる。

そのような中、バーチャル空間で身を守る術は、誰もが持つべきものになるかもしれない。日本の女の子たちによる、コミュニティ外部からのアクセスを防ぎ、コミュニティ内からのアクセスだけを受け入れることができる「盛り」の術は、今後のインターネット社会におけるコミュニティ形成のあり方の、一つのモデルになる可能性もあると考える。

ただし、彼女たち自身に、そのような策略などない。彼女たちの「盛り」の行動の動機としてあるのは、仲間との協調や大人や社会への反抗、そして常に変化しようとする好奇心などの「美意識」ではないかと考える。そしてそれが、その後、世界へと広がっていくのである。

第三章
世界へ広がる「盛り」

SNSの登場は、「盛り」に影響を与えた。ツイッターなどの「テキスト型SNS」は、それまで自由に行われていた「盛り」に制約を与えた。しかし、「ビジュアル型SNS」であるインスタグラムは、スマートフォンのカメラや画像処理ソフトの向上、翻訳機能などの技術革新と相まって、「盛り」の文化を日本から世界へと広げはじめている。

第一節　抑制される「盛り」

世界セルフィー旋風

私が「盛り」の研究を始めたのは二〇一〇年頃からで、以降、「何をしているのですか？」と聞かれれば、「日本の女の子たちの『盛り』の文化と、それを支援する技術を『シンデレラテクノロジー』と呼んで研究している」というような説明をしていた。こう説明すると、「女の子の盛りの研究？」と、必ず笑われていた。

私は、小さい頃からあまり人に笑われるようなタイプではないので、たまに笑われることもうれしかったが、二〇一四年末頃から、私のテーマに対する世の中の反応が、変わってきたように感じた。私がそれまでと同じように答えを言っても、突然笑われなくなった。なぜ、笑われなくなったのか。それは世界が変化したからだと、後から気づいた。世界がどう変化したのかを説明するため、時間を一旦、二〇〇七年まで巻き戻そう。

二〇〇七年一月九日、アメリカのサンフランシスコで開催された「マックワールドエキスポ2007」において、アメリカのアップル社による新商品発表会が行われた。当時CEOのスティーブ＝ジョブズは、「今日、アップルは電話を再発明する」と宣言し、新商品iPhoneを発表した。

多機能な携帯電話、いわゆるスマートフォンはそれまでにもあったが、いずれも物理的なキーボードを持つ堅苦しいデザインで、ビジネスマンのみが使う道具だった。それに対してiPhoneは、マルチタッチ入力のみのシンプルなデザインで、操作性も高く、搭載するアプリケーションのエンターテインメント性も高く、多くの人を魅了した。さらに翌二〇〇八年には、一般のユーザがアプリケーションを購入、利用するだけでなく、開発、販売もすることができるApp Storeを公開。iPhoneの多機能性は拡大の一途を辿る。

その後、iPhoneと同じように、マルチタッチ入力で、多様なアプリケーションが利用できて、開発、販売もできるOSのAndroidが、アメリカのグーグル社で開発された。Androidを搭載したスマートフォンは、多数のメーカから発売された。そして、スマートフォンが世界市場を席捲するようになった。

それに伴い、スマートフォン向けのアプリケーションが、多く誕生した。その代表ともいえるのが、SNSだ。

SNSは、個人間のコミュニケーションを支援するサービスだが、それまでのコミュニケーション支援サービスとの大きな違いは、インターネットコミュニケーションに能動的に参加するハードルを最低化したことにあると考える。短いテキストや、撮影した写真を、簡単に投稿できるのみならず、他人の投稿に対してボタン一つで、「いいね」という意思を伝えたり、転用して拡散させたりすることができる。

それは、マルチタッチ入力で、操作性の高いスマートフォンと相性が良かった。SNSは古くからあったが、スマートフォンの普及と共に、発展、普及した。代表的なのは、二〇〇四年ハーバード大学内で開始され、二〇〇六年に一般開放された「フェイスブック」、同じく二〇〇六年に開始された「ツイッター」である（ただし、ツイッター社自身は「ツイッター」をSNSではないと主張している。）。スマートフォンの普及により、多くの人が日常的にSNSでコミュニケーションを行うようになった。

同時に、スマートフォンに搭載されるカメラの性能が急速に発展した。スマートフォンに搭載されるカメラは、ディスプレイの裏面にあるカメラを「バックカメラ」、ディスプレイと同じ面にあるカメラを「フロントカメラ」と呼ぶが、それぞれの画素数の発展をiPhoneを例に見てみると、二〇〇七年に発表された初代機はバックカメラのみで二十万画素、その後、二〇〇九年に三百万画素、二〇一〇年に五百万画素、二〇一一年に八百万画素、二〇一二年に千二百万画素と、初代機の六十倍になった。一方、フロントカメラは、二〇一〇年に発売されたiPhone 4に初めて搭載されて三十万画素、二〇一二年に百二十万画素、二〇一五年に五百万画素、二〇一六年に七百万画素と、初代機の約二十三倍になった。

人々が、スマートフォンを手に、日常的にSNSでのコミュニケーションを行うようになる中、フロントカメラの性能が向上していった。そのため、フロントカメラで撮った自撮り写真を、SNS上で公開する人が増えるのは必然ともいえる。世界で、急速に増えたのは、二〇一二年頃だと言われる。二〇一三年八月十一日には、当時アメリカ大統領のオバマ首相の妻ミッシェル・オバマが、一人で写る自撮り写真をSNS上に公開、同月二十九日にはローマ法王が国民と一緒に写る自撮り写真が、一緒に撮った国民によってSNS上に公開され、世界を巻き込む社会現象となった。二〇一三年の年末には、英語で自撮りを意味するセルフィーという言葉が、イギリスのオックスフォード辞典が毎年選ぶ今年の言葉に選ばれる。

日本の女の子たちの間で携帯通信端末による自撮りが始まったのは、その十年以上前、二〇〇〇年にシャープがカメラ付き携帯電話J-SH04を発売した直後からである。また、女の子たちが、他人の手を借りず、自分の顔を撮影するという意味で、自撮りの源流であるプリクラが始まったのは、一九九五年である。ここにも、ビジュアルコミュニケーションにおける、日本の女の子たちの先行性が表れる。長い間、日本の女の子だけが行う特殊な行動であった。国内でも大人や男性からは馬鹿にされる傾向があった。

その自撮りが、二〇一三年セルフィーとして、世界で一般的なものになった。その時初めて、私が、日本の女の子のプリクラや自撮りのことを研究していることが、笑われなくなったのだ。

それどころか、評価してもらえることさえも起きた。私は、インターネット上に「シンデレラテクノロジー」というホームページを作って、概要を紹介していたので、メディアや企業からホームページに問合せをいただくことが、二〇一四年からちらほら増えた。海外からの問い合わせもあった。本書の最初に紹介したフランスのAさんもその一人だ。とくに中国などは、二〇一二年から、自撮りの機能に重点を置くスマートフォンが多く生産されるようになったので、古くからある日本の自撮り文化に興味を示す人も多かった。世界で、今、始まったことが、日本の女の子の間で古くから行われていたことに、ヒントを求める声が多かった。

「自撮りを研究している人は、他にいなかった」

と誰からも言われた。

そして、極めつきは、国の研究プログラムに採用されて、研究費の支援を受けることになったことだ。研究者は、何かしらの研究プログラムに採用されないと、研究費は得られない。実は私は、女の子たちの「シンデレラテクノロジー」や「盛り」を研究テーマに掲げてからは、研究プログラムに採用されることが全くなかった。しかし突如、二〇一五年末、ダメ元で応募した、女の子たちの自撮りによる「盛り」を数量的に分析しようとする研究計画が、採用されたのだ。

スマートフォンは、もちろん日本にも入ってきた。iPhoneは、日本では二〇〇八年に販売開始された。それはちょうど、女の子たちの間で、ガラ携を使い、携帯ブログでコミュニケーションし、デカ目盛りが隆盛していた時だった。

最初は、ガラ携とスマートフォンの両方を持ち歩いている女の子も多かった。その頃、女の子たち向けのインターネットサービスがガラ携に向けて作られていたので、なかなか手放せなかったのだ。メールや電話などのコミュニケーションや、通販やオークションでのショッピングにはガラ携を使い、カメラとその加工だけにスマートフォンを使っているという声をよく聞いていた。しかし、二〇一二年頃には、多くの女の子がスマートフォンに一本化した。

同時に、携帯ブログの利用が減っていった。デコログを運営するミツバチワークス社長の光山さんと、二〇一二年に会った時、このように言っていた。

「携帯ブログは、携帯電話（ガラ携）に合わせて作ってある。携帯電話は、ユーザへのプッシュの方法がメールしかないので、ブログも、メールを使って事が進むよう設計した。一方、スマートフォンには様々なプッシュの方法があるので、これからはユーザはメールを使わなくなるし、ブログも使わなくなるだろう」

光山さんの予言通り、徐々に携帯ブログの利用者は減り、SNSのツイッターを利用する女の子が増えた。日本の女の子たちのツイッターの中でも、世界的に隆盛する自撮りが、さかんであるように見えた。

「盛り」の研究プロジェクト

女の子たちの自撮りの「盛り」を数量的に分析する研究は、国の研究プログラムの支援を受け、開始した。

「盛り」の数量的分析には、私はそれ以前から取り組んでおり、その経緯を簡単にお伝えしよう。以前は、携帯ブログ上の女の子たちの顔写真を収集し、顔の輪郭や、目や口の位置などの顔の分析に基本的に用いられる特徴点を数量化して分析していたが、どの女の子もデカ目でそっくりであるという結果しか出なかった。しかし、女の子たちへのインタビューや行動観察をすると、彼女たちはつけまつげの長さなどで、個性を表していることがわかった。それは顔の分析に用いられる基本的な特徴点には表れない部分だった。

この失敗を元に新たな研究では、つけまつげの長さなども計測できるよう、三次元的な撮影をすることにした。具体的には、次のような三種類の「盛り」の計測装置を開発した。

①「実際の顔」と「インターネット上の顔画像」とのズレを計測する装置。
②アイメイクのプロセスを記録、計測する装置。
③自撮りプロセスを記録、計測する装置。

これら三つの装置を、一つのキャリーバッグに収めて、持ち運べるようにした。

一つ目の装置の目的は、女の子のリアルな顔とバーチャルな顔のズレを調べることで「盛り」を計測することだ。しかし、最初に問題となったのは、実際の顔は三次元、インターネット上の顔画像は二次元であるということだ。次元の異なる画像を、定量的に比較する方法はない。そこで、実際の顔を三次元のまま撮影する装置を作り、それによって得られる三次元モデルを、コンピュータ上で、インターネット上の顔画像と向きが揃うように回転させ、撮影して二次元化して、その上で、両者の特徴量のズレを算出するという方法をとった（図3－1）。
実際の顔を三次元で撮影する装置は、環境に依らず、安定して、高精細な画像を取得できるようにするため、照明の量を一定にしたり、頭の位置を固定したりするための様々な工夫をこらした。

これにより、女の子たちの「盛り」を計測できるようになった。「盛り」は、彼女たちのビジュアルコミュニケーションである。複数の女の子たちの「盛り」を数量化して分析すれば、彼女たちビジュアルコミュニケーションの構造も数量的に解明できるだろうと考えた。

全ての女の子を分析対象にすることは難しいので、いずれかの女の子を対象に「盛り」コミュニケーションの分析をしようとした。そこではっとその対象にぴったりの女の子たちがいることに気がついた。一定期間、集中的に、ツイッターに自撮り写真を公開した女の子たちがいたのである。

それは、「全国女子高生ミスコン」（注68）というミスコンテストの出場者である。このコンテストは、二〇一五年夏、プリクラ機から応募し、八か月かけて、六段階の審査が行われた。

同じようにプリクラ機から応募できるコンテストとしては、二〇一二年に開催されたヒロインフェイスコンテストがあり、前章でも紹介した。それから三年後に行われたこのコンテストの特徴は、応募者がツイッターを使って宣伝活動をし、またツイッターを利用して一般投票を行う段階があったことだ。

応募者がツイッターで行う宣伝活動では、「投票を増やすためには、自撮り写真を載せないといけない」と考えられていたようで、コンテストの選考期間中、応募者の女の子たちは、さかんに自撮り写真を投稿した。

そしてツイッターを利用した一般投票は次のように行われた。ツイッターには、各投稿に対して、閲覧者が何かしらの意思表示をするための「いいね」と「リツイート」という機能がある。「いいね」は、その投稿が好きであることを示すために使われ、「リツイート」は、その投稿を引用または転用して、発信するために使われるものである。ツイッターを利用した一般投票は、特定期間、応募者の特定の投稿に対して行われた、いいねとリツイートの数を、選考基準としていた。

応募者の自撮り写真の「盛り」を計測し、「盛り」と投票数の定量分析ができると思っ

図3-1　盛りの計測手法

私は「盛り」を数量的に分析する研究のため、3次元の顔と2次元の顔画像を比較する撮影と計算のシステムを構築した。その手法の概要を示したのが下図である。

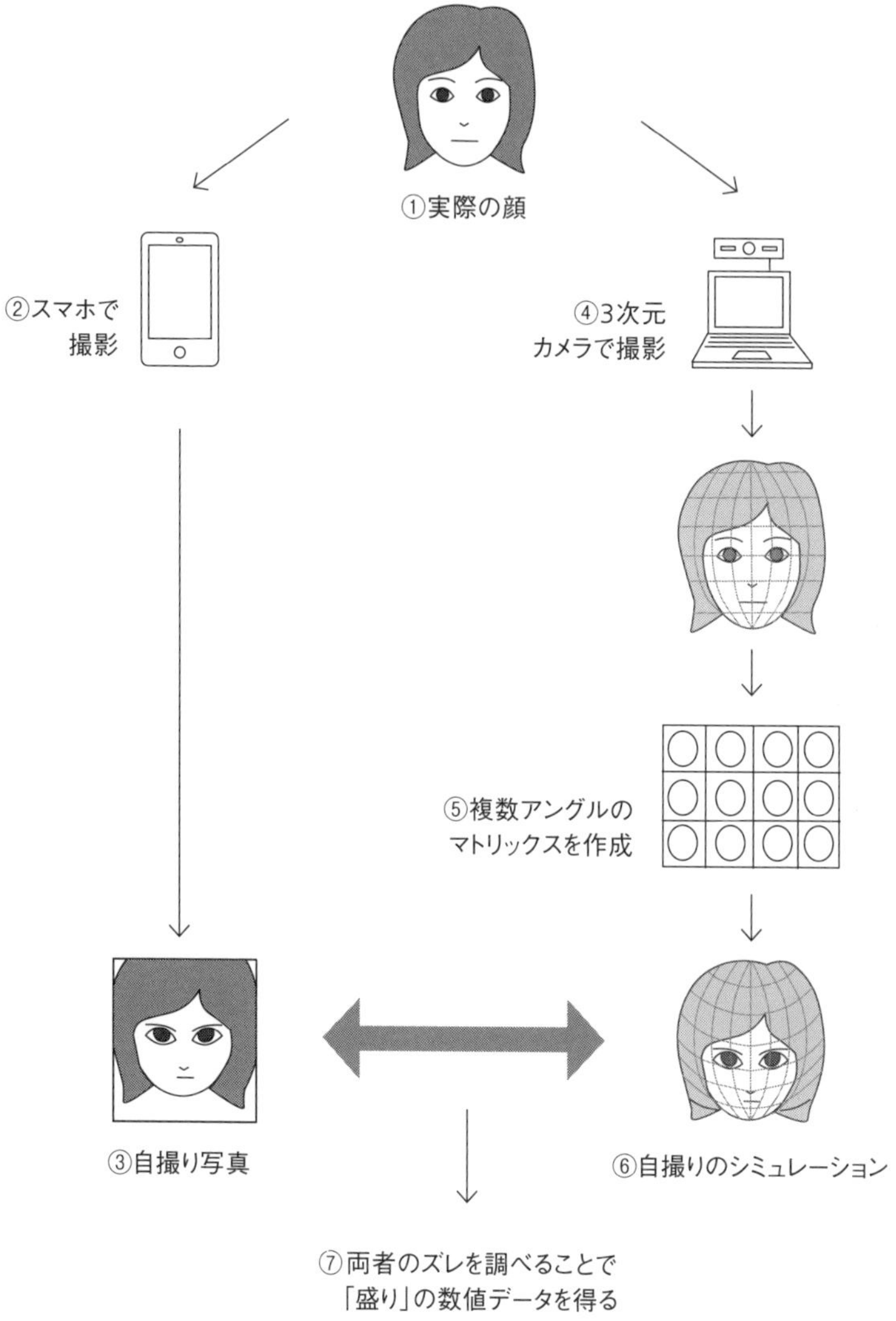

た。

コンテストの主催企業である株式会社エイチジェイに相談したところ、快く協力してくださった。このコンテストのファイナリストの女の子たちを、分析対象とすることにした。六十五万人から最終選考にまで残った彼女たちは、自撮りの「盛り」のエキスパートだろうと予測した。

そして、二〇一六年夏、「盛り」の計測をするため、計測装置を持って、ファイナリストの女の子たちに、会いに出かけた。

自撮りはしません

最初に会った札幌に住む女の子は、コンテスト後に高校を卒業し、春からは専門学校に通っていた。コンテスト期間の忙しさからはすっかり解放され、カフェへあちこちと出向いているということだった。

実験装置の準備をしながら、間を持たせるため、

「自撮りはどういう時にするの？」

と彼女に話しかけると、彼女は、こう答えた。

「ほとんどしません」

驚いた。コンテストの選考期間中、彼女がツイッター上で自撮り写真を多く公開しているのを見ていたが、そのあとは自撮りをほとんどしていないと言うのだ。私は、今回、分析対象にした女の子たちが自撮りをしていることを前提としていたので、出鼻をくじかれたが、その時はまだ彼女が特別なのだろうと楽観的に考えていた。

しかし、その後も調査を続けていくと、どの女の子も、コンテストの選考期間後は、自撮りをしていないと言う。彼女たちの周りの友人たちの様子を聞いてみても、やはり自撮りはしていないと言う。

世界でこんなにも自撮りがさかんなのに、世界で最も早くから自撮りをしていた日本の女の子たちは、もうすっかり自撮りをしなくなっていたことを、私はこの時知ったのだ。

自撮りをしない理由を、わかりやすく話してくれたのは、福岡県に住む高校二年生のあきらさんだった。私が装置の準備をして待つ会議室に、彼女は、約束の時間よりも早く、制服姿で現れた。小柄で、背筋をピンと張っている彼女は、週五日クラシックバレエのレッスンに通っているが、その日は貴重な休みの日ということだった。彼女もまた、自撮りを、今は、ほとんどしないと答えた。確かに、コンテスト以降、彼女のツイッターでは自撮り写真が見当たらなかった。

「お化粧がうまくできた時に撮ってみたり、新しいアプリを見つけた時に自撮りを試すことくらいはあるけれど、でも、撮ってすぐに消します」

見せてもらうと、スマートフォンに保存されている写真にも自撮り写真がない。

「自撮りしたのが、お友達に見られると、恥ずかしいから。自分、自分というのは嫌いなんです」

このような、ナルシストと思われることの「恥ずかしさ」は、女の子たちの「盛り」に常に付きまとう感情である。女の子たちがあまりピンプリをしないが、その理由を聞いても同じように応える。

しかし、前章で紹介した、携帯ブログで「盛り」の方法を伝える女の子たちは自撮りをしていた。ナルシストと思われることの「恥ずかしさ」はなかった。なぜツイッターではそれがあったのだろう。

「盛り」に向かないツイッター

あきらさんが「恥ずかしさ」を感じる相手は、学校の友達のような、リアル空間で日常的につながる友達ということだった。

かつて女の子たちが自撮り写真を公開していた携帯ブログでも、学校の友達が見ていることはあったのだが、携帯ブログでは、投稿が誰に見られているかが明らかにならないシステムになっていた。人気ブロガーだったゆうりさんが「ブログは交換日記とは違う」と言ったように、携帯ブログでのコミュニケーションの相手は、主にバーチャル空間でつながる人々であり、リアル空間のコミュニケーションとは切り離されていた。

それに対し、ツイッターでは「フォロー」という機能があり、フォローされている人からは投稿が見られていることが明らかであるシステムだ。彼女たちはリアル空間の友達ともフォローし合ったので、その目を気にして、「恥ずかしさ」から自撮り写真を投稿できなかったのだ。

また、あきらさんが自撮り写真をツイッターに投稿しないのには、リアル空間の友達から見られることの「恥ずかしさ」の他にも理由があった。

あきらさんは、ツイッターで情報発信することは、

「いつ反感を買うかわからないから怖い。だから、ネガティブな発言はしない、へんな発言はしない。それでも批判はある」

と言った。批判を受けることの怖さについても、携帯ブログで情報発信をしていた女の子からはほとんど聞くことがなかった。携帯ブログでも、個人が投稿にコメントできる機能があったが、とくに多くの女の子たちが利用していたデコログでは、各サービスの会員でないと、コメントできないように制限されていた。会員であるのは、趣味を共有する

「コミュニティ内」の女の子たちだったので、批判的なコメントがほとんどなかった。

また、デコログは、クローラを非公開にして、外部の検索サイトからアクセスできないようにもしていたので、「コミュニティ外」の人が侵入して投稿を読むこと自体をブロックしていた。

人気ブロガーだったゆうりさんが、自身は「ほっといてほしい」と思っているタイプだとしながらも、一日に何度もブログを投稿していたことは、コミュニティ外からの侵入や批判がなかったことを示す。

それに対しツイッターは、個人の投稿に対して、誰もがアクセスすることができ、誰もが手軽にコメントできた。例えば、「リプライ」という機能でコメントができ、「引用リツイート」ではコメントをつけた上で、さらにそれを他の人に拡散することもできた。それにより、コミュニティ外の人がどんどんと侵入してくるようになった。

実際に、画像加工で盛った自撮り写真をツイッターに投稿した女の子に対し、「別人」「詐欺」などの批判が集まった事例はいくつもある。芸能人ならば、批判される覚悟はできているが、一般の女の子の多くはそれに耐えられない。

このように、インターネットコミュニケーションに能動的に参加するハードルを下げたことこそがSNSの特徴であるが、女の子たちはコミュニティ外の人から批判されることの怖さにさらされるようになった。彼女たちがツイッターに自撮り写真を投稿しないのには、そのような理由もあると考えられる。

私は、コンテストの選考期間中から彼女のツイッターの投稿を追いかけていたが、コンテスト以降、投稿が少ないのが気になっていた。

「アカウントは二つ持っています。公開しているアカウントと、お友達だけしか見られない、鍵をかけたアカウント」

「鍵をかける」とは、投稿を非公開にし、自分がフォローを承認した人しか閲覧できないようにする機能だ。あきらさんはこの機能を用いて、一つのアカウントは、学校の友達など、リアル空間の友達しか閲覧できないようにした。そして、もう一つの私が見ていた方のアカウントは不特定多数に公開していたが、そちらは、

「もう、あまり使っていません」

と言った。それまで女の子たちは、学校に必ずしも「自分に合う人」がいるとは限らないと諦め、バーチャル空間を利用して、学校の枠を超えたコミュニティを形成し、どこかにいる「自分に合う人」を求めてきた。しかしあきらさんは、ツイッターというバーチャル空間を使いながらも、それを諦めてしまっていた。

バーチャル空間でのコミュニティを形成せず、「盛り」も行われなかった。

お友達だけが閲覧できるようにしている、あきらさんのツイッターのアカウントを見せてもらうと、そこでもやはり自撮り写真は一つも投稿されていなかった。それどころか、お友達だけを撮った写真ばかり。お友達と彼女が一緒に写っている写真さえもなかった。

「お互いの写りが良くないと載せられない。自分だけ写りが良いというのは嫌いです。だから難しい」

私もフリューとの共同研究で、自己評価と他者評価を比較したことがあるが、他人から見れば良いと思う画像でも、本人は良くないと思っていることは多い。お友達の顔写真の良し悪しを判断することは、あきらさんの言うとおりとても難しいのだ。

「盛り」より「気配り」

あきらさんは、ツイッターで身近な友人たちに繊細に気配りしながら、一つ一つの情報発信を行っている。それを思うと、コンテストの選考期間中、ツイッターで自撮り写真を公開していたのは、どれだけやりづらかったことだろう。

「コンテストに応募したのは、気軽な気持ちでした」

本人も予想していなかったが選考が進み、インターネット上の特設サイトに、応募者のツイッターアカウントが公開された。

「それまでツイッターは、お友達しか見てませんでした。しかし突然、知らない人まで見るようになって。慌てて、別に、お友達用に鍵をかけたアカウントを作りました」

そして元からあった公開しているアカウントの方に、自撮り写真を載せた。

「すごく抵抗がありました」

公開しているアカウントの方も、身近なお友達は見る。

「『あいつ、自分をかわいいと思ってる』って、思われているのだろうと、思いました。『ちがう』と言いたいけれど、そう思われても仕方ない行動をしているわけで、言い訳もできませんでした。自分なんかが、顔を載せていいんだろうかと、ずっと葛藤していました」

彼女は気にしたが、

「でも、お友達は全部を理解してくれて、応援してくれました」

私は、ツイッターでの宣伝活動を観察していたのだが、最終的に多くの評価を得た女の子は、最初に身近な友人が積極的に宣伝活動した場合が多いと見られた。

このツイッターを舞台にしたコンテストは、まさに、あきらさんのように身近な友人たちのことを繊細に考慮し、身近な友人から評価されている人が、全体からも評価される構造だったのではないか。そのせいか、私が会いに行ったコンテストのファイナリストの女の子は、皆そろって、六十五万人の応募者から選ばれたというのに、それを鼻にかけない、控えめな女の子たちばかりだった。あきらさんも、ファイナリストのメンバーは、「みんな本当に性格が良くて、みんなと出会えたことが本当にうれしかった」
と言った。

このコンテストは、「盛り」より「気配り」のコンテストだったかもしれない。私が「盛り」の分析のため、「盛り」のエキスパートだと思って会いに行った女の子たちは、「盛り」より「気配り」のエキスパートだった。

このコンテストだけでなく、ツイッター上のコミュニケーション自体が、「盛り」より「気配り」が評価される傾向があると考える。それを示すように、ツイッターでは「神対応」という褒め言葉が生まれた。「神対応」とは、自分の投稿に対する、リプライやリツイートの反応に、一つ一つ丁寧に対応することなどを示すである。

「自撮り」と「セルフィー」の違い

スマートフォンとSNSの普及により、世界でセルフィー旋風が起きている頃、日本の女の子たちの自撮りはすっかり沈静化していた。世界の人々が行うセルフィーと、日本の女の子たちが行う自撮りには、根本的な違いがある。

世界のセルフィーの思想を知る参考として、二〇一七年公開の映画『ザ・サークル』（ジェームズ・ポンソルト監督）がある。映画の舞台は「サークル」という架空の企業で、世界最大シェアのSNSを運営するという設定だ。そのサークルが手掛ける新サービスの実験モデルに、この映画のヒロインである新入社員の女性が大抜擢《ばってき》される。

そのサービスとは、空間の至るところに設置した超小型カメラで、自身の姿を二十四時間全て撮影し、人々とシェアできるというもの。セルフィーの進化形である。それを使って、彼女は、二十四時間全てを公開するようになる。映画ではこれを「透明化」と呼ぶ。彼女のフォロワーは、あっという間に一千万人以上にもなり、アイドル的な存在になる。しかし、それにより家族や恋人の全ても世界にさらすこととなり、結果的に悲劇に導かれる物語だ。

サークルが理想としているのは、SNSによって「全人類が隠し事なく全てを公開する社会」ということだった。なぜそれが理想的かと言えば、一般の個人にとっては、自分ができない体験を、他人の体験を通して体験できるからである。また、政府や企業にとっては、クラウド上に集まる大量のデータを利用して、国民を管理したり、消費者のマーケティングをしたりできるからである。

サークルという企業はもちろん実在しないが、しかし少なからず、世界、とくにアメリカのセルフィーの思想が表されているものと考えられる。

一方、日本の女の子たちが行ってきた自撮りは、「隠し事なく全て公開」するものとは対照的に、言わば「隠し事だらけの公開」だった。携帯ブログでは、多くの女の子が自撮り写真を公開していたが、デカ目の「盛り」をし、さらに目のみを切り取って公開するなどして、個性が隠されていた。

このような「隠し事だらけの公開」は、日本の女の子たちの歴史に根付いている。

例えば、江戸時代、最も多くの人に姿を公開していた女の子と言えば、高位の遊女である。彼女たちは、人前に出る時、肌を白塗りして眉を描き、高く結った髷《まげ》にたくさんのかんざしを刺し、何重もの着物に高い下駄を履くなど過度な装いで、個性は隠されていたと考える。さらには、言葉もありんす言葉に統一して、元々持っている訛りを隠した。

佐伯順子氏の『遊女の文化史』によれば、その源流にあるのは、古代、神事で人々の前で歌や舞を見せた巫女《みこ》のようである。巫女も強い化粧をしていたと言われ、個性は隠されていたと考えられる。佐伯氏によれば、巫女は、不特定多数の男性に見られる異常な存在であり、「神の妻」の性格を持つと言う。「神の妻」として、個性を隠す必要があったことが考えられる。

現代の女の子たちの「盛り」にも、このような文化の影響があると考える。ただし、現代の女の子たちの「盛り」は、コミュニティの外部の人には個性を隠すが、コミュニティの内部の人からだけは、個性が見えるようになっている。相手によって、隠し方をコントロールしている。

「隠し事なく全て公開」する世界のセルフィーと、「隠し事だらけの公開」をする日本の自撮りは、全く異なるものなのである。

キャラクター盛り、双子ダンス盛り

それでは、ＳＮＳ時代にはもう、女の子たちの「盛り」はなくなってしまったのだろうか？

「ＳＮＯＷというアプリが出た時、最初、はまりました」

とあきらさんは言った。「ＳＮＯＷ」とは、韓国のＣａｍｐ Ｍｏｂｉｌｅ Ｃｏｒｐｏｒａｔｉｏｎが二〇一五年十月に公開した、スマートフォン向けの顔加工アプリケーションである。他人を撮ることもできるが、自撮りが主たる機能である。

あきらさんだけではない。ＳＮＯＷはＡｐｐ Ｓｔｏｒｅで販売される無料アプリケーションのランキングで長期間一位をとり、私が話を聞いた女の子たちの間でも、ＳＮＯＷでならば自撮りをし、ツイッターで公開していると言うことが多かった。

まずはSNOWの顔加工の内容を説明しよう。

SNOWは、顔のパーツを自動認識し、それに合わせて動物など様々なキャラクターのイラストを合成する。プリセットされるキャラクターの数は、次々と増えていった。また、合成するキャラクターに合わせて、顔の各パーツの変形も行う。キャラクターごとに顔の変形の内容は大きく違うのだが、総じて、プリクラよりも強い加工をした。

さらに、それらの認識と変形を、静止画だけでなく動画に対してもリアルタイムで可能にしたことが、それまでの顔加工アプリケーションに比べて、技術的に大きく優れていた点である。そのため、自撮り写真のみならず自撮り動画も簡単に作ることができ、イラストのみならずアニメーションを合成することができた。

ツイッター上には、SNOWで自撮りしたとわかる写真や動画が多く投稿された。合成するキャラクターには流行があり、その時に流行しているキャラクターの写真が一斉に投稿された。

例えば、二〇一六年頃、クッキーを食べるクマのキャラクターのアニメーションを合成し、クマの手の動きに合わせて、ユーザが口を動かすことにより、クマに扮してクッキーを食べているような動画を簡単に作ることが流行した。女の子たちはそれを一斉に投稿した。さらにある女の子が、その動画に「あっちのクマも、こっちのクマも」と始まる音声を組み合わせた動画を投稿すると、今度はそれを真似した動画が一斉に投稿された。

これは、コミュニティごとの変化する基準に従ってビジュアルを作り、コミュニケーションする行動であり、かつて携帯ブログで皆が一斉にデカ目にしたことにも似ている。「盛り」の一種である。

SNOW以外もあった。あきらさんは、

「お友達と一緒に撮った動画を、ミックスチャンネルに上げたことがある」

とも言った。

「ミックスチャンネル」とは、日本の株式会社Donutsが、二〇一三年に開始した動画共有SNSであり、同時に、スマートフォンアプリで簡単に十秒の短編動画を撮影、編集する機能もある。

当時、動画を撮影、編集、共有できるアプリケーションは他にもあったが、動画を撮影して作るよりも、既にスマートフォンに保存してある写真等を編集して動画を作る機能が充実しており、そのような動画制作の手軽さがミックスチャンネルの特徴だった。二〇一四年には、国内の動画コミュニティとしては最大規模に成長し、ユーザの九割が十代、八割が女性であった。

ミックスチャンネルは、四つのカテゴリに分けられていて、その中に「ツインズ」というカテゴリがあった。

女の子二人が似たようなメイクやヘアスタイルやコーディネイトをすることは、以前から、「双子コーデ」などと呼ばれていた。完全に同じに揃えるのではなく、少しの差をつけることが多い。そのような二人組の女の子の動画を投稿するのが「ツインズ」というカテゴリだった。

その中で、二〇一五年に「双子ダンス」というジャンルが確立した。きっかけは、「まこみな」という二人組の女の子が投稿した動画だ。ポピュラー音楽に合わせて、二人が基本的に同じ振りや左右対称の振りをするのだが、完全に同じではなく、時々ズレがあるダンスをする。ダンス動画と言っても、横に並んだ二人の女の子を、彼女たちの目の前に固定されているカメラがバストアップのみを写しているので、手の振りを中心に、首の振りや、顔の表情が加わるような上半身のみで見せるもの、自撮りの延長にある動画である。

彼女たちの投稿をきっかけに、それを真似した二人組の女の子たちの動画がミックスチャンネルに次々と投稿された。まこみなは次々と新しい音楽に、新しい振り付けをした双子ダンスを公開し、他にも新しい双子ダンスを公開する二人組が現れて、流行がどんどんと変化していった。

これもコミュニティごとの変化する基準に従ってビジュアルを作り、コミュニケーションする行動であり、「盛り」である。

自撮りは「恥ずかしい」「批判が怖い」と言っていたあきらさんが、SNOWやミックスチャンネルでは自撮りを公開したのはなぜだろう。

SNOWも双子ダンスも、「自分を撮る」というよりは、キャラクターに扮したり、ダンスをするなど、「遊び」の要素が強く、ナルシストと思われづらいので、「恥ずかしさ」がなかったことがある。

また、SNOWはキャラクターを合成することにより個人が特定しづらくなり、ミックスチャンネルはかつて女の子たちに広がった携帯ブログ同様、投稿にコメントできるのが、スマートフォンのアプリケーションをダウンロードしている人に限られたため、コミュニティの外部からの批判が避けられたからだと考えられる。

しかし、SNOWや双子ダンスの「盛り」は、長くは続かなかった。あきらさんが、SNOWやミックスチャンネルは最初だけ使ったと言っていたように、二〇一七年頃からは停滞した。なぜだろう。

前章で、目の「盛り」が普及した理由として、それが「間口は広いが、奥が深い」ものづくりであることを述べた。「間口は広いが、奥が深い」ものづくりは、コミュニティを活性化させやすく、普及しやすい。それと比較して、SNOWの「盛り」は、すぐにできて、簡単すぎる特徴があり、双子ダンスの「盛り」は時間がかかって、難しすぎる特徴があるため、継続しなかったことが考えられる。

その後、動画の共有、撮影、編集を行うことのできるアプリケーションとしては、二〇一六年に中国Bytedance社が開始した「TikTok」があり、日本の女の子たちにも普及する。このアプリケーションは、SNOWのように自動で顔認識して「遊び」のある加工をし、ミックスチャンネルよりも簡単に動画を編集できるようになっている。急げば五分ほどで動画を制作できるが、時間をかけて手の込んだ動画を制作することもでき、SNOWやミックスチャンネルと比較して、「間口は広いが、奥が深い」ものづくりが実現できるようになっている。

ナチュラル盛り

プリクラの加工も変化していた。デカ目の時代は終わり、新しい時代がきていた。きっかけは、二〇一一年にフリューが発売した、「新・極上ナチュラル」というキャッチフレーズを掲げたプリクラ機の「LADY BY TOKYO」である。

「フリューでは、目をどんどん大きくしている時も、不自然にするつもりはなく、自然にしたかった。でも技術が追い付いていなかった。しかしついに、技術が追い付いた。光と影を操る技術が完成したのが、一番大きい」

と、元・フリューの新本さんは言う。よく見ると、目が小さくなったわけではなく、目は相変わらず大きい。しかし、光と影を操る技術によって得られた立体感で、目ばかりが目立つことがなくなっている。ユーザの目から見ても、それ以前の機械が作るプリクラ写真とは、印象が大きく異なるものだった。女の子たちはこぞって、この新しい機械を使うようになり、大ヒット商品になる。

二〇一二年頃からは、各社が発売するプリクラで「ナチュラル」を掲げるようになる。顔の「立体感」を始め、髪や肌の「ツヤ」、「血色」など人間が元々持っている特徴を、誇張するような加工が、次々と取り入れられ、発展していく。

ナチュラルに見えるために、加工量を減らすのではなく、むしろ加工の計算量は増やしている。ここでのナチュラルは、限りなく自然に見える人工的な加工のことである。ただのナチュラルとは異なるので、私は「ナチュラル盛り」と呼び、この時期を「ナチュラル盛り期」と呼んでいる。

二〇一二年頃からは、スマートフォンのアプリケーションでも、顔の加工を行うものが増えていった。二〇一二年、前章で紹介した彩貴さんに話を聞いた時には、毎日、顔加工アプリケーションの新着情報を、海外のものも含めて確認し、無料のものは端から全て試していると言っていた。スマートフォンを見せてもらうと、取捨選択の上に残したというアプリケーションが、四十五種類もあり、そのうちの五種類くらいのアプリケーションを組み合わせて、一回の加工をすると言っていた。

しかし、二〇一五年頃になると、多くの女の子たちが利用するアプリケーションは、いくつかに絞られるようになった。日本のＬＩＮＥ株式会社のＢ６１２、中国のＰｉｎＧｕｏのカメラ３６０、やはり中国のＭｅｉｔｕのＢｅａｕｔｙｐｌｕｓなどである。その後もその顔触れは少しずつ入れ替わっていく。しかし、これらのアプリケーションの顔加工は、大きく分ければ、プリクラの「ナチュラル盛り」と似た傾向を持つ。

また、化粧においても、二〇一二年頃からはデカ目を目指す女の子が減って、雑誌などでも、「ナチュラルメイク」の特集が多く組まれるようになった。例えば二〇一四年後半には、口に赤味のあるリップを付け、頬の高めの位置に赤味のあるチークを塗って、血色をよく見せる「おフェロメイク」と呼ばれる化粧が広がった。これらもナチュラルメイクとはいっても、アーティフィシャルに対するナチュラルではなく、アンナチュラルに対するナチュラルであり、「ナチュラル盛り」と言うことができる。一時期は、そのチークの位置が高くなり過ぎて、「酔っぱらっているようだ」と言われるほどになる。

ナチュラルな加工技術を実現することは、開発者にとって、最も難しい課題である。例えば、映画のコンピュータグラフィクス（ＣＧ）技術においても、かつては「いかにもＣＧ」という映像だったが、近年のハリウッド映画などは、どこまでがＣＧで、どこからが実写か、見分けられない映像が多くなった。それは、大きな技術発展によって達成した、ナチュラルな加工技術の成果である。

日本には、女の子たちの「盛り」の文化の長い歴史があり、一方で、技術者の「盛り」の技術開発の長い歴史がある。そしてついに、最も難しい課題に立ち向かう段階にきている。それが「ナチュラル盛り期」なのだと考える。ＣＧのナチュラル加工技術において、アメリカのハリウッドがリードしたように、「盛り」のナチュラル加工技術においては、必ず日本がリードするはずだ。

第二節　シーンの「盛り」

ビジュアル型ＳＮＳ

あきらさんは、今はもう、ＳＮＯＷも双子ダンスもしない、自撮りは全くしないと一度は言ったが、

「考えてみたら、これは自撮りです」

と言って、景色の中に、女性が一人、階段に腰かけている写真を見せてくれた。

「これは、自分で撮ったんです。私の家の玄関を出たところです。外に出たらお天気が良かったので、家の車のタイヤにスマートフォンを立てかけて、タイマーをかけて、下から撮りました。下から写すと、脚が長く見えます」

その写真は、二〇一〇年にアメリカで始まった、写真の共有ＳＮＳ「インスタグラム」に投稿されたものだった。自撮りと言っても、顔は小さく、そこに写っているのが、あきらさんなのかどうかもはっきりしないが、

「どうせ、誰も、私の顔なんて見たくないですよ。見たいのは服とかだと思うので。顔は見えなくてもいいかなと思いました」

彼女のことだから、ツイッター同様、インスタグラムでも、学校の友人への気遣いが行われているのだろうと思い、聞くと、首を振った。そして、

「自分の好きなことだけを載せて、誰かが共感してくれたらいいなという感じです」

と答えた。それは、かつて携帯ブログで情報発信していた女の子たちの、どこかにいる「自分と合う人」を見つけたいという期待と重なる。あきらさんは、ツイッターでは、学校の友人としかコミュニケーションを行っていなかったが、インスタグラムでは、学校の枠を超えたコミュニケーションを行っているようだった。

その後、女の子たちのインスタグラムの利用は急激に増えた。総務省情報通信政策研究所「情報通信メディアの利用時間と情報行動に関する調査」の結果によれば、二〇一六年のインスタグラムの利用率は、全体では二十・五パーセントであるのに対し、女性十代で四十一・二パーセント、女性二十代で五十六・六パーセントであり、利用者の多くを女の子が占めていることがわかる。

フリューガールズトレンド研究所が女子高生と女子大生に対して行った調査結果によれば、インスタグラムを一日一回以上使うと答えた人が、二〇一四年は二十・八パーセント

だったのに対し、二〇一六年には四十九・一パーセント、二〇一七年には七十七・六パーセントと増えている。

インスタグラム上で、写真が見栄えすることが、「インスタ映え」と呼ばれるようになり、二〇一七年末、その年のユーキャン新語・流行語大賞に選ばれて、社会現象にもなる。

インスタ映えする場所は「インスタ映えスポット」、服装は「インスタ映えコーディネイト」、雑貨は「インスタ映え雑貨」などと呼ばれ、インスタ映えする様々な物事の情報交換が、さかんに行われるようになった。

インスタグラムやツイッターには「ハッシュタグ」という機能がある。単語や文章の前に「#」という記号を入れることにより、投稿にラベルをつけることができる機能だ。それにより、同じラベルがついた投稿をSNS全体から簡単に検索できるようになっている。

例えば#の後に、二〇一七年インスタ映えスポットとして話題になった、天使の羽が描かれたグラフィティ（図3－2）や、内装がピンク色に統一されたカフェの名前を入れて検索すると、その場所で撮影された写真が大量に収集できる。それらの写真はどれも似ていて、私にはそっくりに見えた。なぜ、同じ場所で、同じような写真を撮るために、わざわざ時間とお金をかけて、足を運ぶのだろう。

図3-2　インスタグラム上でのシーンの「盛り」

天使の羽の壁での例

真似されたい

二〇一八年一月、フリューでプリクラ機のモニターをしている、東京の都立高校に通う、二年生のさやかさんに出会った。ゆるく巻いたロングヘアを、顔周りで細く三つ編みにし、頭の後ろで留めている。お化粧はほとんどしていなかったが、唇には赤いリップが塗られていた。彼女は、高校ではダンス部のキャプテンを務め、週四回のダンス部の練習のほかに、渋谷のダンススタジオでもレッスンを受けているという、ダンス漬けの日々を送っていたが、彼女がダンスの他にもう一つ夢中なのが、インスタグラムということだった。

「自分を発信するのが好き。人と一緒が嫌いなんです。個性を出したい」

インスタグラムには、どのような写真を投稿しているのか聞いた。

「きれいな壁があるところとか、カフェとか」

まさにインスタ映えスポットとして、多くの女の子たちが集まっていた場所である。彼女はなぜ「個性を出したい」のに、皆と同じ場所で写真を撮ろうとするのだろう。

「来月、ディズニーランドに行くんです。今日もこのあと、渋谷でそのための買い物をするんです」

ディズニーランドは、古くから人気の場所ではあるが、二〇一七年頃からはインスタ映えスポットとしても、人気を集めていた。ディズニーランドに行くために、一か月前から準備が始まっているとは驚いた。いったいどんなふうに準備を進めているのだろう。

「今、インスタグラムで、いろいろ写真を見ていて、いいのを見つけたら、どんどん保存していっています」

インスタグラムでは、閲覧した画像の中から選択したものを、自身のアカウントに保存できる機能がある。保存した写真は、フォルダに分けて整理することができる。さやかさんは、自身のスマートフォンを取り出し、インスタグラムの保存画面を見せてくれた。そこには「ディズニー」というフォルダが用意されていて、中にはディズニーランドで撮影された写真がたくさんあった。

そして、スマートフォンで、別の画面も見せてくれた。

「これ、一緒にディズニーランドに行く四人でのメールのやり取りなのですが、ここにみんな、自分が保存した写真をぽんぽんと載せて、『ディズニーシーにこういう場所があるんだって』とか、『このコーデかわいい』とか、相談しているんです」

彼女たちが、ディズニーランドへ行く目的は、撮影だ。雑誌の編集者や映画やテレビのディレクターが、撮影前に、ロケハンをしたり、衣装を選んだりして、打ち合わせをするように、彼女たちもインスタグラム上で、事前調査をし、打ち合わせをしている。しかし、テレビや映画の撮影なら、視聴率や興行成績を上げるなどの目的があるが、彼女たちはいったい何を目指して、そこまで準備しているのだろう。

「次は、ダッフィーとシェリーメイをやるんです」と彼女は言った。ダッフィーとは、ディズニー映画に登場するクマの男の子のキャラクターである。シェリーメイは、ダッフィーのガールフレンドだ。しかし、それをやるとは、どういうことか、私は意味がわからなかった。ぽかんとしていると、彼女は、自身のスマートフォンを差し出し、前回、ディズニーランドへ行った時の写真を見せてくれた。

「前回は、チップとデールをやりました」

チップとデールとは、ディズニー映画に登場する、二匹のリスのキャラクターである。写真を見ると、さやかさんが友人と二人で写っている。二人とも、チップとデールの二体のぬいぐるみが上に乗っているカチューシャをつけている。洋服は、二人とも同じ形のシャツと千鳥格子のスカートをはき、色違いだった。

「この写真、インスタグラムに投稿したら、質問がたくさんきたんです」

インスタグラムでも、それぞれの投稿に対し、誰でもコメントを書き込めるようになっている。さやかさんのその写真には、「どこで購入した洋服なのか」など質問が書き込まれていた。

「全く知らない人から」

彼女はそれをうれしそうに言った。

「真似されたい」

インスタグラムで本歌取り

彼女の「チップとデールをやった」話にはまだ続きがあった。彼女は再び、自身のスマートフォンを操作し、

「実はこれ、元ネタがあるんです」

と言って、インスタグラム上の別の写真を見せてくれた。そこに写っていたのは、さやかさんではなく、他の女の子。しかし、先ほど見せてくれた写真でさやかさんが着ていたのとそっくりな、茶色の長袖のシャツとベージュと白の千鳥格子のスカートをはいて、ディズニーランドを背景に写っていた。

「この写真を見て、お友達と『こういうのかわいいね』『これやろう』って話しました。これはダッフィーなので、全く同じではないのですが、参考にしました」

そこに写っている女の子が頭につけているのは、「チップとデール」のカチューシャではなく、「ダッフィー」の耳がついたカチューシャである。

「それから、この子のシャツはラルフローレンなのですが、高くて、真似しづらいので、

私たちのシャツはＷＥＧＯです」

「ラルフローレン」とは、世界的に有名なアメリカの高級ブランドの名前（注69）。一方、「ＷＥＧＯ」とは、日本全国に展開する、若者向けの、低価格な洋服を販売する店の名前だ。

彼女がインスタグラム上で公開した「チップとデールをやった」という写真は、インスタグラム上の他の人の写真を真似し、そこにアレンジを加えたものだった。アレンジを加えたところに、彼女が最初に言った「個性を出したい」という気持ちが表れているように感じた。しかし、最初から個性を出すのではなく、まずは「型」を守ってから、個性を出すところに、ここにも日本の女の子たちの「守破離」の美意識が表れる。

そうしてできた写真をインスタグラムに公開すると、また別の見知らぬ女の子から質問がきたことを、彼女はうれしそうにしていた。今度は、その子がそれを真似したのかもしれない。

「こうやって、どんどんとつながっていくんです。おもしろい。はまっていきます」

それは、日本の和歌で古くから行われている「本歌取り」（注70）とも似ている。ビジュアル本歌取りである。真似し、真似されながら、インスタグラムで公開する作品を作り上げていく。

さやかさんが、来月計画しているという「ダッフィーとシェリーメイ」についても、インスタグラムのハッシュタグの機能を使って調べてみることにした。すると、複数の女の子がおそろいで、クマの耳がついたカチューシャをつけ、クマのようなもこもことした洋服を着ているような写真が、大量に収集できた。

そういえば、私はすでに、女の子たちのインスタグラムを調査する中で、似たような写真を多く目にしていた。子供とはいえ、大人と変わらない背丈のある女の子たちが、そのような装いをしていることを、実はそれまで少し冷ややかな目で見ていた。

最初、それらの写真はどれも似たようにしか見えなかったが、一つ一つ見て行くと、共通点や細かい差異が見えてきた。そこでも、真似し、真似されながら、作品作りが行われていることがわかった。

それから三か月くらい経つと、インスタグラムにはもう「ダッフィーとシェリーメイ」はだいぶ見かけなくなり、今度は「ミニーマウス」をテーマにしたような写真が多く見られるようになった。

この頃の東京ディズニーランドでは、ディズニーキャラクターの中から「お題」を次々と変えて、ビジュアル本歌取りが繰り広げられていた。二十一世紀の東京ディズニーランドで、日本の伝統的な遊びのようなことが繰り広げられるとは、ウォルトディズニーだって予想していなかっただろう。

これらも女の子たちのコミュニティごとの、変化する基準に従ってビジュアルを作り、コミュニケーションする行動であり、「盛り」である。

彼女たちは、同じ場所で、同じような写真を撮るからこそ、つながることができる。わざわざ時間とお金をかけて、インスタ映えスポットに集まるのは、そのようなつながりを求めたからではないか。

かつて、学校の枠を超えたつながりを求める女の子たちが渋谷などに集まったが、その時は、同じ場所に「同じ時間」にいなければ、つながることができなかった。しかし、インスタグラムを介せば、同じインスタ映えスポットに、「違う時間」にいても、つながることができるようになった。インスタグラムは、タイムマシーンのようでもある。

保存数というものさし

インスタグラム上で、さやかさんが「真似する」側にも「真似される」側にもなっていたように、ここでは、誰もが「真似する」側にも「真似される」側にもなれた。

本書では、一般の女の子でありながら「真似される」側になった女の子たちを追いかけてきたが、一九九〇年代半ばの有名人高校生グループの女の子たちも、一九九〇年代末のSHIBUYA109のショップ店員も二〇〇〇年代半ばから携帯ブログで人気ブロガーになった女の子なども、「真似する」側と、「真似される」側の線引きがあった。しかしインスタグラム上では、誰もが、「真似する」側にも「真似される」側にもなれるようになり、その関係が網の目のように張り巡らされることになった。

そこで、女の子たちが強く意識するようになった「ものさし」があった。それは「保存数」というもの。さやかさんの口からも、何度もその言葉が出てきた。

インスタグラムでは、閲覧した画像を保存できる機能があり、そして自分の画像が「何人に保存されたか(=保存数)」を知ることのできる機能がある。それは標準では搭載されていない機能なのだが、ビジネス目的で使うユーザ向けのサービス「インスタグラム・インサイト」を利用すれば可能になる。企業が消費者行動を知るために用意されたサービスだが、一般の個人でも、ビジネス用のアカウントに変更すれば、利用することができる。インスタグラムに力を注ぐ一般の女の子たちに聞いたところ、ほとんどの女の子が、ビジネス用アカウントに変更し、自分が投稿した画像の保存数を気にしていた。

インスタグラムには、他に「いいね数」というものさしもある。他のSNS同様、閲覧した画像に「いいね」と意思表示できる機能があり、自分の投稿した画像が、「何人に『いいね』をつけてもらったか（＝いいね数）」を知る機能もある。それは標準で搭載されている。

しかし、彼女たちが重要視しているのは、いいね数よりも保存数の方だった。それぞれどのような性質の違いがあるのだろうか。


それを理解する上でヒントになる、彼女の発言がある。

「実は、インスタグラム、もう一つアカウントを持っているんです。そっちは、参考にしたい人だけをフォローしています。お友達の投稿には『いいね』をしたいけれど、こちらでフォローしているのはお友達ではないから『いいね』もしないので、ばーっと見て、参考にしたい写真をどんどんと保存していっています」

これを聞いて、彼女にとって、「いいね」をつける相手とは、友人なのだとわかった。つまり「いいね」とは、言い方は悪いかもしれないが、友人同士の社交辞令に近いかもしれない。一方、彼女が保存をするのは参考にしたい写真であり、その相手は不特定の人なのだとわかった。

これを逆から捉えれば、自分の投稿に対するいいね数は、友人からの社交辞令の数、一方で保存数は、不特定の人から参考にされた数である。

つまり彼女たちの「真似されたい」という目的を評価するものさしは保存数の方であり、彼女たちはいいね数よりも保存数を重要視するようになった。

インスタグラムの保存数を、かつて携帯ブログを書いていた女の子たちが意識していた「ページビュー数」というものさしとも比較してみよう。

ページビュー数が測るのは「ページの閲覧」という行動であり、ページを閲覧する目的は多様である。一方、保存数が測るのは「画像の保存」という行動であり、特定の画像を保存する場合、後に何かの参考にしようとする目的がある。その中には「真似したい」という目的がある可能性も高い。

女の子たちの「真似されたい」という目的を評価するものさしとして、保存数はページビュー数よりも厳密であることがわかる。

また、とくに多くの女の子が利用した携帯ブログサービスでは、ページビュー数は公開され、さらにランキング化されて、ブログの検索にも用いられた。それにより、ページビュー数の多い人は、さらにページビュー数が多くなる傾向があり、新しく始める女の子はページビュー数を伸ばしづらい傾向があった。

一方、インスタグラムで保存数は公開されていない。ビジネス用のアカウントに変更することで、本人だけ見ることができるようになっている。そのため、保存数の多い人が、さらに保存数が大きくなるようなことはなく、新しく始める女の子でも多くの保存数を得られる可能性がある。

そのような意味でも、保存数はページビュー数よりも、女の子たちの「真似されたい」という目的を厳密に評価するものさしだと言える。

ちなみに、インスタグラムで人を検索する方法は、

「フォローしている人が、フォローしている人を調べます。そうすると、自分の興味のあることとの関連で、いろいろなジャンルの情報を得ることができるから」

とさやかさんは言った。他の女の子に聞いても同様の答えだった。

これによりコミュニティが細分化していき、携帯ブログの時のように、ランキング上位の女の子が皆に「真似される」ような集中がなくなった。そしてインスタグラムでは「真似される」ことも「真似する」ことも分散していったのだ。

「真似されたい」目的を厳密に評価する保存数というものさしができたことは、女の子たちの行動を変えた。

あとで改めて紹介する大学生のもーちぃさんは、スマートフォンで、自身のインスタグ

ラムページを見せてくれた。彼女が投稿した一枚の写真を開いて、

「この写真、安くてかわいいお洋服屋さんを紹介したものですが、保存数が三百件以上もあったのですよ」

と言った。そして、今度は別の写真を開いて、

「この写真、私の顔を自撮りしたものですが、三件しか保存されていないんです。当たり前ですよね。私の顔になんて誰も興味ないんです。みんなが見たいのは有用な写真です。もう自撮り写真は載せていません」

と言って笑った。

確かに自撮り写真は「安くてかわいいお洋服屋さん」と比べれば参考にならない。女の子たちはツイッターでも自撮り写真を投稿しなかったが、インスタグラムでも保存数を意識して自撮り写真を投稿しないようになった。

また、女の子たちがインスタ映えとして注目する対象には、場所や服装や雑貨だけでなく、「季節行事」がある。例えばハロウィンは最も代表的で、多くの女の子がそれをテーマとした写真をインスタグラムに投稿する。しかし、さやかさんは、

「季節行事はシーズンのちょっと前にやると保存されやすいです。当日に投稿するのでは遅いです」

と企業の広告戦略のようなことを言った。しかも、十月のハロウィンの準備を、四月くらいから始めていると言う。彼女たちはインスタグラムの保存数を意識して季節行事を事前に行う傾向があるようである。

さらに、さやかさんは「チップとデール」のコーディネイトをする時に、元の写真はラルフローレンのシャツだったが、WEGOのシャツに変えたが、それも「真似されやすいから」だと言っていた。このように、女の子たちはインスタグラムの保存数を意識して、「低価格な商品を使いこなす」ようにもなった。

かつて携帯ブログでも、百円均一ショップの化粧品を使いこなしてデカ目を作ることが評価されたが、インスタグラムでは低価格な雑貨も使いこなすことがさかんになった。

例えば、百円均一ショップのダイソーやセリア、三百円均一ショップのスリーコインズ、その他にも、五百円以内の輸入雑貨が手に入るサンキューマート、フライングタイガー、ＩＫＥＡなどの商品がさかんに用いられた。

それを陰で支援しているのは、中国の生産力である。中国の工場には、世界中の模倣品があり、世界中のバイヤーが集まるようになっている。世界中の文化を反映した多種多様なデザインの商品が、かつてないほどの低価格で世界中に流通するようになり、それにより、日本の百円均一ショップやディスカウントショップでも、多種多様なデザインの雑貨が低価格で販売されるようになった。さやかさんは、インスタグラムに投稿する写真に使える雑貨を探すため、そのようなショップを頻繁にのぞいてチェックしているという。

「シーン」の盛り

インスタグラムでの「盛り」は、それまでのような顔や全身に対してだけではなく、ローケーションなども含む「シーン」全体に対して行われるようになった。そこには、メディア環境の変化が、影響していると考えられる。

一九九〇年代半ば以降、渋谷を拠点に集まった、学校の枠組みを超えた女の子たちのビジュアルコミュニケーションは、人の多い街で、離れた距離へも伝達できる必要があり、肌を真っ黒に、髪を真っ白に脱色するような、全身を使ったハイコントラストなビジュアル表現が最適だった。

二〇〇〇年代後半、携帯ブログでつながった、全国の女の子たちのビジュアルコミュニケーションは、ガラ携のカメラで撮影し、ガラ携のモニタで表示する写真で、伝達されるようになった。ガラ携のカメラの画素数は小さく、ガラ携のモニタの解像度は低くて色の再現性にはばらつきがあったので、小さくて色情報の少ない目を使って、デカ目のような、形状を変えるビジュアル表現が最適だった。

そして二〇一〇年代中旬以降、インスタグラムでつながる女の子たちのビジュアルコミュニケーションは、スマートフォンのカメラで撮影し、スマートフォンのモニタで表示する写真で、伝達されるようになった。スマートフォンの中でも、MMD研究所が二〇一七年一月に発表した調査結果によれば、日本の女子高生の約八十五パーセントはiPhoneを所持しているということだった。iPhoneのカメラの画素数は格段に増え、画像処理の性能は時々刻々と進化し、高解像度になったモニタを、多くの女の子が使うようになったことにより、色の再現性のばらつきがなくなった。それにより、広範囲で、色情報を含む、シーンを使ったビジュアル表現が可能になったのだ（図3－3）。

「他撮り」が盛れる

「最近は、他撮りが盛れる」

とさやかさんは言った。「他撮り」とは、自分で自分を撮影する自撮りに対し、他人が撮影することを示す言葉だ。

世界では、まだセルフィー旋風が続いていたが、日本の女の子たちの間では自撮りはもう、古いものになっていた。他の女の子たちからも、

「カメラ目線で、顔が大きく写るのはださい」

「片手が写っていないのはださい」

図3-3　メディア環境と「盛り」

女の子たちの「盛り」の対象は全身や顔から「シーン」へと変化した。そこには、女の子たちを取り巻くビジュアルコミュニケーション環境の変化が影響している。彼女たちは、各時代のビジュアルコミュニケーション環境において最適な「盛り」の対象を選択していると考えられる。

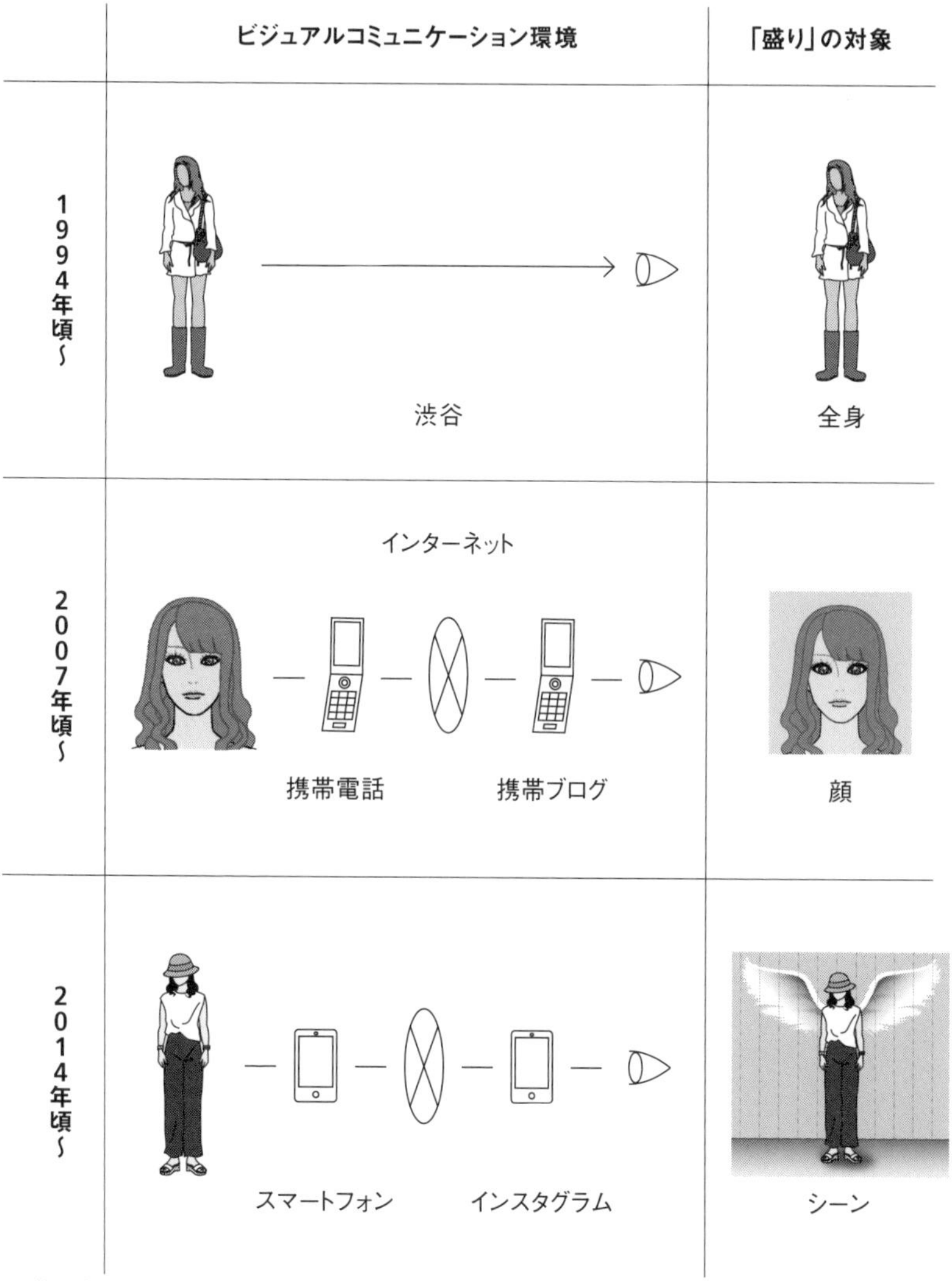

という声を聞くようになった。彼女たちが求めるのは、カメラ目線ではない、自然体の自分がいるシーンの写真。それが他撮り写真である。

他撮りをするには、普通に考えれば、カメラマンが必要になる。

ちょうど、私がかつて通っていた慶應義塾大学一年生の女の子と話していたら、

「入学したての頃は、女の子たちで出かける時に、男の子たちがついてきてくれて、撮影してくれた」

と言っていた。かつて私が大学生の頃は、女の子たちで出かける時に、男の子たちが車を運転してくれたものだ。しかし、今の大学生は、皆で一緒に電車で出かけるということで、車を運転してくれる男の子よりも、カメラの腕前の良い男の子の方が、人気があるということだった。アッシー君（バブル時代に流行した、女性の移動のために車の運転をする人）からシャッター君（女性のために、撮影をする人）へと時代はシフトしていた。しかし、

「最近は、男の子たちがついてきてくれないのです。男の子たちだけで、遊んでいるらしい」

と悩んでいた。


インスタグラムで、他撮り写真が評価されている女の子には、カメラの腕前の良い彼氏がいるケースが多い。女の子たちが投稿した写真を一覧すると、突如、写真の色味や構図

が変化することがあり、彼氏が代わったのだろうと思う。しかし、ほとんどの女の子には、腕前の良い彼氏などいない。

「その場にいた、知らない人にカメラを渡して、連写してくださいと、頼んでいます」

多くの女の子がそう言っている。スマートフォンには、一度の操作で、複数枚の撮影を行う連写の機能があり、その中から自分で良い写真を選択するそうだ。

例えば、インスタ映えスポットには、撮影したい人が集まっているから、互いに協力しやすいのだと言っていた。彼女たちが、あえてインスタ映えスポットに行く理由は、カメラマンを得やすいこともあるようだ。


しかしやはり素人の撮影だと、連写してもらったとしても、一枚も良い写真がないことがある。さやかさんは、せっかく話題のインスタ映えスポットに行ったのに、「姉の撮影が下手で、インスタグラムに載せられる写真が一枚もなかった」こともあると嘆いた。

シーンの「盛り」が持続するためには、女の子たちが、誰でもお金をかけず、すぐに、簡単に、他撮りができるようになる技術が求められている。ＡＩを搭載したカメラが、ドローンや自立走行車と連動するなど、腕前の良い「シャッター君ロボット」の開発が求められている。

非日常性の追求

インスタグラムでの女の子たちによるシーンの「盛り」は、ロケーションを選んだり、コーディネイトを作る他、撮影した写真に対する画像加工でも行われた。

その方法はさまざまだ。スマートフォン向けの画像加工アプリケーションにプリセットされているフィルタで一発加工する女の子もいれば、手動で加工をしている女の子もいる。インスタグラム上で画像加工が評価されている女の子の投稿を見ると、加工方法に関する質問が集まっている。その質問に答えている内容を調査したところ、例えば次のような方法をとっていた。

スマートフォン向けの、自由度の高い、画像加工アプリケーションを用いて、画面上の色を変えたい物体をマスキングによって抽出し、色の三原色の原理に従いながら一つ一つ色を重ねて、求める色を作り上げていっている。物体を一つ一つ塗り分けるのは細かい作業であり、器用な人にしかできず、時間と労力もかかっていると思われる。

このように、インスタグラムではプリセットされたフィルタで一発加工する女の子から、色の三原色の原理に従って一つ一つ手動で色を作る女の子まで、ここにも「間口は広いが、奥が深い」デジタルのものづくりがある。手動で加工している女の子が評価され、デジタルなものづくりコミュニケーションが活性化している。普及しやすく、長続きしやすい「盛り」の性質が表れる。

調査した二〇一八年初めは、全体をピンク系に統一する「ピンク加工」が流行していた。具体的には、色味をピンク系にし、さらに明度を明るくコントラストを低くして、薄いパステル系に統一する女の子が多かった。中には、何が写っているのかわからないくらい写真を薄くする女の子もいた。

女の子たちがシーンの「盛り」で目指す方向には特徴がある。

わざわざ出向くインスタ映えスポットには、例えば、ディズニーランド、天使の羽が描かれたグラフィティ、内装がピンクに統一されたカフェなどがあった。ディズニーランドを背景に組み合わせるコーディネイトでは、ディズニーキャラクタのクマの耳がついたカチューシャをつけたり、クマのようなもこもことした洋服を着るなどした。そして、撮影した写真の画像加工では、薄いパステルカラーのピンク系に統一した。

いずれも、「非日常性」を高める方向だと考えられる。なぜシーンの「盛り」では「非日常性」を求めるのだろうか？

ここでも、日本の女の子たちの歴史に、ヒントがあるのではないかと考える。

江戸時代、多くの人に姿を公開していた女の子には遊女がいると前述したが、彼女たちが姿を現した遊郭には、佐伯順子『遊女の文化史』によれば、「非日常性を生み出す様々な仕掛けがあった」と言われている。部屋には「水晶の玉に、金色の造花、鼈甲《べっこう》の装飾など」があり、まるで『浄瑠璃世界』だったと言われ、さらに高位の遊女が姿を現す時には「菩薩と見間違うかのような演出があった」と言われる。

しかも、そこにたどり着くことは容易でなかった。そもそも、例えば吉原遊郭は都心から離れた立地でアクセスしづらい場所にあった。遊郭にたどり着いても、一度目の客は遊女屋へ行く前に茶屋で一席設ける必要があり、そのあと遊女屋に移動しても、遊女はそばにも寄らず、口もきかず、見送りもせず、三度目に初めて馴染み客と認められたと言う。さらに、遊女屋で高位の遊女がいる部屋は「何枚もの几帳を通り抜けないと辿りつかないような場所」にあったと言う。

このように日本では、多くの人に姿を公開する女の子に対し、「容易に近寄らせない仕掛け」を必要としてきたのではないか。そのための手段として、「物理的なアクセスしづらさ」や「非日常性の演出」が取り入れられてきたのではないかと考える。

そのような文化が、インターネット上で姿を公開する、現代の女の子にも引き継がれていると考える。

二〇〇〇年代後半、携帯ブログが全国の女の子に普及したのも、それらのサービスがクローラを非公開にして、外部サイトから検索できないようにするなど、「容易に近寄らせない」ための「物理的なアクセスのしづらさ」を作ったことが大きく影響している。

二〇一〇年代初め、ツイッターによる多くの人とのコミュニケーションが、女の子に普及しなかったのは、「容易に近寄らせない」ための仕掛けがなかったからである。そのため、コミュニティの外にいる大人や男性などが、ズカズカと近寄ってきてしまった。

それに対し、二〇一〇年代半ば以降、インスタグラムでは、「物理的なアクセスのしづらさ」はないが、女の子たち自ら「非日常性の演出」をすることにより、「容易に近寄らせない」仕掛けを作ることができている。天使の羽が描かれたグラフィティや、内装がピンクに統一されたカフェで撮影した写真、薄いパステルカラーのピンク系に統一された写真が並ぶ、インスタグラムのページには、大人や男性はズカズカと近寄ることができない。こうしてインスタグラムは女の子たちに普及していったのだ。

第三節　アジアに広がる「盛り」

写真映えする韓国文化

他にも、日本の女の子たちが「非日常性」を求め、引き寄せられたのが、韓国文化である。二〇一六年頃から日本のコリアンタウン新大久保や、原宿や渋谷にある韓国ブランドのショップなどに、女の子たちが集まるようになった。

大学生のもーちぃさんは、小学生の頃から新大久保に住んでいるということで、

「韓国ブームの盛衰を見てきました」

と言う。また、高校生の頃から、女子中高生向けのウェブマガジンのライターもしていて、女の子たちのトレンドにも詳しく、

「韓国への観光客のうち、〇歳から十九歳の人の数が一割を超えたんです」

と教えてくれた。

彼女自身も、韓国文化に興味を持ち、大学の夏休みを利用して一か月間、韓国に住んで

みたことがあると言う。

第一次ブームは、二〇〇四年頃から。韓国ドラマ「冬のソナタ」のヒットに象徴される四十代以上の女性が中心のブームだった。第二次ブームは、二〇一一年頃から、少女時代や東方神起などを始め、韓国の人気歌手や人気俳優が日本で様々な商品の広告に起用されることが増え、全国的なブームになった。しかし、二〇一二年に竹島問題があった頃から、ブームは収まる。そして第三次ブームが、二〇一六年頃から起きていると言う。

「若い子たちの中だけでのブーム。新大久保には、毎日、若い子が溢れかえっている」

もーちぃさんによれば、一日に渋谷、原宿、新大久保の三か所を回る人も増えていて、新大久保は東京の中高生が集まる三大拠点の一つになっている。新大久保に集まる人々の目的は、韓国料理を食べることや、韓国のアイドルグループのグッズを買うことや、韓国製の化粧品を買うことなど様々なようだが、その一つに、インスタ映えスポットもある。

「新大久保のカフェは、外観からはわからないけれど、中に入るとすごくかわいい内装だったり、すごくかわいいメニューがあったりすることが多い」

ともーちぃさんは言う。

韓国製のインスタ映えスポットとして最も注目されたのは、二〇一七年に日本の原宿にオープンした、韓国のインターネット通販サイト「スタイルナンダ」の実店舗である。スタイルナンダは、通販サイトでありながら、オリジナルブランドも展開している。店舗の中には、化粧品のオリジナルブランド「3CE」の商品をテーマに、ピンク色に統一されたフォトスペースがあり、そこで写真を撮ることが人気となった。

インスタ映えするのは、店だけではない。例えば、3CEの代表的商品に「ウユクリーム」がある。

「ウユというのは韓国語で牛乳という意味なのですが、牛乳パックのような入れ物に入っていて、写真に撮るとインスタ映えする。日本で一個五千円以上もするのに、中高生がみんなこぞって買いました」

ウユクリームだけではない。韓国の化粧品のパッケージは、全般にインスタ映えするものが多いと、もーちぃさんは言う。

韓国ブランドのショップや化粧品パッケージがインスタ映えするのには理由があると、韓国ブランドのブランディング手法を取り入れたブランドをプロデュースする株式会社クージーの鈴木ヒロユキさんは言う。

「韓国では、どこのブランドも東大門市場から仕入れているので、商品の差はあまりないのです。その分、見せ方で差別化を図っているからです」

日本のブランドは、商品そのもので差別化を図る傾向がある。それに対し、韓国では見せ方で差別化を図っている。だからショップやパッケージのデザインが、日本のブランドよりも、女の子たちの望むものになっているわけだ。

オルチャン盛り

もーちぃさんがしていた化粧は、二〇一三年頃から日本の女の子たちに広がった、立体感、ツヤ、血色を強調する「ナチュラル盛り」とは違っていた。彼女はそれを「オルチャンメイク」だと教えてくれた。「オルチャン」とは、韓国語の「얼짱」のことで、「顔」を意味する「얼굴」と、「最高」を意味する「짱」を組み合わせた造語。直訳すれば「最高の顔」、つまり「良い顔」ということになる。しかし、もーちぃさんによれば、

「今は、韓国っぽいかわいいものを総じて『オルチャン』と呼ぶようになっています」

メイクだけでなく、韓国っぽいファッションを「オルチャンファッション」と呼んだりし、それら全てが十代の女の子たちの間で人気なのだと言う。

彼女は、オルチャンメイクの特徴を説明してくれた。

「口は、日本では、ツヤのあるリップを唇全面に塗りますが、オルチャンメイクでは、マットな赤いリップを唇の中央だけに塗って、外側に向けてグラデーションにする『グラデーションリップ』です。眉は、日本では、細めで山を描くけれど、オルチャンメイクは、太めでまっすぐ『平行眉』を描きます。前髪は、日本では、分厚くして、横に流すのが主流ですが、オルチャンは、薄くして下ろす『シースルーバング』にします」

「グラデーションリップ」「平行眉」「シースルーバング」。この三大特徴を意識して、街を歩く女の子たちを見ると、オルチャンメイクをしている女の子と、そうでない女の子が、大人の目からでも、明確に見分けられるようになる。そしてオルチャンメイクをしている女の子の顔は似ていて、見分けがつかなくなる。

オルチャンメイクには他にも特徴がある。

「アイラインは、日本では、目を縦に長く丸っぽく見えるように、目の高い位置と低い位置に描きますが、オルチャンメイクは、目を横方向に長く見えるように、目尻をはみ出して先の方まで長く描きます」

さらに、日本ではあまり化粧をしないパーツにも、特徴がある。

「涙袋をぷっくりと見せることが重要で、涙袋がなければ描きます。下まぶたに白いパールなどを入れて膨らんでいるように見せて、その下に茶色のシャドウで影を描いて、あたかもあるように見せます。鼻を高く見せることも重要で、鼻筋に白い線を入れ、その両側に茶色などのシャドウを入れます」

このようにもーちぃさんに教えてもらった二〇一八年初めには、オルチャンメイクでは頬にチークをつけないようだったが、数か月後に再び聞くと、

「日本人のチークを濃く入れるメイクが韓国で流行したため、チークをつけるのが流行し

ている」

と言った。「グラデーションリップ」「平行眉」「シースルーバング」などの基本は変化しないが、細部の流行は、次々と変化しているようである（図３－４）。

それらは全て、韓国製の化粧品で作られる。

「韓国には、日本にはない質感だったり、そんなのあるの？　とびっくりするような化粧品が結構あるのです」

例を挙げて、説明してくれた。

「ウユクリームは、牛乳という意味の通り、塗ると肌が白くなるんですが、ちょっとお化けくらい白くなります。そういうものは、今まで日本になかったので、おもしろい」

彼女は、韓国の化粧品について説明してくれる時、たびたび「おもしろい」という言葉を使った。

「自然のツヤとか、自然の血色感を叶えられるものは、日本にもあるけれど、本気でかわいくなれる化粧品は、韓国の方にあります」

日本には、女の子たちの「盛り」文化の長い歴史があり、プリクラの画像処理も、化粧も、「自然に加工する」ことを目指した技術開発の長い歴史がある。そしてついに到達したのが、立体感やツヤや血色を人工的に作り出すことのできる「ナチュラル盛り」の高度技術。

それが逆に、日本の女の子たちに、もの足りなさを感じさせるようになってしまっていたようだ。それに比べて「おもしろい」のが、韓国の化粧品なのだ。日本の女の子たちの「盛り」の動機には「好奇心」がある。彼女たちの好奇心を満たしてくれる道具は、技術が高度に発展してしまった日本にはもうなく、韓国の方にあるようである。

「オルチャンメイクは、男ウケはものすごく悪いです」

ともーちぃさんは言う。かつて渋谷で、肌を黒く、髪を金色やカラフルにしていた女の子たちも、皆、口をそろえて、「男の子からは評判が悪い」と言った。携帯ブログで、デカ目の写真を投稿していた女の子たちもそうだった。

「女の子たちも、最初は、自分で見ても変だなと思うのですが、慣れてくると、だんだん、かわいく見えてくるんです。不思議なもので」

かつて女の子たちが、これ以上大きくできないほど目を大きくしたのも、目の慣れが影響していると考えられた。女の子たちはコミュニティ内部の人とばかりコミュニケーションするので、かつて違和感があったものも、違和感がなくなることがある。

オルチャンメイクもコミュニティごとの、変化する基準に従ってビジュアルを作り、コミュニケーションする行動であり、「盛り」だと言える。ここではこれを「オルチャン盛り」と呼ぶことにする。

図3-4　オルチャンメイクの例

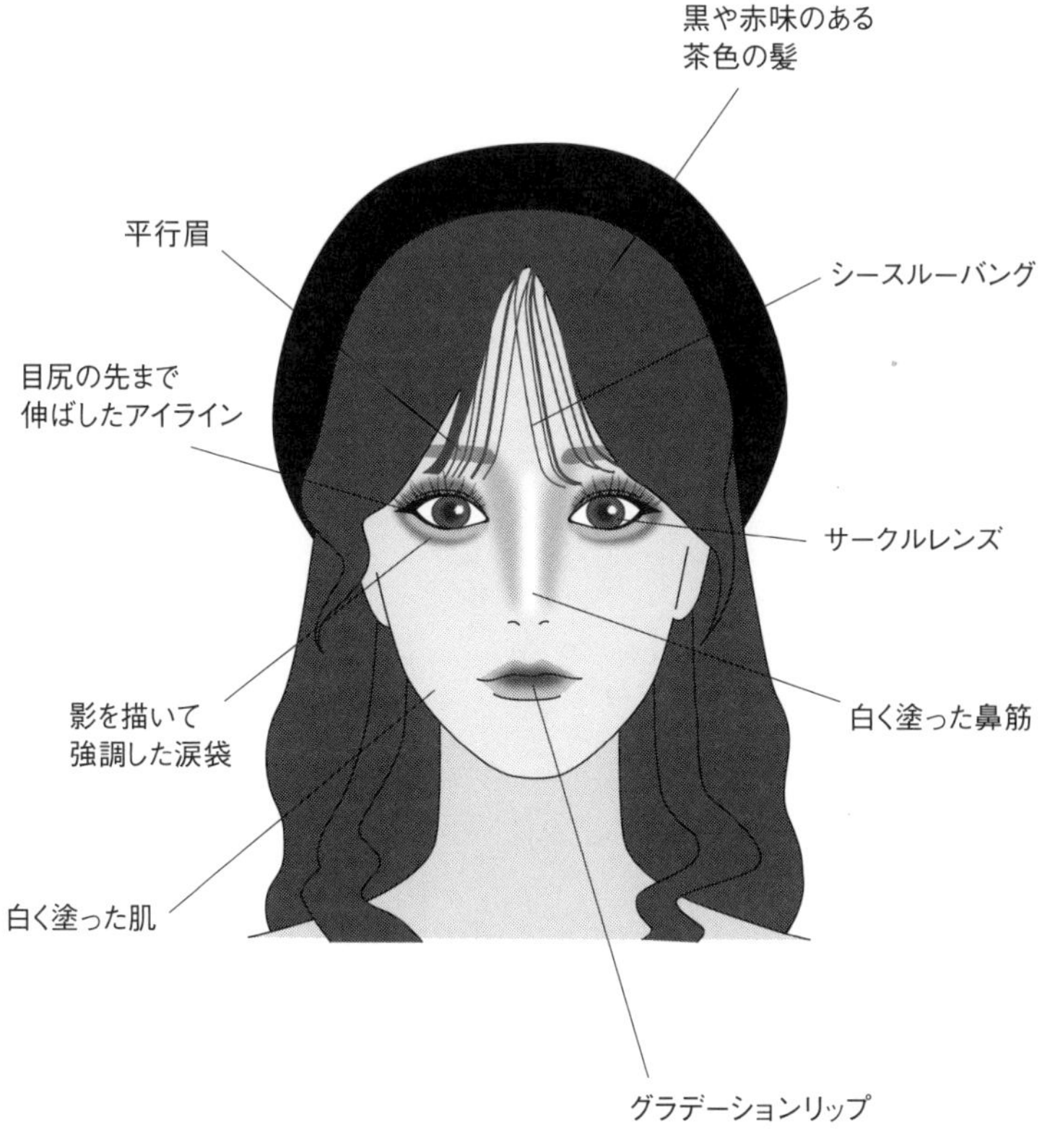

女の子たちの「盛り」の対象は、スマートフォンの普及と共に、顔からシーンへと移行したように見えていたが、顔の「盛り」も、ここに継承されていた。女の子たちの顔の「盛り」は、韓国の影響を受けるようになった。

オルチャンと韓国の関係

日本の女の子たちの「盛り」のモチーフは、過去から常に外国文化だった。

一九九〇年代半ばから、渋谷に集まった女の子たちの、小麦色の肌に、脱色した茶色い髪、リゾートウェアというスタイルは、アメリカ西海岸のサーファーをモチーフにしたものだった。

また、一九九〇年代の終わりに、SHIBUYA109の販売員から広がった、濃い化粧に、ウィッグやエクステンションで髪を盛るスタイルは、エゴイストのプロデューサーDさんが憧れた、オードリー・ヘップバーン、ブリジット・バルドー、マリリン・モンロー、ソフィア・ローレンなど欧米の映画スターの影響を受けたものだった。

また、二〇〇〇年代後半から、携帯ブログでつながる女の子たちがしていたデカ目のスタイルは、その手本になった歌手の浜崎あゆみが憧れていたという、アメリカの歌手・マドンナの影響を受けているのではないかと考えられる。

日本の女の子たちの「盛り」の手本には、元をたどれば、いつも欧米人がいた。

日本の女の子たちは、長い間、欧米人に憧れてきた。しかし、韓国文化ライターの桑畑優香さんは、二〇一七年十二月に公開された東洋経済ONLINEの記事でインスタグラム上に「韓国人になりたい」というハッシュタグがあることに注目し、「韓国人になりたい」というハッシュタグがつけられた投稿が五八九五件、比較として、「アメリカ人になりたい」とつけられているものが二二五件、「フランス人になりたい」とつけられているものが一三二件しかなかったと報じた（注71）。日本の女の子たちの憧れの対象は、欧米人よりも、韓国人になっているというのだ。

日本の女の子たちが、オルチャンメイクの手本にしているのも、もちろん韓国人だと、もーちぃさんは言う。私の頭には、すぐに、韓国人アイドルグループの女の子たちの顔が浮かんだ。日本で活動する韓国人の歌手やモデルが増えている。オルチャンメイクのお手本は彼女たちだろうと思ったのだが、違った。

「私が見てるのは韓国の普通の高校生など、一般のかわいい人。みんな、インスタグラムで、韓国の一般の女の子たちをフォローしています」

化粧の方法を具体的に知るためには、

「韓国の子たちが上げているYouTubeのメイク動画（注72）を見ています。日本の女の子が上げているメイク動画よりも、すごくかわいくない子が、すごくかわいくなるようなものが多くあって人気があります。完璧すぎない子が、日本の女の子たちからは人気があります」

もーちぃさんが、「日本の女の子たちからは」と「は」を強調したのが気になった。

「日本の女の子から人気の韓国の女の子は、韓国の女の子からはあまり知られていないことが多いんです」

私は驚いた。日本で人気になるということは、韓国で人気であることとの情報が、日本に流れてきたものと当然のように考えていたからだ。さらにもーちぃさんは続けた。

「韓国で人気なのは、お化粧とかしていなくて、肌がすべすべで、元の顔の作りがすごくよい子」

韓国が日本より、整形手術が盛んな理由もそこにあるのだろう。それならば、メイク動画で劇的な変身を見せる女の子が、韓国では全く人気がないのは当然だ。

「日本の女の子から人気の子は、本人たちもそれをわかっているようで、メイク動画などでも、自ら日本語字幕を入れていたりしています」

両国の女の子たちの評価基準の違いが明確になった。「すごくかわいくない子が、すごくかわいくなる」ような「盛り」を評価する日本の女の子、「元の顔の作りがすごく良い子」を評価する韓国の女の子。そしてその間で、「日本の女の子の評価基準を取り入れる、韓国の女の子」が現れているということだ。

「ということは、つまり、オルチャンメイクも、韓国では人気がないということ？」

もーちぃさんは、深くうなずいた。彼女が、日本の女の子と韓国の女の子の違いをよく知っているのは、夏休みの一か月間、韓国に住んでいた時、毎日、若い人が集まるところへ行き、高校生のお友達も作ったからだと言う。そこで気づいたのが、

「オルチャンメイクは、韓国人のメイクではないし、オルチャンファッションは、韓国人のファッションではない」

ということだ。

「日本の女の子がこぞって買ったウユクリームも、現地の女の子に聞いたら、誰も知らないのです。何それ、初めて聞いた、と言われました」

もーちぃさんは、このように分析した。

「オルチャンというのは、日本の女の子たちが作った『韓国っぽい』というイメージであって、韓国ではないんです。オルチャンというのは、日本の女の子たちの中の『かわいい』ものの一ジャンル、『韓国っぽいかわいさ』なんだと思います」

なるほど。日本で人気のオルチャンメイクは、日本の女の子の中で形作られて行ったものであるようだ。しかしそのモチーフは、もちろん韓国にある。ただし、韓国の多数の女

の子たちのものではなく、少数の女の子たちのものだった。その少数の韓国の女の子たちが、日本のオルチャンメイクのリーダーになっている。

女の子たちの世界進出

しかしなぜ、韓国の少数派の女の子たちが、日本の女の子たちに広く影響を与えることができたのだろう。芸能人であれば、専門家の手を借りて特別なプロモーションができるだろうが、一般の女の子である。言語の壁もある。

ヒントになりそうな話を、もーちぃさんから聞いた。

「今、日本の女子中高生の中では、韓国人に『なりすます』アカウントをもっている子が多いんです。グーグル翻訳で訳して、ハングルを書いたりしています」

なぜ「なりすます」ことができるのか、考えてみた。

第一の理由は、もともと日本人と韓国人の顔がよく似ていて、同じようにオルチャンメイクをしていれば、全く見分けがつかないことがあるだろう。

第二の理由は、もーちぃさんも言ったように、グーグル翻訳などの翻訳ツールが、簡単に手に入るようになったからだ。とくに、インスタグラムのコミュニケーションは元々、写真が主であり、添える文字は単語だけのことも多い。翻訳ツールで簡単に外国語訳できることがあるだろう。

つまり、オルチャン盛りを共有する女の子たちにはもう、民族の壁も言葉の壁もない。日本の一般の女の子と韓国の一般の女の子は何の隔たりもなく、コミュニケーションできるようになったのだ。


日本の女の子が、「盛り」のモチーフを、欧米文化ではなく、韓国文化に求めるようになった理由も、ここにあると考える。インターネットで世界中とコミュニケーションできるようになり、翻訳ツールもできた新しい時代、「盛り」のモチーフを選ぶ基準が変わったのだ。かつては、文化の憧れの対象として欧米人を選んでいたが、新しい時代は、コミュニケーションのしやすさの対象として韓国人を選ぶようになった。

日本の女の子たちのオルチャン盛りの目的は、韓国の女の子とのコミュニケーションだと考えられる。日本の女の子たちは、コミュニケーションを求めて、韓国の少数派ではあるが、「盛り」の上手な一般の女の子たちを、積極的に評価した。評価された韓国の女の子たちは、それに応えて、日本の女の子たちに盛れる情報を提供してくれるようになった。そうしてオルチャン盛りを共有する、国境を超えたコミュニティが誕生した。

一九九〇年代、パーソナルなデジタルコミュニケーションツールを手にした女の子たちは、学校の枠組みを超え、「盛り」を共有するコミュニティを渋谷などの街全体に広げた。二〇〇〇年代は、携帯ブログを使ってそれを全国に広げ、二〇一〇年代はついに世界へと広げ始めている。その第一歩として韓国の女の子たちとのコミュニケーションが始まった。

この時代の変化を段階的に言うならば、日本の女の子たちがコミュニティを街全体に広げた「ＭＯＲＩ　1.0」、全国に広げた「ＭＯＲＩ　2.0」、そして世界に広げていくこれからが「ＭＯＲＩ　3.0」である。

私がそんなことに興味を持っていたら、その後、もーちぃさんが新たなる動きを教えてくれた。

「台湾オルチャンや中国オルチャンの女の子も現れて、人気になっています」

日本の女の子が「韓国っぽいかわいさ」と捉えるメイクやファッションをする、台湾人や中国人の女の子たちが現れ、日本の女の子たちから人気を集めていると言うのだ。日本の女の子たちは、オルチャン盛りで、韓国の女の子たちとつながり、さらに、台湾、中国にまでコミュニティを広げ始めたようだ。

「盛り」の魅力

日本の女の子にオルチャンメイクが広がったことは、韓国文化が日本の女の子から影響を受けたと捉えることもできるが、日本の「盛り」文化が韓国の女の子へ影響を与えたと捉えることもできる。さらに台湾オルチャンや中国オルチャンが現れているということは、日本の「盛り」文化が、台湾、中国の女の子へも影響を与えていると捉えることもできる。

日本、韓国、中国の「顔を加工する文化」が、このように比較されることがある。「日本は化粧、韓国は美容整形、中国は画像加工ソフト」（注73）

日本は「化粧」とあるが、女の子たちの「盛り」は、画像加工も含む。しかし画像加工だけで完結しないことが多く、「盛り」のコミュニケーションは、ものづくりに優れた人を評価するので、リアルな化粧も組み合わせることが多い。そのような意味で、「盛り」も化粧の文化と言うことができる。また、「盛り」は、常に変化する基準に従って可逆にビジュアルを作ることなので、不可逆な美容整形は含まない。

一方、韓国や中国は、なぜ「化粧」ではないのだろうか。

韓国では、化粧をしていないすっぴんの容姿が重要視されるため、美容整形がさかんに行われているようだ。就職や結婚の成功を導くために、卒業祝いとして美容整形が親からプレゼントされることも多いと聞く。

中国では、儒教の「父母から受け継いだ身体や髪、肌を損なうのを避けることが孝行」という考えが現代も強く残るため、美容整形のみならず、化粧にも抵抗がある人が多いようだ。実際に、二〇一六年、私は中国の上海の化粧品メーカに勤める十人の若い女性たちに話を聞いたが、化粧品メーカに勤める女性たちであるにもかかわらず、「化粧は結婚式の時にしかしない」「化粧をしていると、何かあると疑われる」などと言っていた。しかし、写真撮影においては、「画像加工は必ずする」と言っていた。

中国では、男性がネット上で知り合った女性と実際に会ったら、「写真とは別人だった」と言って警察沙汰になるような事件が複数起きている。そのような人生の節目にも、画像加工が用いられていることがうかがえる。

これほどに、日本人とは異なる「顔を加工する文化」に生まれ育った、韓国や中国の女の子たちの中に、「盛り」をする女の子が現れたのも、「盛り」の文化の魅力が、他国の女の子たちにも伝わったからではないかと考える。

他国の「顔を加工する文化」と比較した、日本の女の子たちの「盛り」の大きな特徴は、就職や結婚など人生をかけた真剣なものと比べれば、「遊び」だということだ。

「盛り」は、日本の女の子たちが、「高校二年生の夏まで」とか「二十二歳まで」などと期限を定め、大人から隠れ、女の子たちだけで集まって行う「遊び」である。だからこそ、世の中の評価基準など関係なく、彼女たち独自の評価基準に従っている。そういう中で、女の子たちは、与えられた環境に依らず、誰もが容易に手に入る道具を使いこなし、努力した人が評価されるという、民主的な社会を作り上げていった。

ためらいもなく「盛り」のネタ晴らしをしてしまう遊び心は象徴的だ。韓国や中国、台湾の女の子たちの一部が「盛り」を始めたのは、そのような遊び心の魅力ではないかと考える。韓国の女の子が日本語字幕をつけてYouTubeに公開するオルチャンメイクのメイク動画の多くは、日本の女の子が作るメイク動画よりもさらに、すっぴんと化粧顔との格差を強調するものが多い。そこには遊び心が溢れている。

そのような子供たちの「遊び」に、多くの大人は興味を持たない。しかし、「遊び」だからこそ、女の子たちは好奇心の赴くままに新しいメディア環境を取り入れる。そして、お金はないが、時間はある子供たちが、「遊び」のために発揮する「器用さ」や「コミュニケーション能力」が、日本人からは興味を持たれないが、世界の人が評価する技術や文化を生み出した例もあることを、本書では紹介してきた。

例えば、日本の女の子たちが一九九〇年代にプリクラやプリ帳で行っていたコミュニケーションは、後に世界的に広がるSNSとも似ているものだった。冒頭で紹介したフランス人のAさんも、そのような日本の女の子たちの行動に興味を示していた。他にも絵文字や自撮りなど、日本の女の子たちが先行し、後に世界に広がったビジュアルコミュニケーションがある。また、日本の大人に批判されながら、渋谷の街で女の子たちがしていた奇抜な装いが、世界からはファッションとして評価されたこともある。女の子たちのカスタマイズやハッキングの行動にヒントを得て、企業が開発したつけまつげやプリクラの技術が、世界で類を見ないレベルに達し、海外のメイクアップアーティストから注目されていることもある。そのような例が、今後もいくつも生まれるのではないかと考えている。

「竹島？　私たちがオルチャンメイクをすることと、領土の話と、なんの関係があるの？」

ともーちぃさんの友人たちは皆、言っているそうだ。日本の女の子たちは、持ち前のコミュニケーション能力で、大人の知らないところでさかんに文化交流を始めている。

あとがき

私が「盛り」を研究テーマに選んだ源流には、「日本人の美意識を解明したい」という願望がある。子供の頃から東京の深川地域で育ったことや、父の影響で歌舞伎が好きになり、江戸の町人文化の「粋」や「男気」のようなものを「かっこいい」と思ってきたからかと思う。

一方で、中学生の頃、ニュートンが実験で運動方程式を発見したということを初めて知った時に「なんとかっこいいのだろう」と感動し、現象を世界中の人が理解できる数式で記述することにも憧れてきた。そして、小さい頃から数学や物理のような理系科目しか得意でなかった私は、気が付けば工学の道に進んでいた。

大学院の博士課程に進学してからは、「日本人の美意識」にある数式を見つけることを目指すようになった。最初、「粋の方程式」や「おもてなしの方程式」を導いて先生方に見せたりしていたが、いつも却下された。苦悩の果てに辿り着いたのが、日本の伝統的な絵画の特徴を、幾何学的に解析する研究だ。日本の伝統的絵画は、世界普遍的な基準である透視図法には従わず、デフォルメされており、そこに「日本人の美意識」が表されていると考えた。「デフォルメの法則」を導くことを目指したのだ。

「デフォルメの法則」は、幾何学のシンプルな数式で表すことに成功した。それにより、例えば風景写真や顔写真を印刷した紙を折ることで、日本の浮世絵風や美人画風のデフォルメを見せることができた。そのため、海外で発表すると、「THIS IS JAPANESE DEFORMATION!」と言っていたのかはわからないが、外国人の方でもすぐに理解しているような顔を見せてくれて、すごくうれしかった。まずは小規模ながら、「日本人の美意識」にある数式を見つけられたような気がした。

その後、研究対象を伝統文化から現代文化へと移した。そこで注目したのが、現代の女の子たちの「盛り」だ。「盛り」は明らかに、世界普遍的な美の基準である黄金比などに近づける行動ではない。そこに、日本の古い絵師たちが、あえて透視図法に従わずデフォルメした行動が重なった。「盛り」にも「日本の女の子たちの美意識」が表されているのではないかと考えた。焦点を伝統的なデフォルメから現代の「盛り」に移して、そこにある「数式」を見つけたいと思った。「盛りの法則」を明らかにして、いつか外国人に今度は「THIS IS JAPANESE MORI!」と言わせたいと求めて、この研究が始まった。

まずは、伝統的絵画の研究と同様に、大量の画像を集めた。女の子たちの「盛り」が施された顔画像をインターネット上で集めて、特徴量を数値化し、幾何学的な解析を行った。それにより「盛りの法則」を幾何学的に明らかにできるだろうと思った。

しかし、その途中、ふと気づいた。かつて浮世絵や美人画の研究をしていた時には、その作り手である絵師に会うことはできなかったが、現代の「盛り」の研究ならば、その作り手である女の子たちに会えるということに。そして実際に会いに行ってみた。すると、彼女たちが顔写真での「盛り」のために力を注いでいたのは、つけまつげのカスタマイズだった。彼女たちがこだわっていたのは、「つけまつげの長さや密度」だったが、それは私の画像解析では「盛り」の特徴量に入れていなかった。

そこで「つけまつげの長さや密度」を二次元の画像では計測しづらいので、私は三次元の画像を撮影できるシステムや、つけまつげの長さや密度を計測できるシステムを構築したことは、第三章で述べたとおりである。インターネット上の顔画像では計測できないので、装置を持って女の子たちに会いに行った。さて計測しようとすると、女の子たちは、「もうつけまつげはつけていない」と言った。私が装置を開発している間に、時代は「デカ目盛り」から「ナチュラル盛り」へと変化していたのである。その上、「自撮りはダサイ」と言って、顔写真を撮影することも、顔の「盛り」もしなくなっていた。

このように女の子たちの「盛り」は常に変化し、「盛り」の特徴量も常に変化している。今の特徴量に合わせて計測器を作っても、次の瞬間にそれは役に立たない。その結果、私はいまだに「盛り」を数値化できていない。

そういうわけで私は、それまでライフワークとしてきた、現象を数式で記述しようとする作業を一度休んで、文字での記述を始めた。それがこの本である。文字での記述は、不慣れな作業である。読みづらい点があったと思う。申し訳ありません。

この本では、過去二十五年の各時代に高校生だった女性たちへのインタビューを行った。「盛り」やそれに相応するビジュアルの加工をしていた女性たちに、「なぜ?」と聞いてまわった。その答えはいつも簡単には出てこなかったが、「なぜ?」「なぜ?」と繰り返し問ううちに、最終的に彼女たちから出てくるのは、いつも「自分らしくあるため」というような答えだった。それでは、その「自分らしさ」とは何かを探っていくと、そこには絶対的真理はなかった。彼女たちの「自分らしさ」はいつも相対的なものだった。私が話を聞いた、各時代に「盛り」をしていた女性たちは、所属するコミュニティと協調しながら、社会には少し反抗しつつ、いつも新しいものを求めて、「自分らしさ」を、常にかろやかに、変化させてきた女性たちだった。

インタビューをしながら、絶対的な自分に固執しない、かろやかな女性たちが、私にはかっこよく見えた。実は、そのような絶対的真理を持たないことこそが、「盛り」に表れる「日本の女の子たちの美意識」と言えそうである。そう気づいた時、そこに絶対的真理があると頑《かたく》なに信じて、彼女たちに「なぜ?」「なぜ?」と問い続けてきた自分をかっこ悪く感じた。

結局、「盛り」は、所属するコミュニティや、所属する社会との関係の中で成り立つ相対的なものであり、コミュニティや社会を共有しない外国人には伝えづらい。そのため、この本を書き終えてもなお、外国人に「THIS IS JAPANESE MORI!」と言わせたいという、当初の目標には達していないと思う。

私がいまだ、「盛り」を数式で記述できていないのは、絶対的真理があることを前提としていたからだと考えている。今後は「盛り」が相対的であることを取り入れて、数式で記述することをさらに求めて行こうと思う。

本書の執筆に協力くださった方に感謝申し上げます。とくに、いつも家にこもって「盛り」を探求していることを許し、いつも応援してくれている家族、「日本人の美意識」の探求にいつもご助言くださり、本当は本書を最初にお見せしたかった博士課程の指導教官である東京大学名誉教授の故浜野保樹先生、あらゆるものの見方において多大なる影響を与えてくれた修士課程の指導教官である東京大学名誉教授の月尾嘉男先生、工学の環境で「盛り」の文化を探求することを許しご指導くださった上司で東京大学教授の相澤清晴先生、長い間「盛り」の研究の唯一のパートナーであるプリクラメーカ、フリューの稲垣涼子様、本書のインタビューに答えてくださった皆様、『ＴＶブロス』編集部の木下拓海さん、不慣れな執筆作業を温かくご指導くださった太田出版の穂原俊二様、新木良紀様に心より感謝申し上げます。

久保友香

二〇一九年三月

脚注

＊1　「プリクラ」および「プリント倶楽部」はセガホールディングスの登録商標。一般的には「プリントシール機」などと呼ばれるが、本書では、わかりやすいため「プリクラ」と呼ぶ。

＊2　「アルバローザ」は、一九七五年に日本で創業されたリゾートファッションブランド。メイドインジャパンの高品質の物作りを目指して生まれたが、一九九〇年代後半以降、若い女の子たちから絶大な支持を受け、本来のコンセプトからかけ離れたイメージが広まる。イメージをリセットするため、人気絶頂の二〇〇五年に全店舗閉店、二〇〇六年からは新なるイメージで開始。そのため、現在の「アルバローザ」は当時のイメージとは異なる。

＊3　『流行観測アクロス』一九九四年一月号（ＰＡＲＣＯ）、六十四―六十九頁

＊4　日経経済新聞、一九八二年七月十八日朝刊、十五頁

＊5　日経流通新聞、一九九四年六月十一日、十一頁

＊6　『流行観測アクロス』一九九四年一月号（ＰＡＲＣＯ）、二十、二十一頁

＊7　『日本子ども資料年鑑』（ＫＴＣ中央出版）掲載の毎日新聞社「学校読書調査」

＊8　「ソニプラ」とは、一九六六年に銀座のソニービル地下二階に第一号店がオープンした雑貨店「ソニープラザ」の愛称。最初はソニーグループの企業であったが、二〇〇六年にソニーグループから独立したため、二〇〇七年以降、店名は「プラザ」となっている。日本初の輸入雑貨専門店であり、「アメリカンスタイルのドラッグストア」として、とくに若者に長い間人気を得てきた。

＊9　「指揮者のないオーケストラ」とは、組織やリーダーシップのあり方として、経営学において注目されているモデル。代表例として挙げられるのが、オルフェウス室内管弦楽団（オルフェウス・チェンバー・オーケストラ）という楽団である。「全員が創造性を自由に発揮し、全員が偉大な指揮権を持つ新しいオーケストラを作りたい」という目的を掲げ、指揮者が存在しないが、ニューヨークのカーネギーホールを拠点に活動し国際的に評価されている。これは「リーダーシップが共有されている状況」などと言われている。

＊10　朝日新聞、一九九七年十月二十二日朝刊、大阪面

＊11　朝日新聞、一九九四年五月九日夕刊、一社面

＊12　難波功士『族の系譜学―ユース・サブカルチャーズの戦後史』（青弓社、二〇〇七年）、三一七―三二一頁

＊13 速水由紀子『あなたはもう幻想の女しか抱けない』(筑摩書房、一九九八年)、一三九頁
＊14 松谷創一郎『ギャルと不思議ちゃん論』(原書房、二〇一二年)、六十三―六十六頁
＊15 日経流通新聞、一九九四年十二月一日
＊16 浜野保樹『表現のビジネス コンテント制作論』(東京大学出版会、二〇〇三年)、二五一―二五六頁
＊17 浜野保樹『模倣される日本―映画、アニメから料理、ファッションまで』(祥伝社、二〇〇五年)、二三一―二三五頁
＊18 『週刊朝日』二〇〇四年七月二十三日(朝日新聞出版)、一四七頁
＊19 「エクステンション」とは、略して「エクステ」と呼ばれ、髪の毛を延長させるための付け毛のこと。人毛や化学繊維によって作られる。ヘアサロンで行う場合と、市販の商品を用いて家庭で行う場合がある。
＊20 「シープスキンブーツ」とは、羊の毛皮で作られたブーツのこと。「ムートンブーツ」とも呼ばれる。保温性の高さから、第一次世界大戦時は、戦闘機のパイロット達が極寒の機内で体を冷やさない為に使用したと言われる。一九六〇年代からオーストラリアのサーファーたちの間で、海から上がった時にすぐに足元を温めるために用いられる。一九七〇年代にはアメリカ西海岸のサーファーの間で流行する。そして、アメリカ西海岸のサーフィンカルチャーの影響を受けた日本の女の子たちの間で流行することになった。
＊21 朝日新聞、一九九六年八月二十三日朝刊、東京面
＊22 『ファッション販売』二〇一〇年八月増刊号(商業界)、六十六―七十頁
＊23 日経流通新聞、一九九九年十月二十一日
＊24 『SHIBUYA NEWS』第一号(『東京ストリートニュース!』一九九九年五月号別冊)、(学習研究社)、五十頁
＊25 飯塚敞士『人力経営。』(パレード、二〇〇七年)、六十五―九十頁
＊26 朝日新聞、一九九九年十二月四日夕刊
＊27 『SHIBUYA NEWS』第一号(『東京ストリートニュース!』一九九九年五月号別冊)、(学習研究社)五十九頁
＊28 日経流通新聞、一九九九年十月二十一日
＊29 日経流通新聞、一九九九年四月十七日
＊30 日経流通新聞、一九九九年五月二十五日
＊31 『SHIBUYA NEWS』第三号(『東京ストリートニュース!』一九九九年十二月号別冊)、(学習研究社)三十四―三十七頁
＊32 日経流通新聞、二〇〇〇年五月三十日、二十八頁

＊33 『週刊朝日』二〇〇四年七月二十三日（朝日新聞出版）

＊34 日本経済新聞、二〇〇四年四月三十日夕刊

＊35 『ＡＥＲＡ』一九九九年十一月十五日（朝日新聞出版）

＊36 日経流通新聞、二〇〇〇年一月十三日

＊37 朝日新聞、二〇〇〇年五月一日夕刊

＊38 朝日新聞、二〇〇四年八月六日夕刊

＊39 『流行観測アクロス』一九九六年九月号（ＰＡＲＣＯ）、二十二頁

＊40 「パラパラ」とは、一九八〇年代に日本で誕生したダンススタイル。「全員が同じ振り付けで踊ること」「曲ごとに異なる細かい振り付けをマスターすること」を特徴とする。二〇〇四年頃に四度目のブームが訪れた。日経流通新聞、二〇〇四年九月七日、二十八頁参照

＊41 荒井悠介『ギャルとギャル男の文化人類学』（新潮社、二〇〇九年）

＊42 「イベサー」とは、イベント開催を目的とする大学生を中心としたグループの一種。前掲の『ギャルとギャル男の文化人類学』によれば、活動拠点を大学に置き、構成するメンバーのファッションが一般的であるのが「イベント系サークル」であるのに対し、活動拠点をストリートに置き、構成するメンバーのファッションが、日焼けした肌と派手な色に染めた髪など奇抜なのが「イベサー」である。

＊43 『東京ストリートニュース！』一九九九年五月号（学習研究社）、四十一頁

＊44 「ＰＲＩＭＯ」とは、二〇一三年十一月二十六日に公開された、プリクラの効果を打ち消すスマートフォン向けのアプリケーション「プリクラ補正軽減 Pr.imo（プリモ）」のこと。プリクラのデカ目補正、小顔補正、美肌効果を軽減する効果がある。筑波大学の現役学生が主体となり、サービスやゲーム、アプリを制作する団体「Tsukuba Engineers Lab」が開発した。アプリケーションの説明文では、「ＳＮＳやそのプロフィール画像で頻繁に目にするプリクラ画像、果たしてそれは本人を正確に投影しているだろうか」などの問題提起がされた。

＊45 総務省『平成二十七年度情報通信白書』「企業のホームページ開設率」

＊46 ITmedia NEWS、二〇〇五年十一月二十九日「ブログ訪問者は1年で2倍の２０００万超に　２ｃｈは９９０万人」http://www.itmedia.co.jp/news/articles/0511/29/news004.html

＊47 「クローラー」とは、ウェブ上の文書や画像などを周期的に取得し、自動的にデータベース化するプログラムのこと。

＊48 「デコログ」で、ユーザの男女を区別できたのは、会員登録時のチェックボックスで男女を区別していたため。また、性別を偽って登録

を行っていることがわかった場合には、ブログの削除処分を行っていた。

＊49 「ビューラー」とは、正式には「アイラッシュカーラー」のこと。まつげを挟んで、上向きにそらせ、カールさせるための化粧道具。

＊50 日本経済新聞、一九九一年十月十一日夕刊、二十二頁

＊51 日本経済新聞、一九九一年二月十三日朝刊、十三頁

＊52 日経流通新聞、一九九二年六月二日、二十三頁

＊53 『流行観測アクロス』一九九四年八月号（ＰＡＲＣＯ）、十八頁

＊54 日経流通新聞、一九九七年九月六日、五頁

＊55 日経産業新聞、一九九六年六月二十四日、二十二頁

＊56 日経金融新聞、一九九六年八月二日、二十一頁

＊57 日経流通新聞、二〇〇五年三月二日、二十四頁

＊58 日経流通新聞、一九九一年十一月九日、七頁

＊59 日経産業新聞、二〇〇五年二月十日、八頁

＊60 日経流通新聞、二〇〇六年十一月一日、六頁

＊61 東洋経済ＯＮＬＩＮＥ、二〇一五年七月十一日「差がつく見た目と、実は差がない『目』の話」
https://toyokeizai.net/articles/-/76583?page=2

＊62 ジョンソン・エンド・ジョンソン公式ＷＥＢサイト　https://www.jnjvisionpro.com/products/1-day-acuvue-define

＊63 SankeiBiz、二〇一三年十二月八日「韓国製〝未承認〟カラコンのトラブル続出『安かろう悪かろう』の粗悪品」
https://www.sankeibiz.jp/econome/news/131208/ecb1312080713000-n1.htm

＊64 AERA dot.、二〇一三年六月十七日「カラコン 不適切な使用法で菌が１００万個以上も繁殖」
https://dot.asahi.com/aera/2013061700013.html

＊65 東洋経済ONLINE、二〇一四年九月二十六日「空前のカラコンブームで若者の目が危ない」
https://toyokeizai.net/articles/-/48872

＊66 「読者モデル」とは、ファッション誌において、読者の代表として、ファッションやメイクを紹介するモデル。その存在自体は一九八〇年代からあった。しかしストリート系雑誌が一般の女の子を誌面に登場させるようになり、そこで常連の女の子たちも「読者モデル」

とみなされるようになり、注目が高まっていった。とくに二〇〇〇年代後半の読者モデルは、誌面に登場する以外にブログでの情報発信も盛んに行い、影響力が大きくなった。しかし、読者モデルをきっかけにプロモデルや芸能人として有名になるケースはあっても、読者モデルの時点で有名になることはなかった。それが二〇〇六年頃、益若つばさや小森純など、有名な読者モデルが現れた。

＊67 当時、プリクラを生産しているメーカは「バンダイナムコ」「メイクソフトウェア」「フリュー」「辰巳電子工業」「アイ・エム・エス」の五社であった。中でも、業界誌『アミューズメントジャーナル』に毎月掲載されている利用者数上位五機種は、毎月、フリューとメイクソフトウェアの機種で構成されていた。しかしその後の「ナチュラル盛り期」からは、フリューの機種のみで構成されるようになり、バンダイナムコ、辰巳電子工業、アイ・エム・エスによるゲームセンターへの定期的な販売はなくなり、二〇一八年十月のメイクソフトウェア破産手続き開始決定を受け、現在では事実上、最大手のフリューのみとなっている。

＊68 「全国女子高生ミスコン」とは、株式会社エイチジェイと、プリクラメーカのフリュー株式会社が主催する、全国の女子高生を対象としたミス・コンテスト。「全国女子高生ミスコン」の源流となる、全国区でないコンテストはそれ以前から行われていたが、「全国女子高生ミスコン」自体は二〇一五年より開始し、毎年行われている。

＊69 「ラルフローレン」とは、一九六八年創業のアメリカの高級トラディショナルブランド。高級ブランドではあるが、一九八〇年代後半から一九九〇年代初頭、アメリカのヒップホップのラッパーが、それまでアッパークラスの白人の持ちものだったラルフローレンを盗むなどして取り入れたことにより、ストリートファッションの一要素となる。その影響を受け、日本でも、渋谷を拠点に集まるようになった男子高校生グループの男の子たち（チーマー）が取り入れ、ストリートファッションのアイテムになっている。

＊70 「本歌取り」とは、日本の伝統的な和歌の手法の一つ。和歌を一から作歌するのではなく、古歌を素材に取り入れて新しく作歌すること。

＊71 現代ビジネス、二〇一七年十二月六日「インスタ女子の間で『#韓国人になりたい』流行中の意外と深イイ理由」
https://gendai.ismedia.jp/articles/-/53725

＊72 「メイク動画」とは、化粧のプロセスを撮影し、動画共有サイトなどで投稿する動画のこと。動画は自身の化粧プロセスを、前に固定したカメラによる自撮りで、作られることが多い。基本的に、化粧前の素顔から撮影を開始する。化粧前の素顔と化粧後の顔を比較する画面を、最初や最後に見せることが多い。

＊73 東洋経済ＯＮＬＩＮＥ、二〇一七年四月十七日「中国女性はなぜ『自撮り加工』に超必死なのか 日韓とは『整形』『化粧』の意識がこんなに違う」
https://toyokeizai.net/articles/-/167301

参考文献

・Brian Ashcraft "Japanese Schoolgirl Confidential: How Teenage Girls Made a Nation Cool"(講談社インターナショナル、二〇一〇年)
・荒井悠介『ギャルとギャル男の文化人類学』(新潮社、二〇〇九年)
・飯塚敞士『人力経営。』(パレード、二〇〇七年)
・植竹拓『渋谷と呼ばれた男』(鉄人社、二〇一三年)
・河合隼雄『昔話と日本人の心』(岩波新書、二〇〇二年)
・蔵琢也『美しさをめぐる進化論──容貌の社会生物学』(勁草書房、一九九三年)
・佐伯順子『遊女の文化史』(中央公論社、一九八七年)
・陶智子『江戸美人の化粧術』(講談社、二〇〇五年)
・陶智子『江戸の化粧』(新典社、一九九九年)
・竹久夢二美術館(著)、石川桂子(著)、谷口朋子(編集)『竹久夢二のおしゃれ読本』(河出書房新社、二〇〇五年)
・竹久夢二美術館(著)、石川桂子(著)、谷口朋子(編集)『竹久夢二 大正モダン・デザインブック』(河出書房新社、二〇〇三年)
・難波功士『族の系譜学──ユース・サブカルチャーズの戦後史』(青弓社、二〇〇七年)
・長谷川晶一『ギャルと「僕ら」の20年史──女子高生雑誌Cawaii!の誕生と終焉』(亜紀書房、二〇一五年)
・原野直也『プリクラ 仕掛け人の素顔』(メタモル出版、一九九七年)
・Popteen編集部(編集)『つばさブログ』(角川春樹事務所、二〇〇七年)
・松谷創一郎『ギャルと不思議ちゃん論』(原書房、二〇一二年)
・マット・アルト(著)、佐藤桂(翻訳)『世界のEMOJIへ: 絵文字の成り立ちとグローバルな展開』(Amazon Services International, Inc.)
・村澤博人『美人進化論──顔の文化誌』(東京書籍、一九八七年)
・米澤泉『私に萌える女たち』(講談社、二〇一〇年)
・レフ・マノヴィッチ(著)、久保田晃弘(編集、翻訳)他『インスタグラムと現代視覚文化論 レフ・マノヴィッチのカルチュラル・アナリティクスをめぐって』(ビー・エヌ・エヌ新社、二〇一八年)

・ローリエプレス編集部『自分もＳＮＳもかわいすぎてツラい』（ダイヤモンド社、二〇一七年）
・渡辺明日香『ストリートファッション論』（産業能率大学出版部、二〇一一年）

雑誌
・『Ｃａｗａｉｉ！』（主婦の友社）
・『ＤＥＣＯＬＯＧ ＰＡＰＥＲ』（ミツバチワークス）
・『ｅｇｇ』（ミリオン出版）
・『Ｆｉｎｅ』（日之出出版）
・『Ｐｏｐｔｅｅｎ』（角川春樹事務所）
・『Ｒａｎｚｕｋｉ』（ぶんか社）
・『ＳＨＩＢＵＹＡ ＮＥＷＳ』（学習研究社）
・『ガールズトレンド』（フリュー）
・『月刊アミューズメントジャーナル』（アミューズメントジャーナル）
・『小悪魔 ａｇｅｈａ』（インフォレスト）
・『東京ストリートニュース！』（学習研究社）
・『ファッション販売』（商業界）
・『流行観測アクロス』（ＰＡＲＣＯ）

【ま】

【や】

【ら】

【た】

索引

〈カバー写真〉
モデル　著者
ヘアメイク　川村聡子
スタイリング　鹿野巧真
撮影協力　フリュー株式会社
ブックデザイン　鈴木成一デザイン室

久保友香　くぼ・ゆか

１９７８年、東京都生まれ。２０００年、慶應義塾大学理工学部システムデザイン工学科卒業。２００６年、東京大学大学院新領域創成科学研究科博士課程修了。博士（環境学）。専門はメディア環境学。東京大学先端科学技術研究センター特任助教、東京工科大学メディア学部講師、東京大学大学院情報理工学系研究科特任研究員など歴任。日本の視覚文化の工学的な分析や、シンデレラテクノロジーの研究に従事。２００８年『３ＤＣＧによる浮世絵構図への変換法』でＦＩＴ船井ベストペーパー賞受賞。２０１５年『シンデレラテクノロジーのための、自撮り画像解析による、女性間視覚コミュニケーションの解明』が総務省による独創的な人向け特別枠「異能（Innovation）」プログラムに採択。

「盛り」の誕生

二〇一九年四月二五日　第一刷発行

著者　久保友香
編集・発行人　穂原俊二
発行所　株式会社太田出版
〒一六〇-八五七一　東京都新宿区愛住町二二　第三山田ビル四階
電話〇三-三三五九-六二六二　FAX〇三-三三五九-〇〇四〇
振替〇〇一二〇-六-一六二一六六
ホームページ http://www.ohtabooks.com/
印刷・製本　中央精版印刷株式会社

ISBN978-4-7783-1663-1 C0095